スタートアップの経済学

ECONOMICS
OF START-UP

UNDERSTANDING
THE BIRTH AND GROWTH
OF NEW FIRMS

新しい企業の誕生と
成長プロセスを学ぶ

加藤雅俊
KATO MASATOSHI

有斐閣

はしがき

　本書『スタートアップの経済学』を執筆することに決めたのは，スタートアップに関するアカデミックな知見を広く知ってもらいたいと思ったからです。筆者がかつて委員を務めていた政府関係のいくつかの委員会では，このテーマに関心を持っている方は多くいらっしゃいました。ところが，研究者の間では常識と思えるようなアカデミックな知見さえもあまり知られていないことを知り，驚愕と失望の念を覚えたことをよく記憶しています。アカデミックな研究の進展により，スタートアップ企業に関する課題や解決策について多くの知見が示されている一方で，それが日本ではあまり知られていないことに大きなショックを受けました。

　よく考えてみると，これは無理もないことかもしれないと思うようになりました。経済学においては，労働経済学，産業組織論といった伝統的な研究分野では，定評のある日本語テキストがたくさん出版されています。また，これらの科目は，多くの大学の経済学部において授業として開講されています。他方で，これまで海外のテキストの翻訳版がいくつかは出版されているものの，スタートアップ企業を経済学の観点からまとめた日本語テキストはほとんどありません。さらに，一部の専門職大学院や経営学部（商学部）を除き，スタートアップ企業に関連する授業が設置されている大学は少数といえるでしょう。日本において，この分野の研究者でもないかぎり，このテーマに関連するアカデミックな知見を知る機会がほとんどないというわけです。

　他方で，アメリカ，ヨーロッパをはじめ，海外においては，スタートアップ企業を中心としたアントレプレナーシップについて，テキストがいくつか出版されており，数多くの大学で学部や大学院の授業として開講されています。また，このテーマについては，アカデミックな雑誌もいくつか存在し，ヨーロッパを中心に世界の多くの研究者が日々しのぎを削って研究に励んでいます。しかし，残念ながら，日本においては，この分野の研究者が非常に少なく，アカデミックな研究があまり進んでいないというのが現状です。本書をきっかけに，一人でも多くの方にこのテーマに関心を持ってもらえれば，筆者としてこれ以上の喜びはありません。

　スタートアップ企業に対しては，日本のみならず世界各国で経済活性化の担

い手として大いに期待が寄せられています。急成長を遂げるスタートアップ企業の登場は，経済の発展に大いなる活力を与えてくれるに違いありません。しかしながら，本書でも深く議論するように，スタートアップ企業の誕生や成長を実現するのは容易なことではありません。この世に生を受けた新しい企業のほとんどが大きな成長を遂げることなく，消滅していく運命にあります。スタートアップ企業の中で，経済や社会にインパクトを与えるほどに高成長を遂げるのはほんの一握りです。スタートアップ企業については，アントレプレナーのサクセス・ストーリーにあるような光の部分がクローズアップされがちですが，一般にはあまり知られていない影の部分も多く存在します。

　スタートアップ企業に関する課題は，アントレプレナー個人のものだけでなく，（資本）市場，制度，組織，政策を含めて広範囲に及びます。本書では，これらの課題の背景やいくつかの解決策について取り上げています。また，本書のタイトルは『スタートアップの経済学』となっていますが，スタートアップ企業の研究は経済学分野にとどまらず，経営学，心理学，社会学といった分野を横断する学際的なアプローチが必須となっています。本書では，当分野の幅広い守備範囲を完全に網羅することは不可能でしたが，最新のアカデミックな知見を含め重要なトピックは幅広く扱うよう心がけました。

　本書が想定する読者は，主に，初めてスタートアップ企業について学習する大学生（大学院生），あるいは，このテーマに関心のあるビジネスパーソン，政策担当者を含めた一般の方々です。もちろん，アントレプレナーやベンチャー・キャピタリストをはじめとした投資家の方々にも参考になることがあるでしょう。

　本書は，いわゆる創業のためのハウツー本ではありません。しかし，実務に関心のある読者の方にとっても，本書を通してアントレプレナーやスタートアップ企業について客観的に考えてみる良い機会が得られるかもしれません。したがって，本書の扱うさまざまなトピックにおいて，厳密な理論的説明は避けるようにして，直感的に理解してもらえるように多くの図（表）を用いた説明を試みています。また，一般の方にも関心を持っていただけるよう，理論的な説明だけでなく，現実のデータを用いた研究結果を数多く紹介するように心がけました。本書をきっかけに，さらに学習を進めたい方は，各章で取り上げている文献に直接あたるか巻末付録の学習ガイドを参考にしていただきたいと思います。

　本書の執筆は，多くの方からの力添え，指導なしには実現しませんでした。そこで，私事ながら少しだけ彼らに対する謝意を表すことをお許しいただきたいと思います。筆者がスタートアップ企業に関する研究に取り組むようになったのは，一橋大学の岡室博之氏から十数年前に研究プロジェクトへの参画をお誘いいただいたことがきっかけでした。当初は，岡室氏からの熱心なお誘いに対して，渋々プロジェクトに取り組むこととなりましたが，いつの間にかこのテーマにどっぷり浸かることになりました（もちろん感謝しています）。その後，現在に至るまで，岡室氏の存在なしには筆者の研究活動は語れないほど，さまざまな面でお世話になっています。また，筆者の大学時代のアドバイザーであり，現在は共同研究者でもあり，スタートアップ企業研究の先駆者の一人である中央大学の本庄裕司氏からは20年以上にわたり親身な助言をいただいてきました。大学時代にはスタートアップ企業について関心すら持ったことがなかった筆者が，まさか将来テキストを書くことになろうとは世の中何が起こるかわかりません。本書の執筆においては，岡室氏と本庄氏との共同研究および彼らからの指導を通して得られた知識が大いに活かされています。また，大学院時代のアドバイザーであった長岡貞男氏および小田切宏之氏からは現在に至るまで頻繁にアドバイスをもらっており，それをもとにした知見が本書の随所に散りばめられています。

　また，本書を執筆する過程で，多くの研究者からアドバイスをいただきました。すべての方の名前をあげることはできませんが，本書のいくつかのトピックで詳細なアドバイスをくれた早稲田大学のAlex Coadさん，県立広島大学の高橋陽二さん，早稲田大学大学院の工藤（原）由佳さんには，この場を借りて謝意を表したいと思います。さらに，筆者の研究室のアシスタントの井上亜矢さんには，本書の執筆のサポートをしていただき大いに助けられました。

　最後に，本書の出版にあたり，有斐閣の渡部一樹さんと柴田守さんには常に適切で有益なアドバイスをいただき，遅々として進まない執筆作業の過程で筆者を激励し続けてくれたことに心より感謝しています。

　2022年青葉の候，西宮上ケ原キャンパスの研究室にて

加藤　雅俊

目　　次

第1章

スタートアップ
新しい企業について学ぶ意義は何か

本章のテーマ

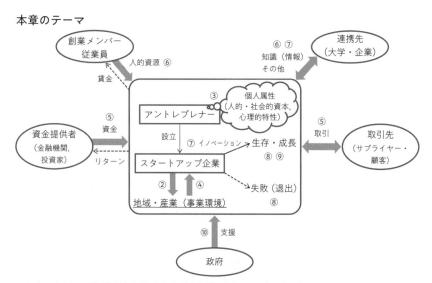

スタートアップ企業を取り巻くさまざまな問題（図中の②〜⑩の数字は本書の章番号を表す）

1. スタートアップの経済学とはどのような学問なのか？
2. なぜスタートアップ企業について学習するのか？
3. 本書はどのように構成されているのか？

1　スタートアップの経済学という学問

　スタートアップの経済学（economics of start-up）とはどのような学問分野なのでしょうか[1]。簡単にいえば新しい事業を始めることを意味する**スタートアップ（創業）**の要因と影響，および，それらに関わる社会的・政策的課題について，経済学の観点から分析して解決策を探る学問分野といえるでしょう。この分野の歴史は比較的浅くはありますが，近年大きな発展を遂げてきました。

　新しく誕生する企業は，各市場における参入者となります。新しく事業を始める個人は**アントレプレナー**（entrepreneur）と呼ばれます[2]。かつて，日本では本田宗一郎や松下幸之助といったアントレプレナーが登場し，彼らによって設立されたホンダやパナソニック（当時は松下電器産業）はそれぞれ二輪車事業，電機事業におけるグローバルリーダーとして大きく成長を遂げ，さまざまな製品を通してわれわれの社会に恩恵をもたらしてきました。世界に目を向けると，Apple の創業者スティーブ・ジョブズや Amazon.com の創業者ジェフ・ベゾスといったアントレプレナーは，今やわれわれの生活に欠かせない製品やサービスを提供する企業を興しました。彼らのようなアントレプレナーの存在はわれわれの社会を大きく変えてきたといっても過言ではありません。

　アントレプレナーが登場すれば，必然的に経済が活性化するのでしょうか。この点には注意が必要です。アントレプレナーが興した新しい企業の中で，競争に打ち勝ち，生き残り，イノベーションや成長を実現できるのはほんの一握りだけなのです。新しい企業は，イノベーションの創出に成功し，成長を遂げることで初めて経済を牽引（けんいん）する存在となるのです。逆に，多くの企業は，経済にほとんどインパクトを与えないまま，設立して間もなくこの世から姿を消します。経済活性化のためには，「新しい企業の登場」だけでは十分ではないと

---

　1)　「アントレプレナーシップの経済学」（economics of entrepreneurship）とも呼ばれます。

　2)　ただし，アントレプレナーの定義は，研究者によってさまざまであり，必ずしも統一されたものはありません。第2章第3節で取り上げるように，新しい事業の創造を通してイノベーションを担う個人をアントレプレナーと定義する場合があるだけでなく，さまざまなタイプのアントレプレナーがいます。また，既存企業の中で新たに事業を起こす個人を含めてアントレプレナーと呼ぶこともありますが，本書では新しい企業（会社）を興す個人を総じて「アントレプレナー」と呼びます。このような個人は**創業者**（founder）とも呼ばれます。

いえるでしょう。

　では，どのような企業が成長するのでしょうか。企業が成長するうえでの課題は何でしょうか。成長のための特効薬はあるのでしょうか。市場に任せているだけでは，多くの新しい企業が資源をうまく獲得し，競争に打ち勝って成長を実現するのは困難です。そこで，市場に任せていてはうまくいかない創業や創業間もない企業に対して公的支援を行う必要性が議論されてきました。このような公的支援はどのような正当性を持つのでしょうか。正当性を持つのであれば，どのように支援すべきなのでしょうか。本書では，アントレプレナーによる創業，創業間もない企業，そして，それらに対する公的支援の是非や方法について，経済学の観点から検討していきます。

スタートアップ企業とは

　本書の対象となるのは，アントレプレナーおよび創業間もない企業です。創業間もない企業は，**スタートアップ企業**（start-up firm）と呼ばれます。スタートアップ企業と呼ばれるのは，創業してから何年くらいまでの企業のことなのでしょうか。これに関しては確固とした基準は存在しません。当該分野の学術誌に掲載されている多くの研究において，創業後 6 年あるいは 8 年までの企業がスタートアップ企業と呼ばれる傾向があります（Cefis & Marsili, 2011）。

　また，創業と会社設立は同じことではありません。創業は必ずしも会社設立を伴いません。創業の中には**個人事業**（sole proprietorship）が含まれます。他方で，会社設立時点では創業してから長い月日を経過している企業もあります。本書では，スタートアップ企業を「創業あるいは設立間もない企業」と定義し，創業と会社設立を明確には区別せず，「創業＝設立」という前提で議論を進めます。これらをいちいち区別して説明をすることで議論を複雑にするおそれがあるからです。経済学的には，個人事業主として創業して会社を設立していない場合であっても，創業して会社を設立する場合であっても，参入者であることに変わりはありません。新しく事業を始めることは，スタートアップ，創業，起業，開業など異なる用語で表されることがあります。本書では，原則として，新しく企業（事業）を始めることをスタートアップあるいは創業と呼び，創業（設立）によって誕生した企業のことをスタートアップ企業（あるいは文脈によっては新しい企業）と呼びます。

キーワード 1-1　アントレプレナー
新しい事業を始める個人のことをいいます。

キーワード 1-2　スタートアップ企業
創業（設立）から間もない企業のことをいいます。

創業機会とアントレプレナーの出現

　アントレプレナーの出現や新しい企業の誕生は，新たな財やサービスが費用以上の価格で販売できる機会（利潤機会）——**創業機会**（entrepreneurial opportunity）——と深く関連しています。個人あるいはチームが創業機会を発見・活用することで，新しい組織（企業）を設立すること，または，それに伴うプロセスは，**アントレプレナーシップ**（entrepreneurship）と呼ばれています。ただし，アントレプレナーシップは，新しい企業を創造することにとどまらず，既存組織内での新規事業の創造を含みます。したがって，一般的には，アントレプレナーシップ研究が対象とするのは，新しい企業の誕生に限定されません。市場への参入という観点で見れば，既存企業内で新しい事業を始めることと新しく企業が誕生することに変わりはありません。

　表 1-1 の参入者のタイプを見てみましょう。この分類によれば，参入者は大きく分けると，多角化による参入者，親会社によるベンチャー，新規参入者の3つのタイプがあります。多角化による参入者は，既存企業にとっての新しい

表1-1　参入者のタイプ

参入者のタイプ	既存企業に対する参入者の法的関係
多角化による参入者	同じ法人
親会社によるベンチャー 　ジョイント・ベンチャー 　フランチャイズ 　親会社スピンオフ	独立した法人 　複数の既存企業による設立 　既存企業とフランチャイジー（加盟店）による設立 　既存企業による設立
新規参入者 　創業者スピンオフ 　独立系スタートアップ	独立した法人 　同産業の既存企業の被雇用者による創業 　同産業の既存企業との雇用・資本関係なし

（出所）　Helfat & Lieberman（2002）.

市場への参入をさすため，新しい企業・法人は誕生しません。また，親会社によるベンチャーは，複数の企業が共同で新たなジョイント・ベンチャー（joint venture）を設立したり，既存企業が特定の事業を組織外にスピンオフ（spin-off）して企業を設立したり，フランチャイジー（加盟店）との契約のもとでフランチャイズ（franchise）と呼ばれる関連会社・子会社を設立することをさします。新規参入者は，アントレプレナーが独立した企業を新たに設立することをさします。彼らの中には，同じ産業における既存企業を飛び出してアントレプレナーとなる者もいれば，同じ産業の既存企業とはこれまで雇用・資本関係がない状態で新しい事業を始める者もいます。「新規参入者」こそ本書の対象とする「スタートアップ企業」で，その中の2つのタイプについては基本的には区別しません。

> **キーワード1-3　アントレプレナーシップ**
> 個人あるいはチームが創業機会を発見・活用することで，新しい企業を設立（新しい事業を創造）すること，または，それに伴うプロセスのことをいいます。

2　スタートアップ企業について学習する意義

　スタートアップ企業について学習する意義は何でしょうか。世の中に数多く存在する企業の中で，スタートアップ企業を取り上げる価値はどこにあるのでしょうか。ここでは，その意義について，スタートアップ企業が経済に与える影響やスタートアップ企業という存在の脆さという観点から探ります。

スタートアップ企業の経済的なインパクト

　なぜスタートアップ企業に対して注目が集まっているのでしょうか。その理由について一言でいえば，「経済に対するインパクトの大きさ」といえるでしょう。表1-2（a）はアメリカと日本における株式時価総額の上位10社の顔ぶれと，それらの設立年が示されています。アメリカにおいては，Alphabet（Google），Amazon，Facebook（現在のMeta），Tesla，NVIDIAなどの設立から20年程度の企業が多数ランク入りしています。他方で，日本においては，一番新しい企業でも40年以上前に設立されたソフトバンクで，次に新しいのが

表1-2　アメリカと日本における株式時価総額上位企業

(a)　株式時価総額上位10社

順位	アメリカ		日本	
	企業名	設立年	企業名	設立年
1	Apple	1976	トヨタ自動車	1937
2	Microsoft	1975	キーエンス	1974
3	Alphabet（Google）	1998	ソニー	1946
4	Amazon	1994	ソフトバンク	1981
5	Facebook	2004	NTT	1952
6	Tesla	2003	リクルート	1963
7	Berkshire Hathaway	1839	三菱UFJフィナンシャルG	1880（1946）
8	Visa	1958	KDDI	1953
9	NVIDIA	1993	ダイキン	1924
10	Johnson & Johnson	1886	ファーストリテイリング	1963

(b)　1990年以降・2000年以降設立企業の数およびシェア

		アメリカ		日本	
		企業数	シェア	企業数	シェア
上位10社	1990年以降設立	5社	11.7%	0社	0%
	2000年以降設立	2社	3.5%	0社	0%
上位100社	1990年以降設立	22社	17.1%	4社	2.2%
	2000年以降設立	11社	6.1%	1社	0.4%

（出所）　Companies Market Cap（companiesmarketcap.com）（2021年8月19日閲覧）をもとに筆者作成。

1974年に設立されたキーエンスとなっています。それ以外は，トヨタ自動車，ソニー，NTT，リクルートなどの50年以上前に設立された伝統的企業がランク入りしています。

　表1-2（b）は，各国における株式時価総額上位10社および100社にランク入りしている1990年以降と2000年以降の設立企業の数およびシェアを示しています。ここで示されているように，アメリカにおける上位10社のうち1990年（2000年）以降の設立企業は5社（2社）がランク入りしていて，これらの企業の株式時価総額シェアは11.7%（3.5%）となっています。同様に，アメリカの上位100社のうち1990年（2000年）以降の設立企業は22社（11社）がランク入り，シェアは17.1%（6.1%）です。アメリカにおいては，2013年設立のAbbVie（37位），2010年設立のModerna（50位），2011年設立のZoom（84位），

2012 年設立の Snowflake（100 位）といったスタートアップ企業がランク入り
しています。

　他方で，日本においては，1990 年（2000 年）以降に設立された企業は株式時
価総額上位 10 社には 1 社もランク入りしておらず，同上位 100 社には辛うじ
て 4 社（1 社）がランク入りし，そのシェアは 2.2%（0.4%）となっています。
上位 100 社にランク入りしている 1990 年以降の設立企業の顔ぶれを見ると，
1996 年に Yahoo ジャパンとして設立された Z ホールディングズ（25 位），2002
年に日立製作所と三菱電機の半導体部門の統合によってルネサステクノロジー
として生まれたルネサスエレクトロニクス（67 位），1994 年に韓国で設立され，
その後日本に拠点を移したネクソン（76 位），1997 年設立の楽天（84 位）とな
っています。

　表 1-2 からはいくつかの興味深い示唆が得られます。まず，アメリカにおい
ては比較的新しい企業が経済を牽引している傾向があるということです。いく
つかの新しい企業が大きく成長を遂げ，世界的企業と肩を並べています。他方
で，日本においては設立から長い年月が経過している伝統的企業が経済を牽引
しており，アメリカと比べると新しい企業が上位に食い込んでいません。アメ
リカ経済はアントレプレナーやスタートアップ企業が牽引していて，日本経済
は既存の大企業が経済を牽引しているといえるでしょう。どちらが望ましいと
いうことは必ずしもいえません。ただし，少なくともこの表からは，日本では
経済に大きなインパクトを与えるようなスタートアップ企業が近年あまり登場
していないということはいえそうです。

スタートアップ企業の脆さ

　スタートアップ企業には社会から大きな期待が寄せられている一方で，その
多くは創業間もなく消滅することが知られています。創業したスタートアップ
企業のうち，80% から 90% は最終的には失敗するといわれています（Knott &
Posen, 2005）。図 1-1 で示されているように，設立後 5 年間で約半数の新しい
事業所が退出していることが明らかになっています。これは多くの国，多くの
産業において共通した傾向であることがわかっています（Bartelsman et al.,
2005）。

　なぜスタートアップ企業はこのような脆さを持っているのでしょうか。既存
企業との違いから考えてみましょう。設立から長い時間が経過している既存企

図1-1　アメリカにおける事業所（1999年設立）の設立後年数と生存率

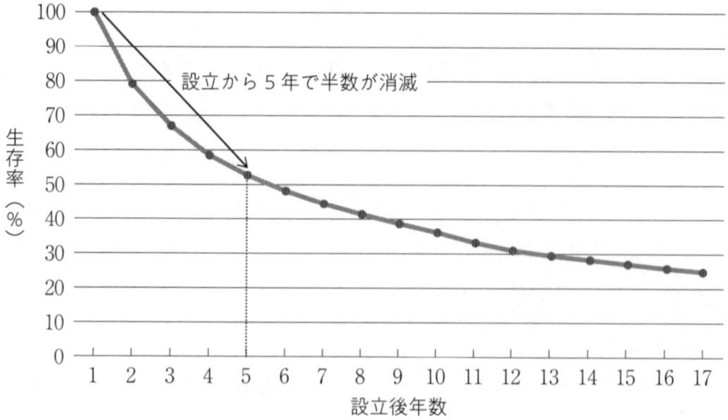

（出所）　アメリカ労働省労働統計局（U. S. Bureau of Labor Statistics）。

業とスタートアップ企業とは多くの面で違いがあります。既存企業は，明確な戦略的展望，経験に基づいた市場に関する豊富な知識，優れたインセンティブ・システムといった多くのアドバンテージを持っています。

　他方で，スタートアップ企業は**新規性の不利益**（liability of newness）に直面します（Stinchcombe, 1965）。新規性の不利益とは，企業の「新しさ」に起因するさまざまな不利益のことをさします。スタートアップ企業は，創業後に多くの時間と労力をかけてさまざまな事柄について学習しなければなりません。ルーチン（routine）と呼ばれる繰り返し行われる運営上の手順が確立しておらず，ネットワークも構築されておらず，安定した顧客もいません[3]。また，スタートアップ企業は取引履歴（トラック・レコード）がないため，資金の貸し手にとっては情報が得にくく資金提供をためらう傾向があります。スタートアップ企業では，取引先の開拓や従業員の採用も容易ではありません。

　創業時の企業の規模は一般的には小さいことから，スタートアップ企業は**小規模性の不利益**（liability of smallness）にも直面します。スタートアップ企業は，効率的な規模での操業が難しいため，既存の大企業と比べてコスト面で不利であると考えられます[4]。

3）　ルーチンとは，繰り返し行われる行動パターンをさします。ただし，条件が変化すれば行動パターンも変わりうると考えられています。ルーチンに関して蓄積されてきた研究については，Becker（2004）が詳細にサーベイを行っています。

　スタートアップ企業に対する注目と期待は高まっていますが，多くの課題を抱えています。スタートアップ企業を通した経済活性化を目指すうえで，その課題についてしっかり理解して，将来的な解決策を見つけることが大事であるといえるでしょう。

> **キーワード 1-4　新規性の不利益**
> スタートアップ企業が直面する，創業から間もないこと（新規性）に起因するさまざまな不利益のことをいいます。

3　本書のねらいと構成

　これまでアントレプレナーやスタートアップ企業に関する数多くの書籍が出版されてきました。その具体名は省略しますが，その多くがアントレプレナーのサクセス・ストーリー（または体験談），あるいは，創業のためのハウツー本です。アントレプレナーのサクセス・ストーリーは，次世代のアントレプレナーに対してのロールモデルとなり，社会に夢を与えるかもしれません。また，創業のハウツー本には，このような経営をすれば必ず成功するはずだという指南が書かれていて，アントレプレナーたちの参考になることも多く含まれるでしょう。

　現実には，多くのアントレプレナーが夢破れ，成長を遂げないうちに自身の創業した企業の閉鎖を余儀なくされているという事実を直視しなければなりません。多くの国で共通する傾向は，この世に生を受けた企業の多くは長続きせず，長続きしても成長しないということです。世間でよく知られているアントレプレナーは，一握りの成功者なのです。被雇用者（従業員）として企業で働くことに比べて，創業してアントレプレナーになることは相対的にリスクが高いと考えられます。

　ではなぜ一部の個人は，アントレプレナーというリスキーな職業に就くのでしょうか。自分なら成功するという自信を持っているからでしょうか。それともリスクの大きさに気づいていないのでしょうか。本田宗一郎，松下幸之助，

---

4)　この点は，第4章第3節を参照してください。

スティーブ・ジョブズ，ジェフ・ベゾスのような成功したアントレプレナーは他のアントレプレナーと何が違うのでしょうか。特別に優秀な能力を有していたからでしょうか。これらの問いについては，サクセス・ストーリーや創業のハウツー本は何の答えも与えてくれません。なぜなら，同じことをしても成功するとは限らないからです。失敗したアントレプレナーも同じことをやっていたかもしれませんし，運良く成功しただけなのかもしれません。このような問いに答えるためには，成功と失敗を分ける要因は何かを客観的に考える必要があります。

本書のねらい

　本書は，アントレプレナーやスタートアップ企業に関するさまざまな問いに対して，「理論を通した考察」および「実証的な分析を通した客観的な根拠（エビデンス）」をもとに「ヒントを得ること」を目指します。単に，「こういうアントレプレナーがいた」という結果を知るだけでは，なぜ成功したのかに関するヒントが得られません。他方で，「こういうアントレプレナーは成功するはずだ」といった予測だけだと，本当にそういう結果になるのかと疑問に思うことでしょう。本書は，各トピックに関して，可能なかぎり，理論的なレンズを通して考え，その後に客観的な証拠をもとに現実における妥当性や現実への応用可能性を論じます。

　本書を読むにあたって，2点注意いただきたいことがあります。まず，本書で取り上げる理論は，ある事象や関係に関する「1つの見方」であるということです。また，本書で紹介するエビデンスは，ある事象や関係（影響）の「平均（全体）的な傾向」であるということです。したがって，個々の事例を見ると理論的レンズや実証的な結果では説明できないことがあるかもしれません。しかし，個々の事例を考えるための何らかのヒントは与えてくれるのではないでしょうか。

　近年，世界各国において**エビデンスに基づいた政策形成**（evidence-based policy making）の重要性が指摘されています[5]。いうまでもなく，エビデンスとはいってもピンからキリまであって，タイプや質にはさまざまなものがあるでし

---

5)　エビデンスに基づいた政策形成の重要性とエビデンスの活用における課題については，森川（2017）や川口（2019）が優れた論考を行っているので一読されることをお薦めします。

ょう。特に，本書の対象であるスタートアップの研究については，理論的かつ実証的に解明されていない問いが山積みで，確固とした結果が得られていないテーマがたくさんあります。しかし，議論の出発点としてのアカデミックな理論的かつ実証的な知見は政策形成の場で何かしらのヒントになるかもしれません。**政策に基づいたエビデンス形成**（policy-based evidence making）と揶揄されることがないよう，日本のスタートアップに関する政策担当者の間で学術的な知見が少しでも多く共有されることが望まれます。

　本書は，主にスタートアップ企業に関心のある大学生や大学院生を念頭に置いていますが，政策担当者に加えてアントレプレナー，ベンチャー・キャピタリストや個人投資家のような実務家にも関心を持っていただけることを目指しています。そのため，本書ではテクニカルな表現はできるかぎり避けて説明していきます。

本書の構成

　本書は，次章からスタートアップに関する幅広いトピックについて議論を展開していきます。ここでは本書の構成について簡単に紹介しておきましょう。

　まずは，各章の内容の説明に入る前に，本書が扱うトピックの範囲について**企業のライフサイクル**（firm life cycle）という観点から概観します。企業は誕生した後，生き残って成長を遂げることもあれば，創業後間もなく撤退を余儀なくされる場合もあります。このように企業には，それぞれのライフサイクルがあります。

　図1-2は，企業成長のステージ・モデル（stage model）の研究で用いられている図に一部加筆したものです。このモデルでは，企業のライフサイクルにおいて「誕生」（ステージ1），「生存」（ステージ2），「成長」（ステージ3），「拡大」（ステージ4），「成熟」（ステージ5）という5つのステージが存在します。各ステージ間で，企業はいわゆる**死の谷**（valley of death）に直面します。そこを乗り越えた企業のみが次のステージに進むことができます。本書では，これらの企業成長のステージのうち主に1から3までを対象とします。本書は，企業の誕生の要因や効果から始まり，誕生後の企業の戦略とパフォーマンス，企業の成長プロセスにおける政府の役割といった問題を扱います。

　次に，本書における各章の内容について概観していきましょう。次章は，「スタートアップの経済効果――『企業の誕生』はいかなる恩恵をもたらすの

図1-2　企業成長の 5 つのステージ

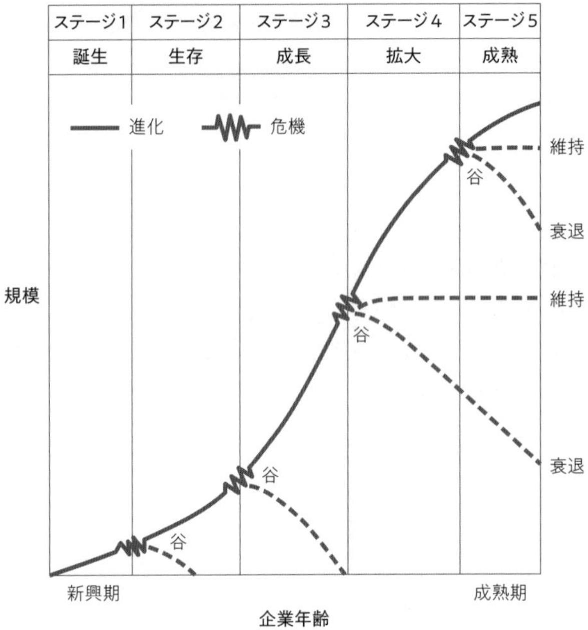

ステージ1	ステージ2	ステージ3	ステージ4	ステージ5
誕生	生存	成長	拡大	成熟

―― 進化　〰 危機

維持

衰退

維持

衰退

規模

谷

谷

谷

新興期　　　　　　　　　　　　　　　　　　成熟期

企業年齢

（出所）　Scott & Bruce（1987）をもとに筆者が加筆・修正。

か」というテーマを考えます。この章では，新しい企業の誕生がもたらす経済
効果について，競争，イノベーション（経済成長），雇用創出の 3 つの観点から
明らかにしていきます。

　第 3 章と第 4 章は，新しい企業が誕生する要因について考えます。まず，第
3 章は「スタートアップの個人要因――誰が『アントレプレナー』になるの
か」というテーマに対して，個人の創業のインセンティブや個人属性という観
点でアプローチします。

　たとえば，アントレプレナーの学歴や経験といった人的資本やネットワーク
の大きさを表す社会的資本が創業の意思決定とどのように関係するのかについ
て考えます。また，アントレプレナーの心理的特性についても取り上げます。
第 4 章は，「スタートアップの環境要因――アントレプレナーを輩出する背景
は何か」というテーマについて，スタートアップ企業（アントレプレナー）を取
り巻く国，地域，産業という 3 つのレベルの外部環境に着目します。これまで

国によって創業活動の活発さが異なることがよくわかっていると同時に，一国内でも地域や産業によって大きく異なることも明らかになっています。どのような環境において新しい企業が誕生しやすいのかについて考えます。

　第5章は，「創業時に直面する課題——必要な資金を誰からどのように調達するのか」というテーマについて考えます。上記で取り上げたように，スタートアップ企業は，さまざまな新規性の不利益に直面します。スタートアップ企業が直面する資金調達や外部資源へのアクセスなどの課題の背景を探ります。また，スタートアップ企業による資金調達の要因や近年登場した新しい資金調達の方法について取り上げます。

　第6章は，「組織と戦略のデザイン——誰とチームを組み，いかなる策をとるのか」という問いに取り組みます。単独創業か共同創業かという問題から，誰を創業チームメンバーとして迎えるか，従業員として誰をどのように雇用するのか，そして，アントレプレナーである最高経営責任者（CEO：chief executive officer）の交代といった組織デザインに関する幅広い問題を扱います。同時に，この章では，創業時の競争戦略や創業後の外部組織とのパートナーシップといった戦略の有効性や課題について検討します。

　第7章は，「イノベーション戦略——なぜ『果実』を得るのが容易でないのか」というテーマに取り組みます。スタートアップ企業が創業後に成功して成長するためには，何らかのイノベーション（innovation）を実現することが求められます。しかし，スタートアップ企業は，乏しい資源と経験のために，イノベーション活動で成功することは容易なことではありません。また，スタートアップ企業にとっては，イノベーションの創出に成功したとしても，それを商業化して最終的な利益に結びつけることのハードルは決して低くありません。この章では，スタートアップ企業によるイノベーションを促進（阻害）する要因について考えていきます。

　第8章は「企業の生存——退出は常にバッド・ニュースなのか」というテーマに取り組みます。この章では，まず，企業の退出がどのような意味を持つのかという問いからスタートします。経済全体の観点からすれば，非効率的な企業が退出することは決してバッド・ニュースではないのです。また，スタートアップ企業の中で誰が長く生存するのかという点について，理論的なレンズを通して考えると同時に，これまで蓄積されてきたエビデンスを紹介します。他方で，スタートアップ企業にとっては，生存だけが唯一のゴールではありませ

ん。本書では，多様化するスタートアップ企業の退出経路についても考えていきます。

第9章は，「企業の成長——高成長のための特効薬はあるのか」というテーマについて検討していきます。企業成長は，長年多くの研究者によって取り組まれてきた非常に重要な問題の1つです。しかし，研究者による長年の努力にもかかわらず，企業成長に関する多くの問いがブラックボックスのままとなっています。スタートアップ企業にとってこれをすれば成長できるという「特効薬」はあるのでしょうか。また，企業は成長し続けることができるのでしょうか。この章では，これまで示されてきたいくつかの成長理論を概観するとともに，成長要因に関する最新のエビデンスを紹介していきます。

第10章は「スタートアップの公的支援——創業に対する『介入』はなぜ必要なのか」というテーマに取り組みます。創業に関して市場に任せていてはうまくいかない問題が多々あります。他方で，創業資金を市場で調達できなくて困っているアントレプレナーに対して，政府が資金的な援助を行うことが適切かどうかは自明ではありません。この問題に対しては，近年多くのエビデンスが蓄積されていて，創業のハードルを下げるような支援は，質の低い企業を生み出すだけで経済に対して価値を生み出さないという指摘があります。このことは，アントレプレナーシップ研究者のS.シェーンの言葉を使えば「人々がアントレプレナーになることを奨励するのは間違った政策」であることを示唆しています（Shane, 2009）。政府は，創業を目指すアントレプレナーあるいは創業後のスタートアップ企業に対して何をすべきなのでしょうか。本章では，企業が創業，イノベーション，生存・退出，成長と展開していくプロセスにおいて，政府がどのような役割を果たせるかについてのヒントを探っていきます。

本章のまとめ

1. 「スタートアップの経済学」は，創業を目指すアントレプレナーと創業後のスタートアップ企業の課題やその解決策について経済学の観点から考える学問分野のことをいいます。

2. スタートアップ企業に対しては，経済活性化に対する貢献が期待されています。他方で，「新規性の不利益」や「小規模性の不利益」から生じるさまざま課題を抱えています。

3. 本書では，企業が誕生してから成長するまでのプロセスについて，「理論的なレンズ」および「客観的な根拠（エビデンス）」をもとに理解することを目指します。

ディスカッションのための問題

1. アントレプレナーシップとは何のことでしょうか。

2. スタートアップ企業とはどのような企業のことをさすのでしょうか。他の参入者タイプとの違いを明らかにしつつ考えてみましょう。

3. 日本のスタートアップ企業（創業後 6 年あるいは 8 年以内を目安）をいくつかあげてみましょう。本書の巻末にある「付録『スタートアップの経済学』のための学習ガイド」を参考にしてください。

第2章 スタートアップの経済効果

「企業の誕生」はいかなる恩恵をもたらすのか

本章のテーマ

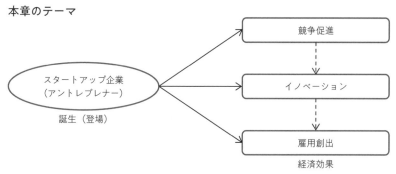

スタートアップの経済効果（イメージ）

1. スタートアップ企業は経済に何をもたらすのか？

2. 競争にどのような影響を与えるのか？

3. アントレプレナーはイノベーションの担い手となれるのか？

4. 雇用創出の担い手は本当に「中小企業」なのか？

1　スタートアップ企業の経済における役割

> 全米で何百人ものアメリカ人が土曜日の今日でさえ懸命に働いています。われわれのよく知る大好きな家族経営の小さな店や近隣のレストランを営んでいる人もいます。産業に革命を起こし，ひょっとしたらわれわれの経済を変貌させるような，壮大なアイデアをもつ非常に小さなスタートアップを作ろうとしている人もいます。
> バラック・オバマ米大統領（当時）週間声明抜粋［2009年10月24日］

　オバマ米大統領（当時）によるこの声明は，スタートアップ企業がもたらす経済に対するインパクトの大きさを示唆しています。果たして，スタートアップ企業の登場は産業や経済を変貌させるほど大きなインパクトを持つのでしょうか。

　経済学では，市場に新しい企業が登場することで，**競争**が活発になり，効率的な資源配分が実現すると考えられてきました。経済成長が低迷するなか，新たに登場したスタートアップ企業を通した**経済活性化**に対しては，社会から大きな期待が寄せられていることは確かです。

　ただし，この点においては注意が必要です。図2-1に描かれているように，アントレプレナーシップは自然発生的に起こるわけではありません。次章以降で扱うように，それらはアントレプレナーの個人要因あるいは彼らが直面する文化や制度といった環境要因に依存して起こると考えられます。また，図に示されているように，アントレプレナーの登場やスタートアップ企業の設立を中心としたアントレプレナーシップは，必ずしも直接的に経済成長につながるわけではありません。スタートアップ企業が登場することで，市場における競争促進，あるいはイノベーション創出といった，何らかの中間的な連関を通して経済成長が実現されると考えられています。

　スタートアップ企業の登場は，類似した製品やサービスをすでに提供している企業にとっては競争相手が増えることを意味します。競争の結果として，熾烈な価格競争が起きるかもしれません。スタートアップ企業は，既存の製品やサービスに対抗するために，革新的な製品やサービスを導入する必要があるでしょう。もし，既存企業がすでに強いブランド力を持っている場合は，スタートアップ企業は何らかの新規性がないと競争優位（競争に勝つための自社独自の強み）を築くことは難しいからです。

他方で，既存企業は，市場に新規性をもたらすスタートアップ企業との競争に負けないように，イノベーション創出へのインセンティブが増すかもしれません。スタートアップ企業の登場によって，非効率的で競争力を持たない既存企業は市場の外へ押し出されるでしょう。このような新陳代謝がうまく機能すれば，市場全体の効率性が高まります。競争メカニズムを維持するうえで，新たに市場に登場するスタートアップ企業は非常に重要なプレイヤーといえるでしょう。さらに，スタートアップ企業が誕生した地域における**雇用創出**（job creation）につながる可能性があることから，**地域発展**（regional development）において果たす役割も大きいと考えられます。

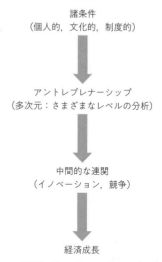

図2-1　基本的な分析フレームワーク

諸条件
（個人的，文化的，制度的）

アントレプレナーシップ
（多次元：さまざまなレベルの分析）

中間的な連関
（イノベーション，競争）

経済成長

（出所）　Wennekers & Thurik (1999).

本章では，スタートアップ企業の登場が経済にどのような影響を与えるのかについて，競争，イノベーション（経済成長），雇用創出という3つの観点から考えます。

2　競争に対する影響

アントレプレナーによる「創造的破壊の嵐」

前章（表1-1）で示したように，参入者にはさまざまなタイプが存在します。いずれのタイプであれ，市場に新しい企業が増えるわけですから，市場における競争を活発化させることに変わりありません。スタートアップ企業が市場に入ってくることは，既存企業にとってはライバルが増えることを意味します。既存企業から見れば，参入者からの競争圧力を受けることになります。たとえば，あるスタートアップ企業が，市場で既存製品の類似品を低価格で提供したとしましょう。既存企業はそれに対抗しないと自社の顧客を奪われるので，価

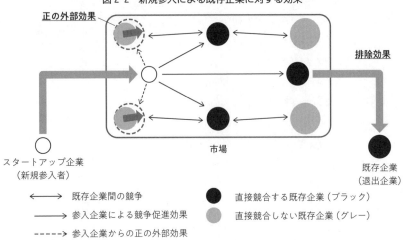

図2-2　新規参入による既存企業に対する効果

格を下げて対抗するかもしれません。他方で，既存企業の中には，もはや利益が得られないと判断して，市場から撤退する企業もいるかもしれません。

　現実の多くの市場が直面している比較的寡占的な構造を持つ市場（企業が少ない市場）を考えてみましょう。図2-2には，新規参入者としてのスタートアップ企業が市場に入ってくることで，既存企業に対する競争圧力が増すだけでなく，その一部が市場の外に押し出されることが描かれています。スタートアップ企業の参入によって，既存企業の中で競争力を持たない非効率的な企業は市場の外に追いやられ，競争力を持つ効率的な企業は生き残ることになるでしょう。参入者が既存企業を市場の外に押し出して退出させることは，**排除効果**（displacement effect）と呼ばれています。J. A. シュンペーターは，このことを**創造的破壊の嵐**（gale of creative destruction）と名付けています（Schumpeter, 1942）。これこそが，市場メカニズムを通した新陳代謝であり，市場の効率性を維持するうえで欠かせません。

　市場での競争を促進させるのは，参入を実現した企業だけとは限りません。「潜在的な参入」の可能性があれば，それを察知した既存企業は参入を阻止するべく価格やそれ以外の手段で対抗するかもしれません。結果として，既存企業の参入阻止戦略によって現実には参入が起きないこともあります[1]。

---

1)　潜在的な参入の影響についてはコラム2-1，既存企業の参入阻止戦略については第4章第3節を参照してください。

> **キーワード2-1　排除効果**
> 新しい企業が市場に参入して競争を活発化させることを通して，非効率的な既存企業が市場から押し出されて退出を強いられることをいいます。シュンペーターはこの効果のことを「創造的破壊の嵐」と呼んでいます。

正の外部効果

　スタートアップ企業が登場することは，必然的に既存企業との競争を巻き起こすのでしょうか。もう1つ異なる可能性があるかもしれません。参入者が既存の製品やサービスとの間で差別化された製品・サービスを導入するケースです。この場合，参入者と既存企業との間での激しい競争は回避されるでしょう。

　たとえば，ある学生街にコストコのような大型スーパーマーケットが参入してきた場合とローソンのようなコンビニエンス・ストアが参入してきた場合を比べると，競争に対する影響においてどのような違いがあるでしょうか。これらの2つの企業が進出してくる地域においては，長年営業を続けている小さな商店にとってはどちらによる影響が大きいでしょうか。一見すると，大型スーパーマーケットの方が地域に対する競争促進の効果は大きいように思われるかもしれませんが，必ずしもそうとは限りません。むしろ，客層のオーバーラップという観点からは，大型スーパーマーケットよりもコンビニが進出してくる方が地元店にとっては影響が大きいかもしれません。それどころか，大型スーパーマーケットの進出によって，これまで訪れなかった人たちがその地域を訪れることになり，地元店の客数も増えるかもしれません。このような効果は，**正の外部効果**（正の外部性）と呼ばれます。地元住民の観点からは，大型スーパーマーケットの進出によって多様な製品やサービスが提供されることになれば，便益が増す可能性があります。これは主に**需要サイド**に起因する正の外部効果の例です。

　新しい企業が登場することで既存企業が受ける正の外部効果は，供給サイドにおいても発生すると考えられます。スタートアップ企業が進出してきた地域では，組織間での交流が増えることで新たな知識が伝播して，関連分野の既存企業の生産性が高まるかもしれません。このような外部性は，**知識のスピルオーバー**（knowledge spillovers）と呼ばれます（次節で詳しく扱います）。そのほか，同業種の企業が隣接地域に参入してくることで，共通する部品を調達するため

のコストが低下するという意味での外部性が発生するかもしれません。このように，スタートアップ企業の登場は，市場における競争促進効果だけでなく，正の外部効果を発生させる可能性を秘めています。

> **キーワード 2-2　外 部 効 果**
> ある企業や個人の活動が，周囲の企業や個人に対して，市場での取引なしに影響を与えることをいいます。外部効果には，正の外部効果と負の外部効果の2つのタイプがあり，前者は好影響を与える場合をさし，後者は悪影響を与える場合をさします。

排除効果と回転ドア効果の証拠

表 2-1 は，日本の都道府県別の開業率と廃業率の上位 10 位を示しています。開業率で上位 10 位に入っている都道府県のうち 8 つが廃業率においても上位 10 位に入っています。たとえば，開業率 7.0% で全国 1 位の沖縄県の廃業率は 18.5% で全国 4 位です。開業率が 5.6% で全国 5 位の宮城県では，廃業率が 22.6% で全国 1 位となっています。このように，開業率と廃業率には強い相関があり，それらの間の相関係数は実に 0.68 となっています。つまり，開業率が高い地域は，廃業率も高いことを意味します。これはスタートアップ企業の登場によって既存企業の一部が市場から押し出されるという排除効果の存在を示唆しています。

ただし，開業率と廃業率の正の相関の背後には，もう 1 つの隠された可能性があります。それは，**回転ドア効果**（revolving door effect）と呼ばれるものです。前章で議論したように，スタートアップ企業は「新規性の不利益」の問題に直面します。典型的なスタートアップ企業は，経験が乏しく，経営や技術など多くの面で必要なスキルや能力を有していません。そのため，スタートアップ企業は，思うように資金が調達できなかったり，取引先が開拓できなかったり，多くの困難に直面するのです（第 5 章を参照）。結果として，多くの企業が創業後間もなく退出を余儀なくされます。

このように，創業して間もないうちに市場から退出を強いられる企業は，**回転ドア企業**（revolving door firm）と呼ばれています。このような企業が多く存在することで，結果として開業率は廃業率と強く相関すると考えられます。

これまでに多くの研究者によって，参入が既存企業の退出に与える影響につ

表 2-1　都道府県別の開業率と廃業率（上位 10 位）

順位	開業率上位 10 位		廃業率上位 10 位	
	都道府県	開業率	都道府県	廃業率
1	沖縄県	7.0%	宮城県	22.6%
2	福岡県	5.9%	東京都	19.0%
3	神奈川県	5.8%	岩手県	18.6%
4	宮崎県	5.7%	沖縄県	18.5%
5	宮城県	5.6%	大阪府	18.0%
6	兵庫県	5.6%	兵庫県	17.0%
7	東京都	5.5%	福岡県	16.9%
8	大阪府	5.4%	青森県	16.9%
9	愛知県	5.3%	神奈川県	16.7%
10	北海道	5.2%	北海道	16.1%

（注）　1.　開業率＝新規設立事業所数（平成 21〜24 年）/全事
　　　　　　業所数（平成 21 年）
　　　　2.　廃業率＝廃業事業所数（平成 21〜24 年）/全事業所
　　　　　　数（平成 21 年）
（出所）　総務省「経済センサス」（平成 21 年・24 年調査）
　　　　　をもとに筆者計算・作成。

いて分析されてきました。たとえば，アメリカに本社を置く世界最大のスーパーマーケット・チェーンのウォルマートが各地域の市場に参入することによって，既存企業がどの程度影響を受けて退出したのかについて分析されています（Jia, 2008）。この研究によれば，1988 年から 1997 年のアメリカにおけるウォルマートの拡大が既存の小規模ディスカウントストアの 40〜50% を退出させたことが明らかにされています。これは小売業における大規模企業の市場参入が同業種の零細企業を排除する効果が大きいことを示しています。小売業では，同じ地域で隣接する企業同士の顧客層のオーバーラップが大きく，参入企業と既存企業が直接競争関係にあったことが背景にあると考えられます。

　他方で，先ほど議論したように，参入が起こった場合に，必ずしもすべての既存企業が等しく影響を受けるとは限りません。たとえば，東京のスーパーマーケット市場を分析した研究によると，大規模スーパーの参入によって既存の大規模・中規模のスーパーの退出確率は上昇した一方で，既存の小規模スーパーの退出確率は増加するどころか低下したことが明らかにされています（Igami, 2011）。これは，大規模スーパーと小規模スーパーとは競合関係になく，大規模スーパーの参入が起きることで買い物客が流入することによって小規模ス

ーパーが外部効果の恩恵にあずかったことを示唆しています。

　同様のテーマについて，産業横断的なデータを用いた分析によれば，参入の効果は，参入者および既存業者の規模に依存することが明らかにされています（Ito & Kato, 2016）。具体的には，参入によって最も影響を受けるのは小規模な既存業者であり，規模が小さいほど排除効果によって退出確率が高いことが明らかにされています。他方で，参入者の規模が中規模以下である場合は既存業者に対する排除効果がある一方で，参入者の規模が非常に大きい場合は既存業者に対する排除効果がないことを見出しています。これらの結果からは，参入が既存業者に与える効果は，参入者および既存業者間の差別化（需要の代替性）の程度に依存することが示唆されます。

キーワード 2-3　回転ドア企業

「回転ドア」のように創業してすぐに市場から退出する企業のことをいいます。このような企業が多く存在することで，開業率と廃業率がともに高くなる効果を，回転ドア効果といいます。

コラム 2-1　「潜在的」な参入の脅威は競争への意識を変えるのか

　寡占的な構造を持つ市場では，参入が起こることで企業間の協調的な行動（共謀）が難しくなるため，熾烈な価格競争を招くかもしれません。

　日本の石油製品市場においては，特定石油製品輸入暫定措置法（以下，特石法）が施行された1986年以来，日本国内の産業は保護され，石油精製の元売業者のみが石油製品を輸入することができました。これにより自由な競争は実質的に制限されていたと考えられます。

　ところが10年間の時限立法であった特石法は，規制緩和の流れに乗る形で1996年3月に廃止され，石油製品の輸入自由化が行われることになりました。

　これまでの研究からは，輸入自由化によってガソリン価格が大きく下落したことが明らかになっています。図2-3に示されているように，輸入自由化が決定された1994年12月以降，1998年7月までの東京でのガソリン価格が1リッターあたり122円から99円まで下落しています。興味深いのは，輸入自由化が実際に施行される以前であるにもかかわらず，1994年12月以降に価格が下落したことです。実際に参入が起こっていないにもかかわらず，将来的に輸入自由化によって参入が起きるだろうという予測が各企業の競争的な行動を促

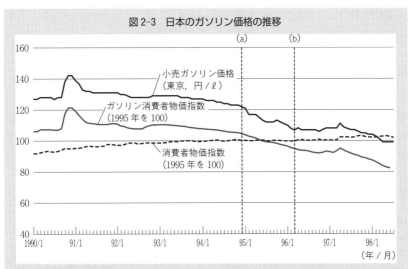

図2-3　日本のガソリン価格の推移

(注)　(a)：輸入自由化の決定（1994年12月），(b)：輸入自由化の実施（1996年3月）。
(出所)　Nagaoka & Kimura (1999) をもとに筆者加筆。

したと考えられます。

　同市場を対象に行われた別の研究によれば，輸入自由化によって参入脅威が高まることで，既存企業は合併や事業所の統廃合などの組織再編を実施しています（加藤・長岡，2012）。結果として，企業の生産性が大幅に高まる一方で，利潤率が低下したことが明らかになっています。また，この研究からは，輸入自由化後，大企業が相対的に小さく生産性の高い企業を合併することよって競争に勝ち残ろうとしたことが示唆されています。

　このように，参入が実際に起こるかどうかにかかわらず，潜在的参入者からの「脅威」が既存企業の競争的な行動を促すことで市場の効率性が高まる可能性が示されています。

3　イノベーションの担い手

　経済学者シュンペーターは，アントレプレナーとは，生産手段や要素を組み合わせて新しいものを生み出す**新結合**（new combinations）を遂行する個人であると定義しています（Schumpeter, 1934）。新結合とは，一般的にイノベーショ

ン活動と呼ばれる活動全般を意味しています。他方で，イノベーションは経済成長の重要な源泉であることが広く知られています。したがって，（少なくとも一部の）アントレプレナーは，イノベーションの担い手であると同時に，経済発展にとって欠かせない存在となっています。

　内生的成長理論（endogenous growth theory）と呼ばれるマクロ経済学分野の理論においては，知識はイノベーションや経済成長を導く公共財であり，経済は新しい知識への投資から恩恵を得ると考えられてきました（Block et al., 2013）。実際に，多くの研究者によって，企業の生産性の伸びの大部分が**研究開発**（R&D）のストック（蓄積量）として測られる知識生産活動によって説明できることが示されてきました（Griliches, 1998）。アメリカを対象にした研究によれば，技術進歩を表す全要素生産性（TFP）の成長の要因分解において，参入と退出の寄与度が25〜26％であり，新陳代謝のイノベーション（技術進歩）に対する貢献度が無視できない水準であることが示唆されています（Bartelsman & Doms, 2000）。シュンペーターのいう「創造的破壊の嵐」が経済成長の原動力となっているといえるでしょう。

　ところが，企業や大学で行われる研究開発投資が，経済的あるいは商業的価値の創出には必ずしも結びついていないという課題が指摘されています（Acs et al., 2004）。知識創造システムにおける**知識フィルター**（knowledge filter）と呼ばれる問題です。図2-4の上部で描かれているように，大学や公的研究機関における学術研究として主に基礎研究が行われていますが，それが経済的価値や商業的価値を持つに至る確率は非常に小さいことが指摘されているのです。他方で，産業における企業の研究開発の成果の一部は，いくつかの知識フィルターをパスして知的財産となって，最終的に商業化されるか，企業の知識ベース（あるいは第7章で取り上げる「吸収能力」）の増強に利用されるかもしれません。商業化は，既存企業がイノベーション活動を拡大するか，その活動を外部にスピンオフさせて新しい企業を設立するか，他企業にライセンス供与することを通して実現します。知識フィルターをパスして，製品やサービスの導入を通して市場に商業的価値をもたらすうえで，アントレプレナーの登場が重要な役割を果たすことが期待されています。

スタートアップ企業によるイノベーションの特徴

　スタートアップ企業の登場は，本当にイノベーションの創出につながるので

図 2-4　知識創造システムにおける「知識フィルター」

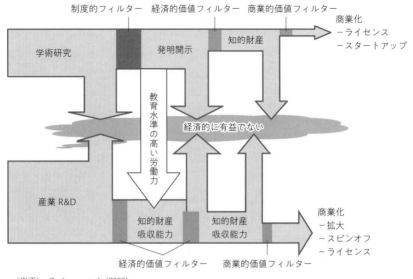

（出所）　Carlsson et al. (2009).

しょうか。スタートアップ企業は，参入する市場で既存企業と同じような製品やサービスを供給していては勝ち目がないでしょう。なぜならば，既存企業はすでに顧客からの評判を確立していたり，多くの経験を積んで効率的な生産や部品調達の方法を実現している可能性が高いからです。したがって，一般的には既存企業に対抗するために，スタートアップ企業は何らかの差別化を図ることが求められます。

　スタートアップ企業は，ルーチンもなければ，高い能力もないまま事業に着手します。したがって，彼らがイノベーションを創出するためには，高い水準の能力，資源，スキルを構築していかなければなりません。逆に，スタートアップ企業は，既存企業と比較して柔軟にイノベーションに取り組むことができるといわれています。なぜなのでしょうか。

　既存企業の観点から考えてみましょう。ある市場において，新しい技術が登場した場合を考えてみます。新しい技術が開拓されたばかりの時期には，既存企業は既存の技術をさらに発展させていくか，新しい技術にスイッチするかの選択に迫られます。しかし，既存の技術を持つ企業は，これまでにその技術に強く結びついた多くの投資を行っており，引き続きその技術を利用することで

これまでの投資から利益をあげようとするでしょう。このように，これまで歩んできた「経路」に依存してその後の戦略の方向性が縛られることは**経路依存性**（path dependence）と呼ばれます。企業は，新技術にスイッチすることが既存の技術を陳腐化させることにつながるため，現在まで行ってきた投資の回収ができないと考えるかもしれません。この点を気にする企業は既存技術にこだわり続けることになります。

　実際に，既存企業が，まったく新しい技術や製品を市場に導入することになれば，新しい技術・製品と既存の技術・製品が競合してしまうおそれがあります。自社の製品の間に競合が起こると，新製品の売上の増加によって，旧製品の売上が減少してしまうという**共喰い**（cannibalization）と呼ばれる現象が起きます。したがって，既存企業は共喰いを避けるために，これまでたどってきた技術的経路に沿うようなアイデアの更新（改善）である**インクリメンタル・イノベーション**（incremental innovation）に取り組む傾向があります。このタイプのイノベーションは，既存の領域内における変化の小さなイノベーションをさします[2]。

　他方で，これまでの経路を持たないスタートアップ企業は，この共喰いを気にする必要がありませんので，新規性の高いアイデアである**ラディカル・イノベーション**（radical innovation）を創出するインセンティブを持つ傾向があります。このタイプのイノベーションは，市場にとって新しい製品やサービスの導入をさします。既存企業であっても，共喰いを過度に気にすることなく，新技術にスイッチすることができれば，将来的により大きなベネフィットを獲得する可能性を秘めています。逆に，企業が既存の技術にこだわり続けると，将来のラディカル・イノベーション創出のための環境づくりの機会を失うことになるでしょう。実際，ハードディスク・ドライブ市場においては，既存企業が新しい技術が登場した後もなお既存の技術にこだわり続けた結果，新しい技術に取って替わられ，市場での競争力を失ってしまうという事例が観察されました（Christensen, 1997）。

---

2)　インクリメンタル・イノベーションは漸進的イノベーション，ラディカル・イノベーションは急進的イノベーションとも呼ばれます。

> **キーワード 2-4　共喰い**
> 企業が新たな製品を市場に導入することによって，自社が供給している旧製品
> との間で競合が起こり，新製品の売上の増加によって，旧製品の売上が減少し
> てしまうことをいいます。

> **キーワード 2-5　ラディカルおよびインクリメンタル・イノベーション**
> 市場にとって新しく急進的で変化の大きなイノベーションはラディカル・イノ
> ベーションと呼ばれ，既存製品の改良版などの変化の小さなイノベーションは
> インクリメンタル・イノベーションと呼ばれます。

「知識のスピルオーバー」とアントレプレナーのタイプ

　第 2 節で取り上げた正の外部効果は，イノベーション活動においても生じます。スタートアップ企業がイノベーション創出に向けて知識生産活動を行うことによって，他の企業の知識生産の成果が高まる可能性があります。このようなイノベーションにおける外部効果が知識のスピルオーバーです。新しい知識からのベネフィットは，その知識を創出したイノベーターだけでなく，他の企業にも波及するため，その後のイノベーションのベースとなるアイデアのプールを豊かにすると考えられています。

　また，アントレプレナーやスタートアップ企業は，イノベーションの担い手であるだけでなく，対抗する既存企業がイノベーションを起こそうとするインセンティブを高める役割を担うことも期待されます。スタートアップ企業によるイノベーティブな製品やサービスが市場でのシェア（占有率）を伸ばせば，既存企業の現在のポジションは安泰とはいえないからです。「創造的破壊の嵐」によって競争に敗れて市場から追い出される既存企業もいれば，それに対抗してさらなるイノベーションを創出する既存企業もいるでしょう。実際に，新しいイノベーターが市場に登場することによって，既存企業のイノベーションに関する投資のインセンティブが高まることが明らかにされています（Aghion et al., 2009）。

　ところが，経済には異なるタイプのアントレプレナーが存在し，すべてのアントレプレナーがイノベーションや経済発展に貢献するわけではないのです。どのようなアントレプレナーがイノベーションを生み出し，経済を牽引するのか考えてみましょう。よく用いられる区分が，**機会追求型アントレプレナー**

（opportunity entrepreneur）と**所得追求型アントレプレナー**（necessity entrepreneur）と呼ばれる創業プロセスの違いによるものです（Block & Wagner, 2010）。機会追求型アントレプレナーは，事業機会を追求するために創業するアントレプレナーをさし，所得追求型アントレプレナーは，他の職業の選択肢がないか，それに満足できないために必要性に迫られて創業するアントレプレナーをさします。後者については，雇用機会のない失業者が所得を得る手段として創業するというのが典型例となります。

　これらの異なるアントレプレナーのタイプの間には，経済への影響という点で大きな違いがあります。機会追求型アントレプレナーは，成長を志向するため価値創出に積極的であるのに対して，所得追求型アントレプレナーは自らの生活のための所得を獲得することが目的であり，価値創出の大きさは限定的であると考えられます[3]。

　また，**革新的アントレプレナー**（innovative entrepreneur）と**模倣的アントレプレナー**（imitative entrepreneur）という区別の仕方があります（Koellinger, 2008）。前者は，アントレプレナーこそが創造的破壊を通して経済発展に寄与するというシュンペーターの理論になぞらえて，**シュンペーター的アントレプレナー**（Schumpeterian entrepreneur）と呼ばれることもあります。革新的アントレプレナーは，新しいアイデアを市場で取引可能な製品やサービスに変える役割を果たすことで，経済におけるイノベーションおよびそれを通した経済発展の担い手となります。他方で，模倣的アントレプレナーは，革新的なアイデアを持たず，既存企業との差別化を最小限しか行わない事業を開始するため，経済発展への貢献はあまり期待できません。

> **キーワード 2-6　機会追求型および所得追求型アントレプレナー**
> 事業機会を追求するために創業するアントレプレナーは機会追求型アントレプレナーと呼ばれ，失業している場合などに自らの所得を生み出す最終手段として必要に迫られて創業するアントレプレナーは所得追求型アントレプレナーと呼ばれます。

---

3)　W. J. ボーモルは経済には**生産的アントレプレナー**（productive entrepreneur）とそれ以外のアントレプレナーが存在し，前者こそが価値創出の担い手であることを指摘しています（Baumol, 1996）。

経済成長の原動力としてのアントレプレナー

アントレプレナーやスタートアップ企業が経済成長においてどのような役割を果たすのかという問いに対して，研究者たちはデータを用いて実証的に取り組んできました。アントレプレナーが登場することによって経済成長率が高まるという「因果関係」はあるのでしょうか。いくつかの研究を紹介しましょう。

たとえば，OCED 加盟 22 カ国の 35 年にわたる長期データを用いて，この因果関係の有無について検証した研究があります。図 2-5 に示されているように，創業活動水準（事業所有率）と経済成長率（GDP 成長率）の動きを見ると，1980 年代以降の危機からの経済回復が創業活動の上昇の後に起こっています。特に，1989 年，2000 年，2002 年以降の経済成長は創業活動によって導かれているように見えます。この研究では，創業活動の動きによって景気循環を予測することができると結論づけています。しかし，アントレプレナーの登場と経済成長との間の因果関係は，必ずしも明確になっているわけではありません。今後，さらなる研究の蓄積が求められるテーマであるといえそうです。

図 2-5 GDP 成長率および事業所有率の推移

（注）　事業所有率＝事業所有者数/総労働力。GDP 成長率と事業所有率ともにトレンドからの偏差として測定。

（出所）　Koellinger & Thurik（2012）.

コラム 2-2　「品質の高いイノベーション」の担い手は誰か

　スタートアップ企業はどのようなイノベーションを生み出しているのでしょうか。この点についてさらなる洞察を与えてくれる興味深い 2 つの研究を紹介しましょう。

　まず，Sørensen & Stuart（2000）による研究です。彼らは，アメリカの半導体産業（1986～92 年）とバイオテクノロジー産業（1987～94 年）を対象に，企業による特許率（1 年あたりの特許登録数）が企業年齢によってどのように変化するかを分析しています。特許については第 7 章で詳しく扱いますが，イノベーション活動の程度を測定するうえでよく使われる指標となっています。この研究によれば，表 2-2 で示されているように，企業の年齢が上がるにつれて全特許率が高くなる傾向があります（この表の結果は予測値を示しています）。これは企業が年齢を重ねることによってイノベーションの効率性を上昇させていることを示唆し，学習効果の存在を表しています。

　この研究では，特許の引用に関する指標も使われています。特許を出願する際には，その発明が過去の特許を参照している場合，必ずその特許を引用しなければなりません。したがって，一般的には，特許が引用されるということは後の発明に影響を与えていることを意味します。言い換えれば，引用される頻度が高いほど，その特許の価値が高いと解釈できます。まず，自己引用特許率は，自社の過去に取得した特許を参照している特許率を示しています。この研究によれば，自己引用特許率は企業年齢とともに高くなる傾向があります。この表の結果は，企業が年齢の上昇とともに過去に生み出した知識をベースとしたイノベーションに従事していることを示唆しています。言い換えれば，企業は年齢を重ねるにつれて，外部で発展しているイノベーションのペースに付いて行けず，組織内にある既存の知識に基づいたイノベーション活動を行っていると解釈できます。

　さらに，表 2-2 における平均引用年は，企業が当該特許で引用している過去の特許の平均年齢です。平均引用年が高くなるほど，企業が参照している技術が古いことを意味します。表 2-2 で示されているように，企業は年齢を重ねるに従って新しい技術を参照しておらず，古い技術に頼る傾向があります。引用率は特許 1 件あたりの被引用数（後方引用）の数を示しており，企業年齢が高くなるにつれて取得する特許の次世代イノベーションに対してのインパクトが小さくなる傾向があります。

　なお，これらの結果は，企業年齢以外の要素を考慮していませんが，上記で

表2-2　企業年齢別の特許活動の特徴

企業年齢	全特許率	自己引用特許率	平均引用年	引用率
半導体産業				
0～12年	1.794	0.877	5.139	0.676
12～24年	9.255	3.731	5.548	0.621
24～36年	34.248	12.899	5.773	0.573
36年	71.174	28.250	6.164	0.411
全サンプル	17.920	9.350	5.596	0.556
バイオテクノロジー産業				
0～4年	0.555	0.101	7.452	0.388
4～8年	0.980	0.329	7.870	0.356
8～12年	1.538	0.582	7.779	0.271
12年	2.279	0.959	9.126	0.258
全サンプル	1.151	0.723	7.931	0.320

(注)　自己引用特許率は1件以上引用された特許を対象に計算されていて，自社が過去に取得した
　　　特許を1件以上引用した特許の比率を示しています。
(出所)　Sørensen & Stuart（2000）.

図2-6　企業年齢と特許の被引用頻度

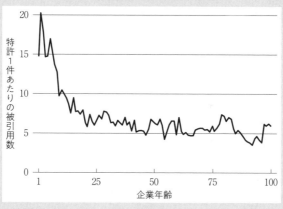

(出所)　Balasubramanian & Lee（2008）.

紹介した結果は企業規模などを考慮しても変わらないことが明らかにされてい
ます。
　もう1つの研究は，Balasubramanian & Lee（2008）によるものです。彼ら
の研究では，*COMPUSTAT* というデータベースをもとに，企業が取得した
特許を対象に企業年齢（特許登録時）と特許1件あたりの被引用数の関係が分

析（企業間比較）されています。図2-6で示されているように，企業年齢が高くなるほど特許1件あたりの被引用数が低下する傾向にあります。被引用数の低下は，企業年齢が25年あたりで下げ止まっています。この結果は，特許の被引用頻度で測られるイノベーションの質が企業年齢に強く依存し，スタートアップ企業のイノベーションの質が高いことを示唆しています。

4　雇用創出の源泉

　スタートアップ企業の登場は，一国経済の雇用に対してどのような影響を与えるのでしょうか。雇用創出に関する長年にわたる研究においては，規模の小さい企業（一般的には「中小企業」）は大きい企業よりも雇用を伸ばす傾向があることが示されてきました。つまり，中小企業が雇用創出の担い手であると信じられていました。しかし，近年の国内外の研究グループの分析からは，規模の小さな企業は雇用を生み出しているのですが，その多くは創業間もないスタートアップ企業であるという事実が明らかにされてきました。

スタートアップ企業による雇用創出

　図2-7は，総務省の「事業所・企業統計調査」を用いて2001〜06年の常用雇用者の純増数を企業設立からの年数ごとに示したものです。ここで示されているように，設立から5年以内の企業，つまり，スタートアップ企業が雇用創出の大半を担っていることがわかります。他方で，設立から10年以上経過した企業については，いずれも純増数が負となっています。つまり，これらの企業では，雇用規模の縮小あるいは退出によって雇用が喪失された分が大きく，雇用創出の数を上回っていることを意味しています。スタートアップ企業が雇用創出において重要な役割を果たすことは，日本に限った話ではありません。アメリカを対象とした研究でも同じ傾向があります（Haltiwanger et al., 2013）。

　ただし，すべてのスタートアップ企業が等しく雇用を生み出すわけではないという点に注意が必要です。一部の企業のみが雇用創出に貢献していることがよく知られています（Coad, 2010）[4]。たとえば，イギリスで2002〜08年の間に

---

4)　この点については，後の第9章において詳しく取り上げています。

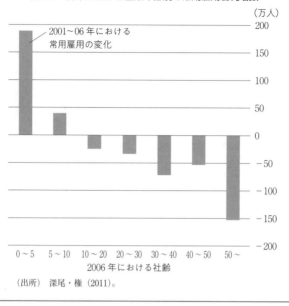

図 2-7 日本における企業年齢別の常用雇用者純増数

(出所) 深尾・権 (2011)。

創出された雇用の約 50% は，たった 6% の企業によるものだったことが示されています（NESTA, 2009）。

経済全体への雇用効果

　ここまではスタートアップ企業自体の雇用創出への貢献度について考えました。次に，スタートアップ企業の経済全体の雇用変化に与える効果を考えてみましょう。ここでは，先行研究において提唱されたフレームワークを用いて考えていきます（Fritsch & Mueller, 2004）。この研究からは，スタートアップ企業の雇用創出効果には，正と負の両面があることが示され，これらは異なるタイミングで起こることが明らかにされています。

　図 2-8 で示されているように，創業による雇用創出には 3 つの効果が期待されます。第 1 に，スタートアップ企業自身による直接的な雇用創出が起こります（I）。第 2 に，スタートアップ企業の参入による排除効果によって退出を強いられる既存企業における雇用喪失効果です（II）。スタートアップ企業の登場から少し時間が経過した後に起こると考えられます。第 3 に，スタートアップ企業の登場によって，生存することができた既存企業が受ける正の外部効

図2-8　創業による雇用創出効果

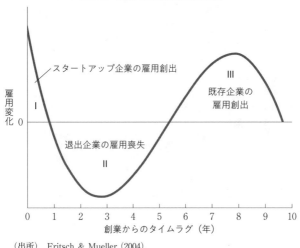

（出所）Fritsch & Mueller（2004）.

果を通した雇用創出効果です（Ⅲ）。これらの3つの効果のそれぞれの大きさは，観察されるデータ（国・地域，期間）の違いによって変化すると考えられます。したがって，スタートアップ企業による雇用創出の総効果が正であるのか負であるのかについては必ずしも断定することはできません。

　スタートアップ企業が登場した地域には，どのような恩恵が期待できるでしょうか。スタートアップ企業が進出した地域において，企業は新しい従業員を雇用することになりますので，地域内での雇用創出効果が期待されます。ポルトガルを対象とした研究によると，開業率の高い地域は低い地域と比べて雇用創出の成長率が高く，とりわけ企業の集積率が高い地域でその効果が大きいことが明らかになっています（Baptista & Preto, 2011）。これは，集積地域は企業間の相互作用が大きいため，第2節で取り上げた正の外部効果が発揮されやすいことを示唆しています。さらに重要なことは，この研究においてはスタートアップ企業のタイプを区別しており，革新的なスタートアップ企業の創業が重要な役割を果たす傾向があることが示されている点です。このような企業の創業が多い地域では，雇用が多く創出されます。この結果について，革新的なスタートアップ企業が地域内の他の企業に対して知識のスピルオーバーをもたらすことが背景にあると考えられます。前節で議論したように，革新的アントレプレナーの登場が地域発展にとっては欠かせないことを示唆しています。

本章のまとめ

1. スタートアップ企業が登場して，市場の競争を活発化させ，非効率的な既存企業を市場から押し出します（排除効果）。他方で，スタートアップ企業の登場は，地理的に隣接した他の経済主体のパフォーマンスを高める可能性があります（正の外部効果）。

2. アントレプレナーは，イノベーションの担い手として，知識フィルターの問題を解決することが期待されています。また，知識のスピルオーバーをもたらすことも期待されています。ただし，アントレプレナーにはさまざまなタイプがあり，革新的（シュンペーター的）アントレプレナーがイノベーションと経済成長を牽引すると考えられています。

3. スタートアップ企業は雇用創出において大きなシェアを占めることが明らかになっており，地域発展において重要な役割を果たす存在となります。しかし，雇用を生み出すのは一握りのスタートアップ企業のみであることもわかっています。

ディスカッションのための問題

1. スタートアップ企業の登場は経済活性化においてどのような役割を果たすのでしょうか。競争，イノベーション，雇用創出の観点からまとめてみましょう。

2. 新しいスーパーマーケット，ショッピングモールなどが参入してきた地域では，周辺に立地するレストランなどの小さな既存店に対してどのような影響があるのでしょうか。排除効果と正の外部効果の観点から考えてみましょう。

3. アントレプレナーとして世の中に大きなインパクトを与えてきた人物をあげてみましょう。彼らはどのようなイノベーションを世に出し，どのくらいの雇用を生み出してきたのか調べてみましょう。

第3章

スタートアップの個人要因

誰が「アントレプレナー」になるのか

本章のテーマ

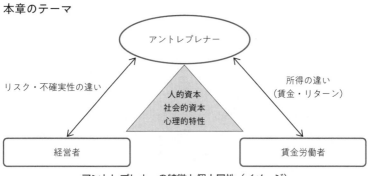

アントレプレナーの特徴と個人属性（イメージ）

1. アントレプレナーと経営者の違いは何か？
2. どのような個人がアントレプレナーという職業を選択するのか？
3. 創業機会の発見と活用に影響を与えるのは何か？
4. アントレプレナーはどのような心理的特性を持つのか？

1　アントレプレナーの特徴

　アントレプレナーは冒険家気質で高いリスクを厭わないといわれることがあります。果たして，どのような個人がアントレプレナーになるのでしょうか。いうまでもなく，われわれ個人はどのような職業に就くか自由に決めることができます。すべての個人がアントレプレナーになるわけではありません。

アントレプレナーと経営者

　どのような個人がアントレプレナーになるのでしょうか。アントレプレナーシップ研究の先駆者の1人である F. ナイトは，アントレプレナーを**リスク負担**（risk taking）と**不確実性**（uncertainty）の観点から特徴づけられると議論しています（Knight, 1921）[1]。ナイトは，アントレプレナーは変化やイノベーションを起こすことが主要な役割であり，イノベーションが模倣されてそれが社会で広まるまでの間に一時的な独占利益を獲得できると指摘しています。より重要なことは，イノベーターであるアントレプレナーは，イノベーション活動の成否を事前に予測することは不可能であるため，彼らによる活動がリスク負担と深く関連するということです。

　アントレプレナーは，既存企業における経営者と何が違うのでしょうか。既存企業の経営者でさえも，アントレプレナーと同様に変化に直面します。経営者は，組織の存続のため，技術変化やライバル企業によるイノベーションのような周囲の環境の変化に対して，自社の事業をうまく**適応**（adaptation）させようとするでしょう。しかし，ナイトは，このような適応は，より高い不確実性を伴うイノベーションとは異なるものであり，これこそがアントレプレナー（アントレプレナーシップ）と経営者（マネジメント）の相違であることを強調しています。また，ナイトは，アントレプレナーシップとは重要で大きな変化と結びついた**ダイナミック**な活動である一方で，マネジメントとは労働の部類に入るルーチンな活動に近いと指摘しています（Knight, 1942）。

　経済学では，人々の需要と供給に関する意思決定の結果として価格が決定さ

---

1)　創業に伴うリスクには，保険に入ることができる災害，窃盗，横領のような被害は含まれません。

れると考えられています。需要関数は，買い手が各価格のもとでどれだけの量を買いたいかを表したものであり，供給関数は売り手が各価格のもとでどれだけ売りたいかを表したものです。市場は，買い手の買いたい量と売り手の売りたい量が一致する価格水準（均衡価格）へと導く機能を有していると考えられていますが，当該の製品やサービスの買い手や売り手が多数いることや，彼らが市場の情報を十分に有していることなどが，市場が機能するための条件となっています。

　しかし，自身の考案した製品やサービスに関する需要があると見込んでいても，実際にはそれを買いたいと思う人がいないかもしれません。既存の資源を組み合わせることによって新しい価値を生み出せると信じていたとしても，そのもとになる資源の仕入価格以上の価値を生み出せないかもしれません。また，想定した量の資源が手に入らないかもしれません。アントレプレナーは自身の製品やサービスが将来いくらで売れるか，どれだけ売れるかを予測することは難しいのです。

　アントレプレナーは，自身の事業を通して利益を獲得するためには，不確実性を負担することが必要な条件といわれています（Shane, 2003）。もし，アントレプレナーが直面している機会に不確実性がなく，製品やサービスの価値が事前にわかっているならば，彼らに供給する資源の所有者はその価値に見合う高い価格を付けるかもしれません。また，消費者のニーズの有無が事前にわかるならば，他人と競合するかもしれません。したがって，アントレプレナーが利益を獲得できるのは，資源や製品・サービスの価値の評価において，彼らと同じ考えを持っている他人がいないことが条件となります（Shane & Venkataraman, 2000）。アントレプレナーは大きな不確実性のもとで，将来に関する推測を通してさまざまな意思決定を行わなければなりません。彼らは自身の判断が正しければ利益を獲得でき，誤っていれば利益を獲得することができません。

　この点において，既存企業における経営者とは大きな違いがあります。多くの既存企業の経営者は，すでに自身の製品あるいはサービスの買い手がたくさんいて，当該市場に関する情報を十分に持っており，直面する不確実性は相対的に低いといえるでしょう。

　表3-1は，アントレプレナーと（典型的な）経営者の相違についてまとめたものです。ただし，この表におけるすべての項目に関して，アントレプレナーと経営者の明確な線引きは難しいという点は強調しておかなければなりません。

表 3-1　アントレプレナーと経営者の主な特徴

	アントレプレナー	経営者
役割	イノベーション	適応
活動	ダイナミック	ルーチン
直面する変化	大きい（予測不可能）	小さい（予測可能）
リスク負担	大きい	小さい
不確実性	大きい	小さい

リスクに対する態度

　ここまで見てきたように，アントレプレナーは高いリスクや不確実性に直面します。アントレプレナーになる個人はリスクを好んで負担しているのでしょうか。ここでは，アントレプレナーになる個人のリスクへの態度について詳しく考えてみましょう。

　典型的には，われわれ個人はそれぞれリスクに対する態度が異なると考えられています。個人によって，**リスク回避的**（risk averse），**リスク中立的**（risk neutral），**リスク愛好的**（risk seeking）の3タイプに分かれます。これらの異なるリスクへの態度は図 3-1 に示されているような効用関数によって表されます。**効用**（utility）とは幸福や満足度を示し，どれだけ嬉しいかを表す指標だと考えればよいでしょう。

　図 3-1 で描かれているように，どのような個人であっても報酬（W）が高くなるほど効用（U）は高くなると考えられるので，いずれの効用関数も右上がりになっています。リスク回避的な個人の効用関数は下に凹（concave），リスク中立的な個人の効用関数は線形（linear），リスク愛好的な個人の効用関数は下に凸（convex）の形をしています。一般的に高い報酬を得ることを望めばその分リスクは高くなります。逆に低い報酬を求めればリスクは小さくなる傾向にあります。リスク回避的な個人は，報酬が高くなるよりもリスクが高くなることを嫌いますので，一定の水準まで報酬が増加することで効用は大きく高まります。逆に，一定の水準より報酬が高くなったとしてもあまり効用は増加していきません。他方で，リスク愛好的な個人は，一定の水準の報酬を確実に得るよりも，リスクが高くなっても報酬を多くもらえる方が効用は高まります。したがって，このような個人は，ある程度高い報酬を得られるまでは効用はあまり増加しませんが，高い報酬を得られる水準に達するにつれて一気に効用は

図3-1　リスクに対する態度に応じた報酬と効用の関係

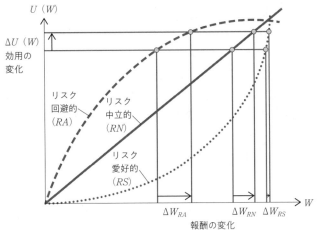

（出所）　Harris & Wu（2014）．

高まっていきます[2]。

　一般的には，アントレプレナーになるような個人はリスク愛好的であると考えられてきました（Kihlstrom & Laffont, 1979）。つまり，アントレプレナーはある程度のリスクがあることは覚悟して大きな成果をあげようと考えている個人であるといえるかもしれません。実際に，アントレプレナーは本当にリスク愛好的なのでしょうか。これまで多くの研究がこの問いに取り組んできました。これまでに行われてきた実証研究の中では，リスク愛好的な個人がアントレプレナーになることを支持する研究が多数を占めています（Cramer et al., 2002；Brown et al., 2011）[3]。

---

2)　より正確にいえば，報酬（reward）の変化（ΔW）に対する効用の変化（$\Delta U(W)$）の比率に基づいてリスクへの態度が評価されます。リスク回避的な個人はこの比率（$\Delta U(W)/\Delta W$）が1より小さく，リスク中立的な個人は1に等しく，リスク愛好的な個人は1より大きいことがわかります。

3)　逆に，リスク回避的な個人がアントレプレナーになることを示唆する研究もあります（Simons & Åstebro, 2010）。

2　アントレプレナーという職業選択

　個人が自ら経営者として事業を起こして企業を営むという意思決定は，どのようなときに行われるのでしょうか。言い換えれば，個人はいつ「アントレプレナー」（自営業者）になることを選択するのでしょうか。この問いは，これまで経済学や関連分野において，**職業選択モデル**（occupational choice model）として広く研究されてきました。このような研究では，効用の概念を用いて，ある個人の就業状態を他の状態と比較したときの相対的な効用に注目します。いうまでもなく，個人は自身にとって最も効用の高い職業を自由に選択できます。

　職業選択モデルでは，個人の職業として「アントレプレナー」と「賃金労働者」（従業員）の2つの選択肢を考えます。個人にとってアントレプレナーになることの効用（U_π）と賃金労働者になることの効用（U_W）を比較します。より正確には，将来の不確実な結果に対する満足度を表す**期待効用**（expected utility）の比較をします。

　個人がアントレプレナーという職業を選択するのは，その期待効用が$E(U_\pi)$ $>E(U_W)$となる場合です。このとき，現在アントレプレナーである個人はアントレプレナーとしてとどまることになり，現在賃金労働者の個人はアントレプレナーに移行することになります。逆に，個人の期待効用が$E(U_\pi)<$ $E(U_W)$であれば，現在賃金労働者の個人は賃金労働者としてとどまることを選択し，現在アントレプレナーの個人は賃金労働者に移行します[4]。

　しかし，このような職業選択モデルの問題点も指摘されています。このモデルでは，個人にとってアントレプレナーが賃金労働者よりも魅力的になれば，すぐに後者から前者に移行できることが仮定されています。その逆も同様です。しかし，現実には，職業を変えることによって**スイッチング・コスト**（switching cost）が発生すると考えられます。たとえば，賃金労働者からアントレプレナーに移行する際は，創業に必要な資金を調達するためのコストが発生しますし，アントレプレナーから賃金労働者へ移行する際には，再訓練コストが発生するでしょう。また，いずれの就業状態からの移行であっても，ライフスタ

---

4)　この職業選択モデルにおいては，個人の選択を「連続型」ではなく「離散型」として扱っており，賃金労働者でありながら部分的にアントレプレナーシップに従事する，あるいはその逆というようなことは想定されていません。

イルの変化によって精神的なストレスが発生するかもしれませんし，異なる業種に移行する場合はこれまで蓄積してきた業界特有のスキルや知識が失われる可能性があります。このようなさまざまなスイッチング・コストは，職業を変える際の障壁となりうると考えるのが自然でしょう。

> **キーワード3-1　アントレプレナーの職業選択モデル**
> 個人が「アントレプレナー」（自営業者）という職業を選択するか否かの意思決定は，それを選択することの効用と代替的な職業としての「賃金労働者」を選択することの効用の相対的な大きさによって決定されると考えるモデルのことをいいます。

経済的な創業動機

　個人の効用に影響を与えるのはどのような要素でしょうか。図3-2に描かれているように，個人の効用は将来得られるであろう**所得**（income）に依存すると考えられています。われわれ個人は，他の条件が同じであれば，年収が300万円の職業よりも1000万円の職業の方が満足度は高いはずです。アントレプレナーの場合は，自ら営む企業において得られる**利益**（profit），賃金労働者の場合は雇用者（企業）から支払われる**賃金**（wage）がそれぞれの職業の所得に

図3-2　アントレプレナーの職業選択に関するフレームワーク

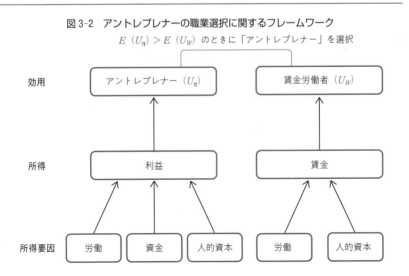

$E(U_\pi) > E(U_W)$ のときに「アントレプレナー」を選択

あたります[5]。

　では，その個人の所得はどのような要素に依存して決まっているのでしょうか。図 3-2 で示されているように，アントレプレナーが得る利益は，彼らの労働時間，資金調達額，人的資本（human capital）の水準によって決まります[6]。アントレプレナーとして多くの時間働いて，多額の投資を行うことで，得られる利益が増える可能性が高くなります。また，彼らの能力が高いほど適切な経営判断を行うことができるので，事業成功の確率は高まるでしょう。他方で，賃金労働者の受け取る賃金は，彼らが費やした労働時間に加えて，彼ら自身の人的資本の水準によって決まります。

　個人はこのようにして決定されるアントレプレナーと賃金労働者になることの効用を比較して，前者が上回るときに創業が行われると考えられています。

非経済的な創業動機

　上記の職業選択モデルでは，個人の効用に与えるのは所得であると仮定されています。つまり，個人は，将来得られるであろう所得の大きさだけを考えて，職業選択の意思決定をしていることが想定されています。たしかに，所得がある程度大きくなければ，余暇を満足に楽しむことができないかもしれません。その意味では所得が職業選択における重要な要因であることは間違いないでしょう。しかし，個人が職業選択に直面するとき，経済的な理由だけで意思決定を行うでしょうか。

　個人の効用は，経済的な理由だけでなく非経済的な理由によっても影響を受けるはずです。図 3-3 は，アントレプレナーの創業動機を調査した結果を示しています。「収入を増やしたかった」という経済的な動機が 3 位に位置している一方で，「自由に仕事がしたかった」という非経済的な動機が最上位となっています。アントレプレナーは賃金労働者よりも仕事や人生において高い満足感を得ているという結果も報告されています（Blanchflower & Oswald, 1998）。

　実際，アントレプレナーが得る所得は賃金労働者と比べてどのような差があるのでしょうか。図 3-4 で描かれているように，アントレプレナーの得る平均

---

5)　実際は，事業で得られた利益がすべてアントレプレナー個人の所得となるわけではありません。ここでは議論の簡単化のためにすべての利益が個人の所得になると考えています。

6)　人的資本については，次節で詳しく扱いますが，簡単に説明するとすれば「能力の高さ」といったところでしょう。

図 3-3　アントレプレナーの創業動機（2020 年度）

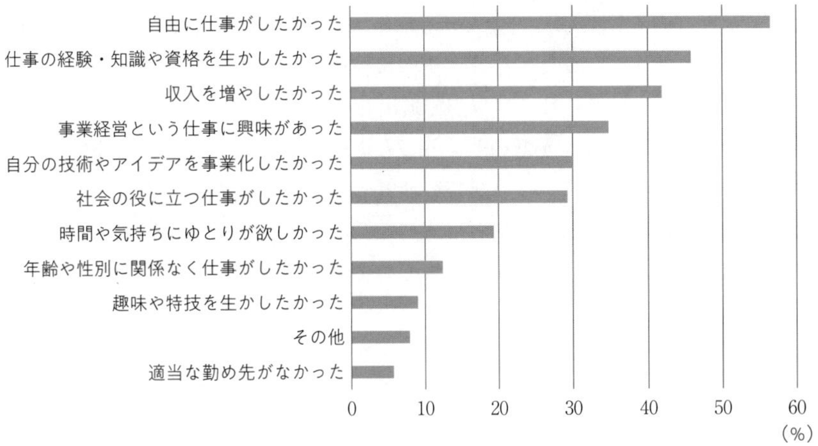

自由に仕事がしたかった
仕事の経験・知識や資格を生かしたかった
収入を増やしたかった
事業経営という仕事に興味があった
自分の技術やアイデアを事業化したかった
社会の役に立つ仕事がしたかった
時間や気持ちにゆとりが欲しかった
年齢や性別に関係なく仕事がしたかった
趣味や特技を生かしたかった
その他
適当な勤め先がなかった
0
10
20
30
40
50
60
（%）

（出所）　日本政策金融公庫総合研究所「2020 年度新規開業実態調査」。

図 3-4　既存企業における賃金とアントレプレナーのリターンの変化

パフォーマンス
リターン
賃金
生存の軌道
D
B
既存企業
B′
A
失敗の軌道
B″
C
時間

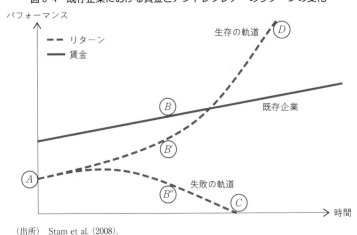

（出所）　Stam et al. (2008).

的なリターン（破線）は，創業時点（ポイント *A*）では既存企業で従業員として得られる賃金（実線）よりも低いと考えられます。創業後も当面の間はアントレプレナーが事業を通して得るリターンは既存企業において従業員として得られる賃金よりも低い水準で推移します。より重要なことは，アントレプレナーのリターンはポイント *B* において二極化し，増加する場合（*B′*）もあれば減

少する場合（*B″*）もあるという点です。最終的には，成功すればアントレプレナーは既存企業における賃金よりもはるかに高い水準のリターン（*D*）を得ることになります。しかし，事業が失敗に終われば，アントレプレナーは低いリターン（*C*）しか得られず，やがて退出します。したがって，アントレプレナーは得られるリターンが低いということに加えて，高い不確実性が伴うことが示唆されます。実際に，これまでの研究において，アントレプレナーの所得は，同様の属性を持つ賃金労働者と比べて低く，その差は創業直後だけでなく長期的に持続するという結果が示されています（Hamilton, 2000）。

3　アントレプレナーによる創業機会の発見と活用

　アントレプレナーになるためには，自身の新しいアイデアを生かすための**創業機会の発見**（entrepreneurial discovery）が欠かせません（Shane, 2000）。しかも，他の誰もその機会を発見していないとき，つまり市場が創造される前でなければなりません。なぜアントレプレナーはこのような創業機会を発見することができるのでしょうか。人はそれぞれ異なる**知識**（knowledge）を有していることが，この問いの背景にはあります。

　これまで，創業機会の発見は，さまざまな個人の特性と密接に結びついていることが示されてきました（Bygrave & Hofer, 1992）。人々の知識は経験を通して作り出されるため，必然的に各個人に蓄積される人的資本が異なると考えられています。ある創業機会をアントレプレナーが発見したとしても，他の人間が発見できるとは限らないのです。

　個人が創業機会を発見すれば，その機会を**活用**（exploitation）するかどうか，つまり，創業に関する意思決定をすることになります。創業機会の発見と同様に，この意思決定は個人間で大きな差異があると考えられています（Shane, 2003）。

　世の中に創業を考えている個人はどのくらいいるのでしょうか。また，そのうちどのくらいの人が実際に創業しているのでしょうか。現実のデータを見てみましょう。図3-5は，日本における創業希望者，創業準備者，アントレプレナーの数がそれぞれ示されています。2017年の日本における創業希望者の数は約73万人です。この数は，2007年の101万人，2012年の84万人から大き

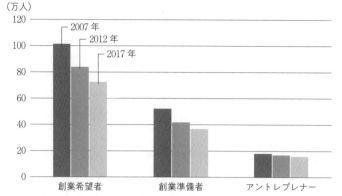

図3-5　創業希望者，創業準備者，およびアントレプレナーの比率

（注）　1.ここでいう「アントレプレナー」とは，過去1年間に職を変えたまたは新た
　　　　に職に就いた者のうち，現在は「会社等の役員」または「自営業主」と回答
　　　　し，かつ「自分で事業を起こした」と回答した者をいう。なお，副業として
　　　　のアントレプレナーは含まれていない。
　　　2.ここでいう「創業希望者」とは，有業者のうち「他の仕事に変わりたい」か
　　　　つ「自分で事業を起こしたい」と回答した者，または無業者のうち「自分で
　　　　事業を起こしたい」と回答した者をいう。なお，副業創業希望者は含まれて
　　　　いない。
　　　3.ここでいう「創業準備者」とは，創業希望者のうち「（仕事を）探している」，
　　　　または「創業の準備をしている」と回答した者をいう。なお，副業創業準備
　　　　者は含まれていない。
（出所）　総務省「就業構造基本調査」を筆者が再編加工作成。

く減少しています。次に，創業準備者は実際に創業の準備にかかっている人を
さし，2017年には約37万人に上ります。これは創業希望者の約半数です。最
後に，実際に創業してアントレプレナーとなった人の数は2017年には約16万
人います。これは創業希望者の22％，創業準備者の43％です。創業機会の発
見が実際の創業には必ずしも結びつかないことを示しています。

アントレプレナーの人的資本

　アントレプレナーは，自身の持っている知識と直接関係する創業機会のみ発
見できることが指摘されています（Shane & Venkataraman, 2000）。どのような
知識が創業機会の発見につながるのでしょうか。人々の間にある**認知能力**
（cognitive ability）の差が創業機会の発見と深く関係することが指摘されていま
す（Shane, 2000）。人々は，それぞれ機会に対する**感度**（alertness）に違いがあ

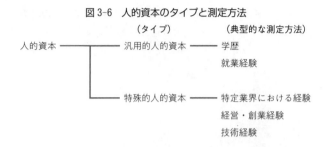

図3-6　人的資本のタイプと測定方法

り，さまざまな情報に対する感度が高い個人は創業機会を認知しやすいのです。

　特に，知的能力に優れた個人は，受け取る情報の中で機会をより適切に認知する能力が高いといわれています（Shane, 2003）。個人の知的能力は，それまでに受けてきた教育，過去の経験などを通して形成される人的資本として捉えることができます。

　図3-6で示されているように，アントレプレナーの人的資本は，**汎用的人的資本**（general human capital）と**特殊的人的資本**（specific human capital）から構成されます。汎用的人的資本は，典型的には教育を通して形成される**分析および問題解決力**（analytical and problem-solving skill）を表します（Backes-Gellner & Werner, 2007）。このタイプの人的資本の水準が高いアントレプレナーは，高いリスクや不確実性をうまく扱う優れた能力を有していると考えられます。

　他方で，特殊的人的資本は，同じ業界における職務経験，創業経験，技術的な経験のように，ある特定の状況や分野における**学習**（learning）を通して蓄積された知識や能力から構成されます。特に，アントレプレナーが同じ業界における職務経験を通して得た知識は創業機会の発見につながる可能性が高いことが指摘されています（Shane, 2000）。彼らが過去に生産者，サプライヤー，顧客として得た知識を通して，どのような新製品やサービスが市場に導入できそうか，どのように原材料を調達できそうか，どのような供給や流通方法が使えそうかといった点を理解しているため，創業機会を発見する可能性が高まると考えられています。

　また，繰り返し創業を行っているアントレプレナーがいます。このようなアントレプレナーは，**シリアル・アントレプレナー**（serial entrepreneur）と呼ばれます。創業経験を通して学習することで，アントレプレナーは創業に必要なスキルを身につけることになります（Lafontaine & Shaw, 2016）[7]。

　これまでの研究においては，個人が持つ汎用的人的資本および特殊的人的資本の水準が高いほど，創業機会の発見と活用の確率が高くなることが示されています（Ucbasaran et al., 2008）。

> **キーワード 3-2　アントレプレナーの人的資本**
> アントレプレナーが有する知識や能力のことをさし，典型的には教育を通して形成される「汎用的人的資本」と同じ業界における職務経験，創業経験，技術的な経験などを通して形成される「特殊的人的資本」から構成されます。

アントレプレナーの社会的資本

　個人が社会的なつながり（social ties）を持っているかどうかは，創業機会の発見において重要な役割を果たします。個人が有する社会的なつながりは社会的資本（social capital）と呼ばれます[8]。社会的資本は，**信頼**（trust）だけでなく，情報を含めた資源から形成されていると考えられています（Putnam, 2000）。信頼は，組織間の結びつきを強固にするのに役立ちます。また，個人は，社会における他人とのインタラクションを通して，さまざまな情報源にアクセスすることができます。その結果として，社会的なつながりを広く有する個人は，そうでない個人よりも創業機会に関する情報にアクセスできる可能性が高くなります。

　図3-7で描かれているように，社会的資本には，**結合型社会的資本**（bonding social capital）と**架橋型社会的資本**（bridging social capital）という２つのタイプがあります（Davidsson & Honig, 2003）。前者は，家族のような**強いつながり**（strong ties）をもとにした社会的資本をさします。たとえば，家族が経営者である場合には，コストをかけずに外部のネットワーク上で資源の調達先などの関係者から信頼を得やすいかもしれませんし，それらのネットワークを通して多くの情報に無償でアクセスすることができるでしょう。また，経営経験を持つ家族からは創業を奨励されたり，支援や助言を受けやすいでしょう。

　他方で，後者の架橋型社会的資本は，**弱いつながり**（weak ties）をもとにし

7）　後の章で取り上げるように，創業経験を持つアントレプレナーは，資金調達に成功する可能性が高く（第5章第3節），創業後に生存できる確率が高まることが明らかにされています（第8章第4節）。

8）　社会的資本ではなく，社会関係資本と呼ばれることもあります。

図 3-7　社会的資本のタイプ

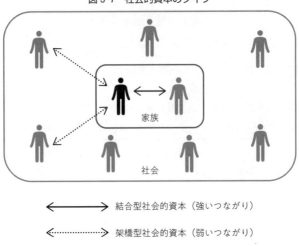

　　　　　　　　　　　　　　　　　結合型社会的資本（強いつながり）

　　　　　　　　　　　　　　　　　架橋型社会的資本（弱いつながり）

た社会的資本をさします。弱いつながりは，個人間の緩い関係をさします。弱いつながりがあることで，本来得るために労力をかけないと得られないさまざまな情報へアクセスすることが可能となります。たとえば，一度実際に会ったがその後はソーシャル・ネットワーキング・サービス（SNS）を通じてつながっているという間柄だったとしても，普段知ることのできない情報が SNS を通して得られるかもしれません。これが弱いつながりから得られるベネフィットです。アントレプレナーの場合は，ある業界団体のメンバーになることで，定期的に送られてくるニュースレターや時々開催されるセミナーなどを通して最新の技術や市場の動向についての情報が得やすいかもしれません。したがって，社会的資本の水準が高い個人は，多くの有益な情報を得られるだけでなく，新しい事業に関する助言や支援を得やすく，創業機会を発見する可能性が高くなる傾向にあります。

　創業機会の活用（創業）においてはどうでしょうか。個人が有しているネットワークを通して，**エンジェル投資家**（angel investor）や**ベンチャー・キャピタル**（venture capital：VC）を含めた投資家との関係に加えて，生産や市場の情報へのアクセスができるかもしれません。したがって，社会的資本の水準が高い個人は創業機会を活用する可能性も高いといえるでしょう。

　実際に，アントレプレナーの社会的資本は，創業機会の発見においてだけで

なく，活用において重要な役割を果たすことが実証的に明らかになっています
（Davidsson & Honig, 2003）[9]。

> **キーワード 3-3　アントレプレナーの社会的資本**
> アントレプレナーが有する社会的つながりをさし，典型的には家族のような強
> いつながりをもとにした「結合型社会的資本」と個人間の弱いつながりをもと
> にした「架橋型社会的資本」から構成されます。

機 会 費 用

　個人は意思決定において常にトレードオフに直面します。個人は，創業機会
を追求してアントレプレナーになることで，違う職業に就くという他の選択肢
を諦めなければなりません。言い換えれば，個人がアントレプレナーという職
業を選ぶことによって，賃金労働者として企業で働いていたら得られたであろ
う収入を諦めることを意味します。収入だけではありません。賃金労働者に比
べてアントレプレナーは忙しくて余暇にあてる時間が短くなるかもしれません。
したがって，創業は，このような金銭的あるいは時間的な**機会費用**（opportuni-
ty cost）を生み出すことになります（Amit et al., 1995）。創業による期待効用が
同一であれば，機会費用が低い個人は失うものが少ないため創業しやすいと考
えられます。
　実際に，個人が持つ機会費用が創業機会の発見や活用とどのように関係して
いるかを明らかにした研究があります（Mickiewicz et al., 2017）。イギリスを分
析対象としたこの研究によれば，所得や人的資本の水準が低いような機会費用
の小さい個人は，これらが高い個人と比較して創業を検討している確率が高い
ことが明らかになっています。

---

9)　日本を対象にした研究もあります。日本において，アントレプレナーとのネットワーク
　　を持つ個人が新しいビジネスに投資する可能性は，他国と比較して高い傾向にあることが
　　示されています（Honjo, 2015）。この結果は，日本においては，アントレプレナーとのネ
　　トワークのような弱いつながりをもとにした社会的資本の水準の高さが創業に結びつきや
　　すいことを示唆しています。

コラム3-1　現実のアントレプレナーはどのような個人属性を持っているのか

　実際に，創業したアントレプレナーはどのような個人属性を持っているのでしょうか。表3-2では，創業後1年以内の企業を対象に，アントレプレナーの個人属性を調査した結果が示されています。まず，年齢に関しては，40歳代で創業するアントレプレナーが最も多く，次に多いのが30歳代となっています。性別に関しては，80%程度のアントレプレナーが男性であり，女性は20%程度にとどまっています[10]。

　最終学歴に関しては，大学・大学院が39%であり，短大・高専を含めると大卒以上のアントレプレナーの割合は44%となっています。勤務経験のあるアントレプレナーは100%近くに上り，多くの個人が勤務経験を経て創業していることが示唆されます。また，関連業務経験のあるアントレプレナーは82%に上っています。他方で，経営経験を持つアントレプレナーは15%にとどまっています。

　この調査結果からは，日本のアントレプレナーの平均像としては，「大卒で40歳代の勤務経験や関連業務経験を持つ男性」ということがいえるでしょう。ただし，この調査は，日本政策金融公庫が実際に融資を行ったアントレプレナーが対象となっている点（何らかのバイアスがかかっている可能性）には注意する必要があるかもしれません。

表3-2　アントレプレナーの個人属性

個人属性	分類	割合	個人属性	分類	割合
年齢	29歳以下	4.8%	最終学歴	中学	3.5%
	30歳代	30.7%		高校	28.0%
	40歳代	38.1%		専修・各種学校	24.3%
	50歳代	19.7%		短大・高専	5.0%
	60歳以上	6.6%		大学・大学院	39.1%
				その他	0.1%
性別	男性	78.6%	勤務経験	あり	97.5%
	女性	21.4%	関連業務経験	あり	82.0%
			経営経験	あり	14.7%

　（注）　サンプルは創業後1年以内の企業1597社。
　（出所）　日本政策金融公庫総合研究所「2020年度 新規開業実態調査」。

---

10)　他の調査では，90%以上のアントレプレナーが男性であることが示されていて，日本では女性のアントレプレナーがあまり登場していないことを示唆しています（岡室・加藤，2013）。

4 アントレプレナーの心理的特性

　個人がアントレプレナーになるかどうかを決めるうえで，人的資本，社会的資本といった個人属性が重要であることがわかりました。人的資本や社会的資本といった個人属性の役割は長年研究されてきましたが，比較的最近注目されているのがアントレプレナーの心理的特性です。

自己効力感

　まず，**自己効力感**（self-efficacy）と呼ばれる心理的特性を考えます。自己効力感というのは，個人が持つ「あるタスクを遂行する能力があること」に関する信念のことをいいます（Bandura, 1997）。自己効力感は，人間行動に関する重要な概念で，個人の選択や努力などの行動に対して多大な影響を持つと考えられています。あるタスクに関して高い自己効力感を持つ個人は，低い自己効力感を持つ個人と比較して，そのタスクを遂行する可能性，そして，それを持続させる可能性が高いと考えられています（McGee et al., 2009）。実際に，創業に関する高い自己効力感を持つ個人は，アントレプレナーになる可能性が高いことが示されています（Chen et al., 1998；Cassar & Friedman, 2009）。

　では，なぜ個人はあるタスクに関して自己効力感を持つのでしょうか。図3-8で示されているように，自己効力感には4つの源泉が存在すると考えられています。第1の源泉は，**遂行経験**（accomplishment experience）です。これは，ある個人が過去にあるタスクを遂行できた経験があることで，その後の関連するタスクにおいて自身に十分に力を発揮する能力があるという信念を生み出すことを表しています。逆に，あるタスクで一度失敗してしまうと，その後も同様に失敗するのではと予期してしまいます。

　第2の源泉は，**追体験**（vicarious experience）です。われわれは，あるタスクにおける他人のパフォーマンスを観察することによって，自身の効力感を構築していくと考えられています。たとえば，似たような能力を持つ周りの人が成功することで，自身も成功する能力があるという信念を抱くようになるかもしれません。

　第3の源泉は，**言語的説得**（verbal persuasion）あるいは**社会的説得**（social persuasion）といわれるものです。個人が持つ自己効力感は，実際のパフォー

図3-8 自己効力感の4つの源泉

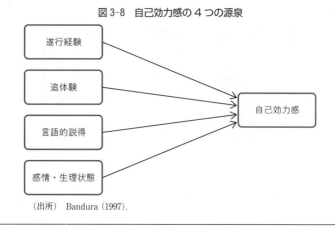

（出所） Bandura (1997).

マンスや遂行能力について親，先生，同僚，友人などから励ましを受けたり，落胆させられたりすることで大いに影響を受けると考えられています。

第4の源泉は，**感情・生理状態**（emotional and physiological states）です。個人の自己効力感は，不安，ストレス，疲労，一時的な気分のような感情や生理状態によって大きく影響を受けます。あるタスクに関して大きな不安を抱えることで自己効力感は低下すると考えられます。また，身体的・感情的な健康を高めたり，負の感情を低下させたりすることで，個人の自己効力感を高めることができると考えられます。

実際に，これらの源泉が個人の創業に関する自己効力感を高め，創業活動につながることが明らかになっています。たとえば，以前に創業経験を持つ個人は，自身の創業を通した遂行経験や周囲の創業活動を観察することを通した追体験によって自己効力感が高まり，創業しようとする傾向があることが示されています（Zhao et al., 2005）。

ローカス・オブ・コントロール

アントレプレナーによる創業活動に影響を与える心理的特性として**ローカス・オブ・コントロール**（locus of control）という概念があります。これは心理学分野における重要な概念で，**内的ローカス・オブ・コントロール**（internal locus of control）と**外的ローカス・オブ・コントロール**（external locus of control）の2つのタイプからなります（Rotter, 1966）。前者は，自身の行動が将来の自

分が置かれる立場（結果）を決めるという信念をさします。言い換えれば，自身の将来の結果は自分でコントロールするものであり，自分に原因があるという信念です。後者は，自身の将来の結果は外的環境によって決まるか運によって決まり，自身の行動によるものではないという信念をいいます。つまり，自分ではコントロールできないものによって結果が左右されるという考えです。

　アントレプレナーは，事業成果に結びつく意思決定を自分自身で行っていく必要があります。これまで行われてきた研究において，内的ローカス・オブ・コントロールを持つ個人は，外的ローカス・オブ・コントロールを持つ個人と比べてアントレプレナーとなって創業活動に従事する傾向が強いという結果が示されています（Hansemark, 2003）。

自 信 過 剰

　人々の認知バイアス（cognitive bias）の１つである自信過剰（overconfidence）は，意思決定者がある状況における自身の判断の正確性に関して過度に楽観的なときに存在します（Busenitz & Barney, 1997）。多くの意思決定者は，予測能力において自信過剰であり，実際の不確実性が存在することを認識していないことが指摘されています。言い換えれば，「自分が知らないことをわかっていない」ということです。多くの意思決定者は，自身の最初の仮定や意見に関して自信があるために，他人からの情報や助言に耳を傾けず，その後の追加的情報を自身の評価に組み入れることに時間がかかってしまいます。

　創業の意思決定は，成功できるか否かに関する情報が十分にない状況における意思決定となるため，人々が持つ自信過剰が重要な役割を果たします。これまでの研究においては，創業者は典型的な経営者と比べて自信過剰であることが示されています（Forbes, 2005）。

コラム 3-2　アントレプレナーは「よろず屋」なのか

　アントレプレナーはよろず屋（jack-of-all-trades）なのでしょうか。アントレプレナーは，スタートアップ企業の中でさまざまな役割を担う必要があるため，多くの分野にわたる知識や経験が求められます。これまでの研究において，アントレプレナーはある１つの能力に秀でている必要はないが，技術，マーケティング，営業など多くの分野で重要な役割を果たす必要があることが指摘さ

れてきました（Lazear, 2005）。

　アメリカのスタンフォード大学ビジネススクールの卒業生に対する追跡調査をもとにした分析結果を紹介しましょう。この研究では，彼らの過去の職歴に加えて，性別，年齢などの個人属性について調査しています。図3-9で示されているように，過去に経験した職務上の役割の数が豊富な個人は，賃金労働者ではなくアントレプレナーになる可能性が高いことが示されています。この関係は他の要因を考慮しても成立することがわかっています。

　アントレプレナーは多くのスキルを持っていることが示唆されています。言い換えれば，創業する前にさまざまな仕事を経験することで，アントレプレナーとして必要な多くのスキルを身につけることができるといえるでしょう。「アントレプレナーはよろず屋でなければならない」という考えは，他の多くの研究者によって検証され，おおむね支持される傾向にあります（Wagner, 2006）。

図3-9　過去職務上の役割の数とアントレプレナーになる確率

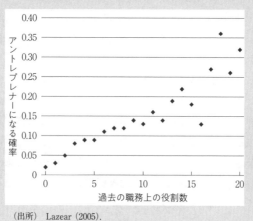

（出所）Lazear（2005）.

本章のまとめ

1. アントレプレナーは，既存企業の経営者と比べてリスク負担や不確実性の観点で，直面する環境が大きく異なり，よりダイナミックに活動を行い，イノベーションを起こします。

2. 個人がアントレプレナーになるかどうかという選択に迫られるとき，アントレプレナーになることによる効用と代替的な職業としての「賃金労働者」を選択することによる効用の相対的な大きさを比較して意思決定します。

3. 創業機会を発見して活用するかどうかは，個人が持っている知識に強く依存する傾向があり，人的資本（汎用的および特殊的）の水準によって捉えられます。また，創業の発見と活用において，個人の社会的資本（結合型および架橋型）と呼ばれる社会的つながりの大きさが重要な役割を果たします。

4. アントレプレナーになるかどうかの意思決定には，自己効力感，ローカス・オブ・コントロール，自信過剰といった個人が持つ心理的特性が強く影響していることがわかっています。

ディスカッションのための問題

1. アントレプレナーになる個人はどのような特徴を持っているでしょうか。既存企業の典型的な経営者と比べて異なる点をいくつかあげてみましょう。

2. 世の中のアントレプレナーを何人かあげ，彼らの人的資本と社会的資本を調べてみましょう。賃金労働者と比べて何か違う点があるか考えてみましょう。

3. 上記と同様に，アントレプレナーの心理的特徴として本章で学んだ自己効力感や自信過剰といった特性を持っているか調べてみましょう。

スタートアップの環境要因

アントレプレナーを輩出する背景は何か

本章のテーマ

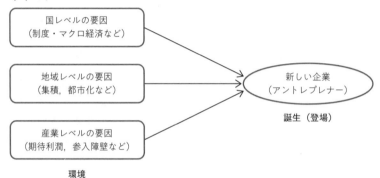

スタートアップの環境要因（イメージ）

1. どのような「国」（制度，マクロ経済状況）で企業は生まれやすいのか？
2. どのような「地域」（集積，都市化，スタートアップ・エコシステム）で企業は生まれやすいのか？
3. どのような「産業」（期待される収益性，参入障壁）で企業は生まれやすいのか？

1　企業が誕生しやすい国の特性

　「新しい企業が生まれやすい国」というのはあるのでしょうか。まずは，創業活動の水準がどのくらい国によって異なるのかに関して，実際のデータを見てみましょう。図4-1は，日本，アメリカ，イギリス，ドイツ，フランスにおける2008〜16年の開業率の推移が示されています。アメリカ，イギリス，フランスの開業率は一貫して10%前後あるいはそれ以上を示している一方で，ドイツや日本の開業率は10%に満たない水準で推移しており，他国と比較して低い水準であることが見て取れます。特に，日本の開業率は一貫して5%前後という低水準で推移していることがわかります。

　次に，各国の創業活動の水準について見ていきましょう。アメリカ・バブソンカレッジとイギリス・ロンドンビジネススクールの研究者を中心に，**グローバル・アントレプレナーシップ・モニター**（Global Entrepreneurship Monitor：GEM）**調査**が実施されています。この調査は1999年以降，毎年実施され，現在約70の国と地域が参加していて，18歳から64歳の一般成人を対象とした調査（APS）と，専門家を対象とした調査（NES）からなります。APSは創業

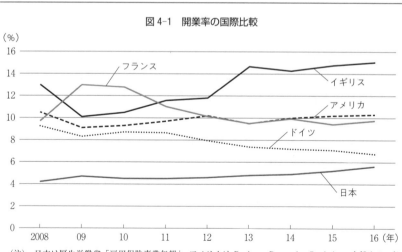

図 4-1　開業率の国際比較

（注）　日本は厚生労働省「雇用保険事業年報」，アメリカは *Business Dynamics Statistics*，イギリス，ドイツ，フランスは *Eurostat* がもとになっています。
（出所）　中小企業庁『2020年版 中小企業白書』。

に関する行動や意識を中心に電話などでアンケート調査を実施しています。この調査では，特に「現在新しく事業を始めようとしている」「最近（42 カ月以内）事業を始めて現在も継続している」を合わせた「創業活動」を明らかにしようとしています。

この GEM 調査（2018 年版）をもとに，調査対象となっている国のうちOECD 加盟国とアジア諸国における創業活動の水準の違いを観察することにします。特に，日本と他国の違いを中心に考察していきたいと思います。

まず，図 4-2 は，TEA（Total Entrepreneurial Activity）と呼ばれる創業活動の総合指数を示しています。ここで示されているように，日本の指数は 5% をわずかに超える程度で，15% を上回るカナダやアメリカといった欧米の先進国と比較すると非常に低い水準にあることがわかります。また，韓国，中国，台湾といったアジア諸国と比較しても，日本が創業活動の水準において後塵を拝していることが一目瞭然です。

図 4-3 は各国で良い創業機会を持つと考える個人の割合を示しています。この指数において，日本は 10% に満たない値となっていて，対象国の中で最下位に位置しています。70% 程度の個人が創業機会を持つと考えているアメリカやオランダなどの先進諸国と日本の間には，創業機会の認知の程度において大きな隔たりがあることがわかります。

図 4-4 は，各国において創業機会があると考える人の中で，失敗を恐れているために創業をしないと回答した人の割合を示しています。日本は 50% にわずかに満たないものの，世界の中で高い水準にあることが明らかになっています。

図 4-5 は，各国においてアントレプレナーが好ましいキャリア選択であることに賛同する個人の割合を表しています。これは，各国の文化や国民性と関連するかもしれません。この指数において，対象国の中で日本は断トツで最下位に位置しており，アントレプレナーという職業に対する国民の関心の低さを表しているのかもしれません。

国の制度的要因

国際的な創業活動の水準の違いはどこからくるのでしょうか。まず，当然のことかもしれませんが，創業するためのコストが高い国ではスタートアップ企業は生まれにくいと考えられます。したがって，参入規制が強い国では企業は

図 4-2　創業活動の総合指数（18～64 歳の人口に占める「創業活動に従事している人」の割合）

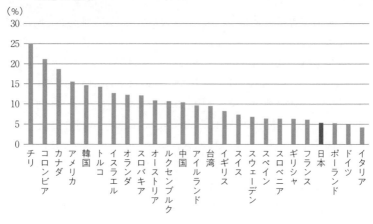

図 4-3　創業機会の認知（18～64 歳の人口に占める「居住地で良い創業機会があると考える人」の割合）

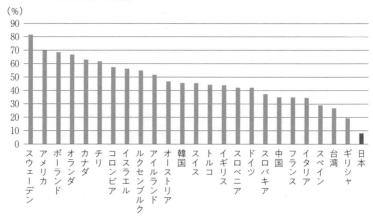

誕生しにくい傾向があります。

　表 4-1 の上部には，創業活動の決定要因に関して，国の制度に着目した研究とその主な結果がまとめられています。たとえば，参入に関連する規制の程度を知的財産権保護，労働規制といったいくつかの指標をもとに測定し，規制が強い国ほど新しい企業の設立やその後の成長率が低い傾向にあることを見出した研究があります（Klapper et al., 2006）。また，創業に際して最低資本金の規制

図4-4 失敗への恐れ（18〜64歳の良い創業機会があると考える人の中で「失敗を恐れて創業しない人」の割合）

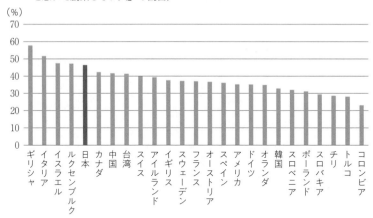

図4-5 好ましいキャリア選択としてのアントレプレナー（18〜64歳の人口に占める「創業を望ましいキャリアの選択肢として考えている人」の割合）

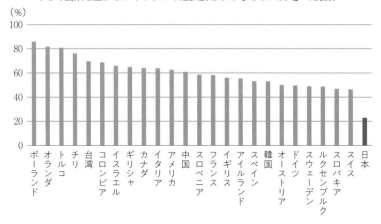

がある国においては創業活動の水準が低い傾向にあることが示されています（van Stel et al., 2007）。

　これらの研究の中で，特に労働規制と創業活動の程度の関係は注目に値するでしょう。たとえば，日本のように，企業において従業員の解雇が難しい国においては，個人が賃金労働者としての地位を捨てて創業することの相対的なリスクが高く，創業のインセンティブが大きくないと考えられるでしょう。実際

表 4-1　創業活動の決定要因

著者	創業活動の指数	創業活動を決める要因	サンプル
（国の制度要因）			
Autio (2011)	初期段階創業活動指数（5年以内に20人以上の雇用創出を予想する者の割合）	解雇の難しさ指数［−］	約50カ国パネルデータ
Estrin et al. (2013)	新規事業設立のアントレプレナーが持つ雇用成長意欲	汚職指数［−］，政府支出規模［−］，知的財産保護の強さ［＋］	42カ国パネルデータ
Klapper et al. (2006)	新規企業設立，新規企業の平均規模，既存企業の成長	参入規制（資金調達，知的財産保護，労働規制）［−］	欧州34カ国の産業レベルパネルデータ
Thai & Turkina (2014)	創業活動指数（フォーマル，インフォーマル）	政府の質［＋（フォーマル）］［−（インフォーマル）］，経済的機会［＋（フォーマル）］［−（インフォーマル）］	52カ国クロスセクションデータ
van Stel et al. (2007)	初期段階創業活動指数	最低資本金の大きさ［−］，雇用の硬直性［−］	39カ国パネルデータ
（マクロ経済要因）			
Audretsch & Acs (1994)	新規開業企業数	マクロ経済成長［＋］，失業率［＋］，資本コスト［−］	117産業クロスセクションデータ
Klapper & Love (2011)	新規企業登記比率	金融危機［−］	93カ国パネルデータ
Koellinger & Thurik (2012)	労働力に占める事業所有者の割合	失業率［＋］	OECD 22カ国パネルデータ

（注）　［　］内の符号は，＋の場合は創業活動の指数を高める要因，−の場合は創業活動の指数を低下させる要因であることを意味しています。

に，採用および解雇の難しさを含めた雇用の硬直性に関する指標を用いた研究では，労働市場が硬直的な国においては創業活動が停滞する傾向にあることが見出されています（van Stel et al., 2007）。同様に，世界50カ国のパネルデータを用いた研究は，国レベルでの解雇の難しさは創業活動の水準，特に成長を目指すアントレプレナーの活動水準との間に負の相関があるという結果を示しています（Autio, 2011）。この研究は，解雇が難しい場合は，アントレプレナーは自身の設立する企業において，一度採用すると解雇できないために採用の意思

決定の時点で保守的にならざるをえないため，成長意欲が低下するだろうと指摘しています。

　これらの研究からは，創業のインセンティブや創業後の成長意欲が解雇規制の強さなどの制度と深く関連していることが示唆されています。したがって，創業活動の促進において，政府による雇用を含む制度の設計が重要な役割を果たすといえるでしょう。

マクロ経済要因

　国の創業活動水準とマクロ経済状況の関係を考えましょう。図 4-6 では，日本の開業率と廃業率の推移といくつかの経済危機のタイミングが示されています。経済状況が悪化している時期においては，開業率が低下傾向にあるように見えます。研究者たちは，マクロ経済状況が創業活動にどのような影響を与えるかについて関心を持ってきました。特に，GEM 調査をベースとした研究が国内外で盛んに行われてきました。表 4-1 の下部には，国レベルでの創業活動の水準（新規開業企業数や創業活動指数）を決定するマクロ経済要因について，いくつかの研究における主要な結果やサンプルの特性がまとめられています。

　たとえば，アメリカの中小企業庁のデータに基づいて，産業別の新規開業企業数の決定要因について分析を行った研究は，マクロ経済成長や失業率といっ

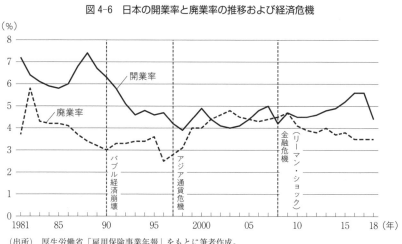

図 4-6　日本の開業率と廃業率の推移および経済危機

（出所）　厚生労働省「雇用保険事業年報」をもとに筆者作成。

図 4-7　創業活動率と経済発展の水準

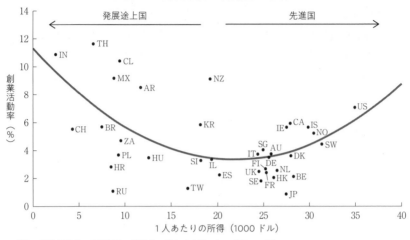

(注)　創業活動率＝事業開始に積極的に関わる人数／人口（18〜64 歳）。
(出所)　Wennekers et al. (2005).

たマクロ状況がスタートアップ企業を生み出すうえで重要な役割を果たしていることを明らかにしています（Audretsch & Acs, 1994）。また，OECD 加盟の 22 カ国の長期パネルデータを用いた研究からは，失業率の水準が高い場合に創業活動が活発になる傾向があること，および，GDP が高くなると創業活動が活発になる傾向があることが明らかにされています（Koellinger & Thurik, 2012）。また，経済危機に着目した研究によれば，金融危機によって新規企業登記数が大きく減少したことが見出されています（Klapper & Love, 2011）。

　国の経済発展の水準と創業活動の水準の関係に注目した研究もあります。図 4-7 は，国レベルのデータを用いて創業活動水準と経済発展水準の関係が示されたものです。ここでは，創業活動率と 1 人あたりの所得（経済発展の指標）との間に U 字型の関係があることが見出されています。より詳細に見ると，先進国ではこの関係が正であり国の経済発展度（横軸）が高くなるにつれて創業活動率（縦軸）が高まる一方で，発展途上国では逆の関係であることが示されています。この結果は，国によってはアントレプレナーのタイプやその構成，あるいは創業活動の目的が大きく異なることを示唆しています。

　GEM 調査によれば，アントレプレナーのタイプもさまざまで，事業機会を利用するために事業を開始・成長させようとする機会追求型アントレプレナー

もいれば，雇用してもらえる機会がなく創業が利用可能な最善の選択肢であるような所得追求型アントレプレナーも存在します（第2章第3節を参照）。したがって，創業活動に影響を与えるマクロ経済状況を分析する際は，国の経済発展の水準やアントレプレナーのタイプを考慮する必要がありそうです。

2　企業が誕生しやすい地域の特性

　一部の地域ではなぜ多くのアントレプレナーが登場するのでしょうか。古くは戦後間もないころの日本のオートバイ産業において，静岡県浜松市周辺にホンダ，スズキ，ヤマハといった企業をはじめ多くのメーカーが登場しました。また，自動車産業においては，愛知県を拠点としてトヨタ自動車や三菱自動車などの組み立てメーカーや多くの部品メーカーが登場してきました。これらは特定産業における企業集積の例ですが，産業横断的に観察した場合でもアントレプレナーの登場頻度には地域間格差が存在します。

　第2章（表2-1）で議論したように，日本の都道府県間で開業率に大きな差があることがわかっています。このような一国内の地域間格差は日本だけの話ではありません。図4-8には，アメリカにおける州ごとのスタートアップ企業

図4-8　アメリカにおける州ごとのスタートアップ企業の雇用シェアのランキング

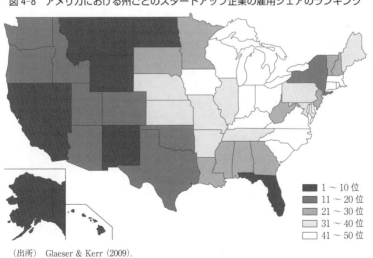

■	1〜10位
▨	11〜20位
▨	21〜30位
▨	31〜40位
□	41〜50位

（出所）Glaeser & Kerr（2009）.

のシェアに関するランキングが描かれています。図の左側（西海岸）では上位に位置する州が多く，右側（東海岸）では下位に位置する州が多いことがわかります。たとえば，多くのスタートアップ企業が集積し，AppleやGoogleをはじめ多くの高成長企業を輩出したシリコンバレー地域（カリフォルニア州）は最上位のカテゴリーに含まれています。スタートアップ企業の登場の頻度が一国内でも地域間で大きく異なることを示しています。

集積効果

　どのような特徴を持つ地域で新しい企業は生まれやすいのでしょうか。まず，**集積**（agglomeration）の観点から考えます。企業が同一地域内に立地することによって現れる集積効果が新しい企業の登場に影響すると考えられます。

　集積地域において新しい企業が生まれやすい基本的な背景としては，企業が少ない地域に比べて，集中している地域においては生産するために必要なサービスや投入物のインフラがより発展していることがあげられます。これまでの研究においては，なぜ集積が新しい企業の登場と関連しているのかについて多くの示唆が得られています。

　A. マーシャルによる「同一産業内における企業の地理的集中」の認識をもとに，P. R. クルーグマンは集積することによる収穫逓増の3つの源泉を明らかにしています（Marshall, 1890；Krugman, 1991）。第1に，労働市場の問題です。関連産業の企業が多く立地している地域においては，雇用される労働者も多く居住していると考えられます。したがって，このような地域では，供給企業から見れば産業特有のスキルを有する労働者を確保しやすいということになります。逆に，労働者の視点から見れば，潜在的に雇用してもらえる企業が多く立地しているため，失業する確率が下がるといえるでしょう。

　第2に，投入物の調達に関する問題です。同一地域において，生産に必要な投入物を供給する企業が集積している場合，多様な投入物が安定的にかつ低コストで調達が可能となるでしょう。

　第3に，情報のスピルオーバー効果です。関連企業が多く集積している地域では，技術や市場に関する情報が労働者間の交流などを通して波及しやすいと考えられます。これらの効果を得るため，新しい企業は集積している地域に登場しやすいと考えられています。しかし，このようなスピルオーバー効果の発生は産業内のみで起こるとは限りません。新たな知識の重要な源泉として，産

表 4-2　企業の集積による効果

	集積地域	非集積地域
イメージ		
労働者	確保しやすい	確保しにくい
投入物	調達しやすい （多様で低コスト）	調達しにくい
情報	アクセスしやすい	アクセスしにくい

業間のスピルオーバーが重要であることが明らかにされています（Jacobs, 1969）。

　実際に，近年の実証研究からは，特定の地域において同じような企業が集積してもイノベーションは創出されない一方で，多様な企業が集積する地域においては，補完的な活動が組み合わされることによってイノベーションが生まれやすいことが明らかになっています（Duranton & Puga, 2001）。共通の科学的基盤があれば，異質ではあるが補完関係にある産業間で，既存のアイデアの交換や新しいアイデアの創出が容易になることが指摘されています（Feldman & Audretsch, 1999）。

　表 4-2 は，企業が集積地域へ立地することの利点をまとめています。しかし，同一地域において同じ産業内の企業が集積することは利点だけではなく，企業にとっては不利な面もあるかもしれません。たとえば，企業間の競争が激しくなる可能性があります。したがって，新しい企業にとって，集積効果と競争効果のどちらの効果が大きいかを天秤にかけて立地の意思決定をすることになるでしょう。

　これまでの実証研究からは，多くの企業が集積している地域では，新しい企業が誕生しやすいことが明らかにされてきました（Armington & Acs, 2002；Artz et al., 2016）。また，多様な産業にわたる企業が集積している地域では，新しい企業が生まれやすい傾向にあることもわかっています（Rosenthal & Strange, 2003）。

> **キーワード 4-1　集 積 効 果**
> 多くの企業が同一地域内に立地することによって現れるさまざまなベネフィットのことをいいます。

都市化を通した需要効果

　企業の集積による効果は，同一産業内の企業同士がお互いに近い距離に立地することで発生するベネフィットをさしていました。いわば**局所化**（ローカリゼーション；localization）による効果です。他方で，経済活動の集中化が進んだ地域——人口が多く潜在的なカスタマーベースが大きくかつ多様で，高い技能を持つ人材が多く居住している地域——では，**都市化**（アーバニゼーション；urbanization）を通したベネフィットが得られます[1]。地域における製品やサービスの潜在的な需要が大きい場合は，アントレプレナーが事業を通して利益を得られる機会が大きいと考えられます。結果として，多くの新しい企業がこのような地域に立地する傾向にあります。

　このような都市化を通した需要効果が新しい企業の登場に影響を与えるのは，供給側と需要側の立地が同じである場合に顕著であるといえるでしょう。地域をまたぐ交易が可能な製造業においては，供給側と需要側で立地が同じであるとは限らないため，この効果はあまり期待できません。たとえば，浜松市内の工場で製造されるオートバイは，国外を含め浜松市以外に出荷される量の方がはるかに多いでしょう。したがって，浜松市の潜在的な需要が大きい場合であっても，企業がこの地域に立地することの利点は大きくはないでしょう。

　他方で，対個人サービス業では，この都市化を通した需要効果は顕著に現れやすいと考えられます。対個人サービス業とは，たとえば，美容室，音楽教室，スポーツジムなどを含み，供給される場所でしか消費者はサービスを受けられません。このような産業で創業しようとする場合，都市部と農村部では事業機会が大きく異なることは容易に想像がつくでしょう。

　実際に，これまでの実証研究からは，都市化が進んだ地域において新しい企業（事業）が生まれやすい傾向があることが明らかになっています（Bosma et al., 2008；Jofre-Monseny et al., 2014）。

---

1)　都市化の程度は，多くの場合，**人口密度**（population density）や**人口増加率**（population growth）によって測定されます。

図4-9 スタートアップ・エコシステムのフレームワーク

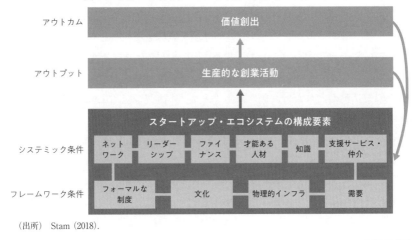

（出所） Stam（2018）.

スタートアップ・エコシステム

　新しい企業の創出においては，地域レベルでの**スタートアップ・エコシステム**（start-up ecosystem）というアプローチが近年注目されています[2]。このアプローチは，新しい企業の誕生やその後の成否が同じ環境下にいる他のアクター（投資家，金融機関，大学，政府など）との相互作用に依存するという考え方に基づいています。また，さまざまなアクターとファクターを組み合わせて新しい企業を生み出し，同時にいくつかのアクター間で事業を評価してリスクを分散し，事業活動を補完していきます。そこではアントレプレナーだけでなく，アントレプレナーを支援するアクターの取り組みが重要になります。このように，地域のコミュニティがアントレプレナーの登場に大きく影響を与えると考えられています。

　特に，地域における生産性成長，雇用創出といった価値創出の重要な源泉となるのが**生産的な創業活動**（productive entrepreneurship）と呼ばれる革新的なアントレプレナーによる活動です。生産的な創業活動を可能にするためには，地域内のアクターが相互にうまく作用し合うようなエコシステムを構築する必要があります（Stam, 2015）。

---

2) **創業エコシステム**（entrepreneurial ecosystem）と呼ばれることもあります。

　図4-9に描かれている分析フレームワークに基づいて，スタートアップ・エコシステムの理解を深めていきましょう。図の一番下のフレームワーク条件は，スタートアップ・エコシステムの外的環境を意味します。この中で「フォーマルな制度」とは，コラプション（腐敗），法令，政府の有効性といった社会のルールをさします。また，インフォーマルな制度としての「文化」は，社会の中で創業活動がどれだけ評価されるかという側面を表しています。「物理的インフラ」とは，道路や鉄道の交通網のことで当該地域へのアクセシビリティを表す条件です。「需要」とは，潜在的な市場需要をさし，人口規模や所得水準によって測られます。

　他方で，スタートアップ・エコシステムの成否を決めるのは，システミック条件と呼ばれるエコシステムの内的環境を特徴づける6つの構成要素です。まず，「ネットワーク」とは，アントレプレナーが持つ情報ネットワークのことで，知識，労働，資本といった資源を効果的に配分することを可能にするうえで重要な要素です。「リーダーシップ」は，エコシステムの方向性やロールモデルを表し，健全なエコシステムの構築と維持には欠かせないと考えられています。

　「ファイナンス」は，資金調達の環境を表しており，アントレプレナーが長期的な視点で不確実性の高いプロジェクトに投資するうえで欠かせない要素となります。アントレプレナーが地域内の適切な知識を持った投資家によって支えられることが求められます。「才能ある人材」とは，多様で熟練した労働者の存在を表し，効果的なエコシステムの最重要な構成要素といえるでしょう。「知識」は，研究開発への投資を含めて新たな知識へのあらゆる投資を意味し，創業機会の重要な源泉となります。「支援サービス・仲介」とは，会計・金融サービス，人材サービス，法務サービス，技術サービスといったあらゆる事業支援・仲介サービス会社の存在を示しています。このような組織が存在する地域では，アントレプレナーにとっての参入障壁が低いと考えられます。

　日本においては，地域レベルで経済を活性化させていこうという動きが活発化してきています。たとえば，イノベーション推進の施策に関しては，日本政府は1990年代末から地域レベルでのイノベーションを推進する方向に政策を転換してきました。**地域イノベーション・システム**（regional innovation system）と呼ばれています。それ以前は，政府は**ナショナル・イノベーション・システム**（national innovation system）と呼ばれるように国レベルでのイノベー

ション促進を重視していました（Kitagawa, 2005, 2007；Block et al., 2022）。1995年11月に制定された科学技術基本法により，地方公共団体が地域における科学技術の発展のための政策を策定する責任を持つことが明確化されました。特に，情報技術（IT）産業において，日本企業がクローズドなイノベーション戦略で国際競争力を失って以来，日本のイノベーションのシステムは，積極的な外部連携によって特徴づけられるダイナミックでネットワークベースのシステムへと変貌してきました（Motohashi, 2005）。地域におけるスタートアップ・エコシステムの構築は，このような流れに沿うものと理解してよいでしょう。

キーワード 4-2　スタートアップ・エコシステム

アントレプレナーを取り巻く地域の創業環境のことをいいます。スタートアップ・エコシステムのアプローチは，新しい企業の誕生とその後の成否が，同じ環境下にいる他のアクター（投資家，金融機関，大学，政府など）との相互作用に依存するという考え方に基づいています。

大学との近接性

　大学（特に研究大学）が存在する地域においては，地元企業は大学で行われた研究成果からの知識のスピルオーバーを享受しやすいことが明らかになっています（Henderson et al., 1998）。特に，技術的な情報の伝達が人を介して行われる場合，知識のスピルオーバーを得られるかどうかは「大学との距離」に依存する傾向があり，**地域内における知識のスピルオーバー**（local knowledge spillovers）が起きやすい傾向があります。日本においても同様の結果を示す研究があります。たとえば，ライフサイエンスやバイオテクノロジー分野に関して，国立大学において学部，学科や研究科，専攻が新設されることで，当該の大学と地元企業との間での共同研究を通して知識のスピルオーバーが促進されたことが示唆されています（Kato & Odagiri, 2012）。

　このように，大学と企業の**地理的な近接性**（geographical proximity）は，産学間の技術移転の重要な要素となることが広く認識されてきました。また，大学からの知識のスピルオーバーは，共同研究の実施や大学での研究成果の公表を通して起こることに加えて，**人材の流動性**（labor mobility）を通して起こることが明らかにされてきています（Varga, 2000）。特に，大学の卒業生を通して，大学から企業に知識が移転する傾向があります。

　ここで注目するのは，スタートアップ企業の立地戦略としての大学との地理的な近接性です。大学の近くに立地することで，企業は大学からの知識のスピルオーバーによって新しいアイデアなどを低コストでアクセスして吸収することが可能になります[3]。たとえば，シリコンバレー（アメリカ・カリフォルニア州）やルート128（アメリカ・ボストン市）に代表されるような世界のいくつかの地域では，大学を発祥地とした研究をもとに多くの新しい企業が生まれてきたことが広く知られています（Saxenian, 1994）。

　実際に，いくつかの実証研究からは，大学が立地する地域においては，それ以外の地域と比べて，新しい企業が生まれやすいことが示されてきました。スペインのハイテク産業について分析した研究によれば，大学が多く立地する地域においては新たに企業が誕生しやすいことが示されています（Acosta et al., 2011）。この研究からは，科学技術分野の大学の卒業生が多い地域において，新しい企業が誕生する傾向があることが明らかにされています。したがって，大学からの知識のスピルオーバーが卒業生を通してもたらされることが示唆されています。アメリカのバイオテクノロジー分野の新しい企業の設立についての研究からは，スター・サイエンティストと呼ばれる科学者や技術者が地域内に多くいる場合に企業が誕生しやすいことが明らかにされています（Zucker et al., 1998）。特に，このようなサイエンティストは優れた大学の周辺において育ちやすいことが示されており，大学における研究がバイオテクノロジー分野の産業発展に大きく寄与したことが見出されています。さらに，イタリアを対象とした研究においては，地域内に所在する大学が有する専門性（自然科学分野）と関連した事業分野において新しい企業が生まれやすいことが報告されています（Bonaccorsi et al., 2013）。したがって，地域における企業の誕生において大学が重要な役割を果たしていることが示唆されます。

その他の地域要因

　失業率（unemployment rate）は新しい企業の登場と強く関連すると考えられ

3）　他方で，大学の近くに立地することはコスト面での負担が大きい可能性が指摘されています（Audretsch & Lehmann, 2005）。特に，大学が都市部に立地している場合は，生活費，家賃，その他のコストが高く，従業員に対しても高い賃金を支払う必要があります。したがって，大学から得られる資源がそれほど重要でない場合は，その他の地域に立地する方がよいといえるでしょう。

てきました。雇用される機会が少なく，雇用してくれる企業が見つからない場合は自営業という選択肢を増加させる可能性があります。第2章第3節で取り上げた所得追求型アントレプレナーが登場しやすいということになります。この点からは，失業率の高い地域では新しい企業が生まれやすいと考えられます。失業によるプッシュ仮説と呼ばれることもあります。他方で，高い失業率は経済の停滞によって引き起こされ，その地域全体の需要の低下を表している可能性があり，新しい企業の生まれる確率を低下させるかもしれません。

　これまでの実証研究においては，地域内における時系列の変化を観察した場合，失業率の増加は新しい企業が生まれる確率を高めることが示されています（Hamilton, 1989）。逆に，地域間の比較をした場合は，失業率の低い地域では新しい企業が生まれやすい傾向があります。これは，新しい企業が多く生まれる地域では，失業者が職を求めてアントレプレナーになったことで失業率が低下するという逆の因果関係を示しているに過ぎないかもしれません。

　また，**高度人材の比率**（proportion of highly skilled labor）が高い地域では，新しい企業が生まれやすいことが示されてきました。前章で学習したように，学歴が高く，豊富な経験を持つ個人は，創業機会を発見・活用する可能性が高いことが示唆されています。実際，高度人材の比率が高い地域ほど開業率が高い傾向にあることがいくつかの研究で示されています（Qian et al., 2013）。これと関連する地域要因として，**賃金水準**があります。いくつかの研究は，賃金水準が高い地域ほど企業にとっては雇用コストが大きく，開業率が低くなる傾向があることを示しています（Audretsch & Vivarelli, 1996）。

コラム 4-1　スタートアップ企業はなぜ移転するのか

　企業は，創業後に立地場所を**移転**（relocation）させることがあります。スタートアップ企業はどのようなときに移転するのでしょうか。本章で学んだように，新しい企業は，集積効果，都市化による需要効果などの観点において，自社にとって望ましいと考える場所に立地すると考えられます。しかし，企業にとっては，会社を移転させることは大きなコストとなるため，移転によるベネフィットがコストを上回らないかぎり，同じ場所にとどまることになると考えられます。

　地域の環境は変化しうるだけでなく，企業内部の変化によって立地場所とし

て求める条件が変わる可能性があります（Holl, 2004）。たとえば，企業が成長するに従って元の場所では物理的に手狭になり，さらなるスペースが必要になることが主要な移転理由としてあげられています（van Dijk & Pellenbarg, 2000）。

　また，創業時には，アントレプレナーは企業をどこに立地させるべきなのかという情報が不足しがちで，望ましい立地場所に関する情報を探索するにも多大なコストがかかります（Figueiredo et al., 2002）。したがって，企業は創業時，アントレプレナーの出身地周辺に立地する傾向があります。成長するに従って，さまざまな地域へ活動を広げることを通して，立地すべき場所に関する情報について詳しくなっていきます。結果として，企業がある程度成長した段階においては，移転することのコストやリスクは低下していくと考えられます。実際，成長を実現したスタートアップ企業が本社を移転させる傾向があることが明らかにされています（Lee, 2022a）。

　移転するスタートアップ企業は，どのような場所を移転先として選ぶのでしょうか。たとえば，創業にはさまざまな情報を必要とするので，多様性の大きな地域に立地する傾向がある一方で，その後，大量生産に移行するに従って移転先としては生産コストが低いような特定分野に集中した地域を選ぶ傾向があることが明らかになっています（Duranton & Puga, 2001）。また，他の研究からは，創業時の立地場所として地域の市場規模や労働市場へのアクセスといった点が重視される一方で，移転先としては地域外へのアクセスの良さや地域におけるファイナンスや保険などのサービス市場の発達度といった面が重要になっていくことが示されています（Holl, 2004）。このように，企業は創業してから時間が経過するに従って，求める立地条件が変化していくことが明らかにされています。

3　企業が誕生しやすい産業の特性

　新しい企業はどのような産業において誕生しやすいのでしょうか[4]。この問いに対しては多くの研究者が多様な視点で答えを出してきました。産業組織の

---

4)　この節で扱う新規参入と産業特性の関係に関する議論については，たとえば小田切（2001, 2010, 2019）でさらに詳しく学ぶことができます。なお，本節の説明においては，これらのテキストを参考にしています。

表 4-3　業種別の開業率（2018 年度）

順位	業種	開業率	順位	業種	開業率
1	宿泊業，飲食サービス業	8.6%	10	サービス業	4.4%
2	情報通信業	6.4%	11	小売業	4.3%
3	電気・ガス・熱供給・水道業	6.3%	12	医療，福祉	4.1%
4	生活関連サービス業，娯楽業	6.2%	13	金融業，保険業	3.3%
5	不動産業，物品賃貸業	5.7%	14	運輸業，郵便業	3.0%
6	建設業	5.1%	15	卸売業	2.5%
7	学術研究，専門・技術サービス業	5.0%	16	製造業	1.9%
8	教育，学習支援業	4.7%	17	鉱業，採石業，砂利採取業	1.6%
9	全産業	4.4%	18	複合サービス事業	0.9%

（注）　開業率は，当該年度に雇用関係が新規に成立した事業所数/前年度末の適用事業所数を表します。
　　　　なお，適用事業所は，雇用保険にかかる労働保険の保険関係が成立している事業所をさします。
（出所）　厚生労働省「雇用保険事業年報」。

分野においては，どのような市場構造が参入を促すかという視点で，長年にわたって取り組まれてきました。まずは，企業の登場の頻度が産業間でどのくらい差があるのかについて，実際のデータを見てみましょう。

　表 4-3 で示されているとおり，開業率が一番高い業種は宿泊業，飲食サービス業（8.6%）となっています。情報通信業の開業率も高く，6.4% で 2 位に付けています。逆に，製造業や複合サービス事業などの業種は開業率が非常に低く，1% 台あるいはそれ以下となっています。このように，産業間で開業率に大きな差があることが確認できます。本節では，新しい企業を生み出しやすい産業特性について考えます。

期待される収益性

　アントレプレナーは，利益が見込めない市場には進出しようとは思わないでしょう。高い利益の獲得が期待できる市場に参入したいと思うのは当然のことでしょう。平均的な利潤率が高い産業では，そうでない産業に比べて多くのアントレプレナーが創業することが予期されます。経済学においては，利益最大化を目指す企業が参入するのは，参入することで得られる「期待収益の正味現在価値」が参入することで被る「期待費用の正味現在価値」を超えた場合であると考えられています。言い換えれば，参入（創業）するかどうかの意思決定は，将来どのくらい利益が得られそうかという予想に基づいて行われるということになります[5]。

参入障壁の存在

　アントレプレナーが事業を始めたくても始められない市場があります。たとえば，すでに市場の既存企業が高いブランド力を有していて，彼らに対抗するためには多額の広告宣伝投資が必要な場合，参入を検討しているアントレプレナーにとっては大きなハンデを持つことになります。また，何らかの規制によって参入が制限されている市場では，アントレプレナーがいくら良いアイデアや技術を持っていたとしても参入が叶いません。このように，新規にその産業に参入しようとする企業に対して既存企業が優位性を持つとき**参入障壁**（barriers to entry）があるといいます。逆にいえば，参入障壁が低い場合に新しい企業が登場しやすいといえるでしょう。

　どういう産業で参入障壁が高いのかを考えていきましょう。参入障壁には**構造的障壁**（structural barrier）と**戦略的障壁**（strategic barrier）といわれるものがあります。まず，構造的障壁について検討しましょう。規模が大きくなるにつれて平均費用が低下する場合，**規模の経済性**（scale economies）があるといいます。規模の経済性が大きい市場では，参入障壁が高いと考えられます。図4-10で描かれているように，産業Aでは生産量がq_1に達した時点で1つ生産するのに必要なコストである平均費用が最小になりますが，産業Bではq_2の水準で平均費用が最小になります。平均費用が最小となる生産量は**最小効率規模**（minimum efficient scale：MES）と呼ばれます。MESが大きい場合に参入障壁が高くなります。上記例の産業Bでは，スタートアップ企業が既存企業と比べて費用面で不利であり，産業Aと比べて参入障壁が高いといえるでしょう。

　また，構造的障壁には，**絶対的コスト障壁**（absolute cost barrier）と呼ばれるものがあります。これはアントレプレナーが事業を開始するために必要なコストが多大である状況をさします。絶対的コスト障壁となる代表的なものとして，資金調達において要する**資本コスト**（capital cost）の存在があげられます。**必要資本障壁**（capital requirement barrier）とも呼ばれます。事業を始めるにあたって生産設備を購入したり，従業員を雇用したり，さまざまなコストがかか

5）　それに加えて，既存企業が新しい企業の参入を阻止しようとするかもしれませんので，新しい企業は参入することで既存企業がどう反応するかということを推測して意思決定をすると考えられます。

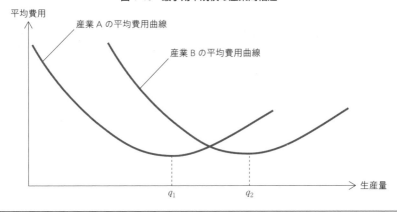

図 4-10　最小効率規模の産業間相違

　ります。特に，それがいったん投資すると回収が不可能な費用である**サンクコスト**（sunk cost）となる場合には，それが大きいと予想するならば参入をためらうことになるでしょう。また，事業を始める際に必須の知識を既存企業が排他的に有している場合や生産に欠かせない原材料を独占しているケースは絶対的コスト障壁が高いといえるでしょう。

　他方で，戦略的障壁とは，文字どおり既存企業が戦略的に作り出す参入障壁のことをさします。既存企業が戦略的に参入障壁を高くすることで，アントレプレナーは参入することが困難になります。まず，既存企業がすべての需要を満たすことができるような**過剰能力**（excess capacity）を持ち，新しい企業が参入した場合にはそれを利用して価格を下げて対抗する可能性を示すことによって，参入を諦めさせようとする戦略があります。過剰能力は多くの場合サンクコストとなりますが，アントレプレナーに対して参入があれば応酬することを知らしめることで，**信頼できる脅威**（credible threat）になると考えられています。

　次に，既存企業は新しい企業が参入することを阻止するために，潜在的参入企業が直面する平均費用よりも低い価格を付けるという**参入阻止価格**（リミット・プライシング；limit pricing）という戦略があります。さらに，既存企業は広告投資を積極的に行うことによってブランド力を確立して，消費者からのロイヤリティ（忠誠心）を向上させることで新しい企業が参入することを阻止する戦略をとることがあります。それ以外にも研究開発投資を積極的に行い，特許化が可能な製品や技術を幅広い製品ラインにわたって占有することによって，

表 4-4　参入阻止戦略の使用頻度

(単位：%)

	過剰能力	広告	研究開発・特許	評判	参入阻止価格（静学的）	参入阻止価格（動学的）	学習曲線	全ニッチ占拠	利益隠匿
（新製品）									
頻繁	6	32	31	10	2	3	9		
時々〜頻繁	16	30	25	17	4	8	17		
時々	20	16	15	27	17	21	29		
なし〜時々	22	17	12	24	34	33	27		
なし	36	5	17	23	44	35	18		
（既存製品）									
頻繁	7	24	11	8	7	6		26	31
時々〜頻繁	14	28	20	19	15	14		31	28
時々	17	26	16	22	21	21		22	20
なし〜時々	32	14	31	31	32	32		14	10
なし	30	7	23	21	25	27		6	12

（出所）　Smiley (1988).

新しい企業の参入意欲を低下させる戦略が存在します。

　実際に，新しい企業が直面する戦略的障壁はどのように作られているのでしょうか。既存企業がとる参入阻止戦略について，30 年以上前にアメリカを対象に行われた調査が大変貴重な資料となっています。その結果については，表 4-4 に示されています。この調査では新製品と既存製品のそれぞれについて，既存企業に対してどのような頻度でそれぞれの参入阻止戦略を用いているかを尋ねています。

　まず，自社で開発した新製品については，既存企業による参入阻止戦略として「広告」「研究開発・特許」を頻繁に使用する企業が 30% を超えていることがわかります。他方で，「過剰能力」「参入阻止価格（静学的）」「参入阻止価格（動学的）」は参入阻止戦略としてまったく使用しないと回答した企業が 30% を上回っています。既存製品に関しても「広告」は重要な参入阻止戦略として使用されています。また，あらゆる製品カテゴリーに製品を投入して，新しい企業が参入する余地をなくすための「全ニッチ占拠」や利益率が高いことを隠すことによって新しい企業の参入インセンティブを与えないようにする「利益隠匿」を使用する頻度が高いことが示されています。

産業のライフサイクル

　産業のライフサイクル（industry life cycle）という視点からの研究があります。産業をライフサイクルの観点から観察すると，産業の初期には多くの企業が参入して，その後一定期間が経過したのち急激に多くの企業が淘汰（シェイク・アウトと呼ばれる）される時期を経て，次第に寡占的な構造（企業数が少ない状態）へと変貌することが明らかにされてきました。この間，初期には多くの企業によってプロダクト・イノベーションが多く生み出され，次第に製品やサービスの標準規格が定まっていきます。産業の初期には，将来どのくらい需要が伸びるのかは必ずしも明らかではありませんし，標準的な製品規格やサービスが確定していないために技術変化が次々に起こるかもしれません。この意味では，産業初期は，企業にとって需要や技術面での不確実性が高い時期といえるでしょう。

　他方で，産業の初期は，**ドミナント・デザイン**（dominant design）と呼ばれる，標準化した製品やサービスの規格が決まっていないため，多くの企業がさまざまなバリエーションを持つ製品やサービスを考案できる時期ともいえるでしょう。産業が進化するにつれて，市場において生き残った企業は，新しいプロダクトを追求する活動から，製品やサービスの質や効率性の追求へ向けたプロセス・イノベーションをめぐる活動へ移行していく傾向があります。プロダクトあるいはプロセス・イノベーションについては，第7章第1節でさらに詳しく扱います。

　図4-11では，アメリカの自動車産業における全企業数，参入企業数，退出企業数の推移が示されています。よく知られているように，現在のアメリカの自動車メーカーはフォード社をはじめ数社しか存在していません。しかし，実は19世紀後半から20世紀前半のピーク時には300社に迫るほど多くのメーカーが存在していました。また，日本のオートバイ産業においては，1950年代には200社を超えるメーカーが存在していましたが，1960年代中頃には現在の4社（ホンダ，スズキ，カワサキ，ヤマハ）体制となり現在に至っています（Yamamura et al., 2005）。このような傾向は多くの産業において観察されてきました（Agarwal & Gort, 1996）。すべての産業でこれらと同じようなプロセスをたどるわけではありませんが，産業初期に新しい企業が参入しやすいこと，そして，競争プロセスにおいて多くの企業が退出した結果として寡占化が進むこと

図4-11　アメリカの自動車産業における全企業数，参入企業数，退出企業数の推移

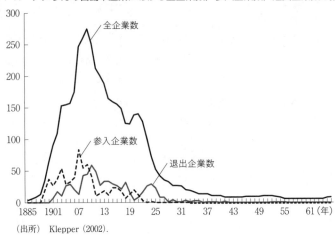

（出所）　Klepper（2002）．

など，産業の進化において多くの共通性が発見されています。

産業間の差異に関するエビデンス

　どのような産業特性が新しい企業の誕生を促進するのかに関して，国内外で多くのエビデンスが示されてきました。表4-5では，国外（アメリカとドイツ）を対象にした研究と日本を対象にした研究をそれぞれ2つずつ取り上げています。これらの研究では，参入の程度を測る指標としていずれも粗参入率が使われています。純参入率が企業の絶対数の変化率を捉えるのに対して，粗参入率は参入した企業の数を産業全体の数で除することで産業における参入の度合いを捉えています[6]。参入の度合いに影響を与える要因として，上記で議論した「期待される収益性」（利潤率）や「参入障壁」を表すいくつかの変数が用いられています。

　表4-5で示されているように，利潤率は1つの研究を除いて粗参入率に対して正（＋）の影響を与えるという結果が得られています。つまり，利潤率が高く，期待される収益性が高い産業では新しい企業が誕生する傾向にあります。市場成長率はすべての研究において正（＋）の影響があり，成長産業では創業

---

6)　純参入率を参入の指標として用いた研究として，Yamawaki（1991）や小田切・本庄（1995）などがあります。

表 4-5　企業の参入の決定要因

	Rosenbaum & Lamort (1992)	Wagner (1994)	本庄 (2002)	Kawai & Urata (2002)
サンプル	アメリカ (1972〜77, 1977〜82 年)	ドイツ (1979〜89 年)	日本 (1991〜94 年)	日本 (1986〜91 年)
（決定要因）				
利潤率（PCM）	＋	＋	×	＋
市場成長率	＋*	＋	＋	＋
市場集中度	×	−	N. A.	×
規模の経済性（MES）	×	N. A.	N. A.	−
資本集約度	×	−	−	−
広告集約度	−	N. A.	＋	−
研究開発	N. A.	＋	×	−
下請構造	N. A.	N. A.	＋	＋

（注）　＊は，MES 規模にある事業所の数の変化として測定された変数の結果を示しています。表中の＋は正の影響，−は負の影響，×は影響なし，N. A. は扱われていないことをそれぞれ表しています。

　機会が多くアントレプレナーを引きつけやすいことを示唆しています。参入障壁を表すその他の要因については，必ずしも一致した結果が得られていません。たとえば，下請構造は，自社よりも大きな企業から製造，加工，修理の委託を受けている企業の比率を表しています。これは，日本特有の構造的な特徴を捉えるために分析に含められており，下請構造が確立した産業では新しい企業の参入が活発であることが示されています。

　これらの研究からは，産業レベルでの環境が新しい企業の誕生において重要な役割を果たすことが示唆されています。

コラム 4-2　ユニコーン企業を生み出す世界のスタートアップ・エコシステム

　ユニコーン企業とは，証券取引所に上場することを意味する**新規株式公開（IPO）**を果たしていない 10 億ドル（日本円でおおよそ1200億円）以上の企業価値を持つスタートアップ企業のことをさします。IPO を果たした企業はもはやユニコーン企業とは呼ばれません。大きな価値を持つことから，ユニコーン企業の登場は経済活性化において大きな役割を果たします。今日，各国政府はいかにユニコーン企業を生み出すかという点に関心を持っています。

　ユニコーン企業はどの国で多く存在しているのでしょうか。図 4-12 は，世

図4-12　世界のユニコーン企業分布（2021年12月時点）

（出所）　Hurun Research Institute からの情報をもとに編集した *Statista* のデータを用いて筆者作成。

表4-6　未上場企業の企業価値ランキング（2021年9月末時点）

順位	社名（事業内容）	創業年	企業価値（推定）
1	プリファード・ネットワークス（AI開発）	2014年	3561億円
2	スマートニュース（情報収集アプリ）	2012年	2017億円
3	スマートHR（クラウド型人事労務ソフト）	2013年	1731億円
4	TBM（プラスティック・紙代替素材）	2011年	1336億円
5	スパイバー（次世代素材）	2007年	1312億円
6	HIROTSUバイオサイエンス（がんの早期発見検査）	2016年	1026億円
7	アストロスケールホールディングス（宇宙ごみ除去サービス）	2013年	818億円
8	ispace（月面着陸船・探査機の開発）	2010年	753億円
9	ビットキー（スマートロックの開発）	2018年	575億円
10	アタマプラス（AIを活用した教育システム）	2017年	510億円

（出所）　『日本経済新聞』2021年12月3日付朝刊「Nextユニコーン調査」のうち上位10社を抜粋して掲載（創業年は筆者追加）。

界のユニコーン企業の分布を表しています。2021年12月時点でユニコーン企業が最も多く立地している国はアメリカで487社となっています。次いで中国のユニコーン企業は301社です。それにインドの54社，イギリスの39社，ドイツの26社が続きます。表4-6には，日本における未上場企業の企業価値に関する上位10社が示されています。このうち5社がユニコーン企業の基準で

ある 1200 億円を超える企業価値を有していると推定されています（図 4-12 と数に差があるのは，調査の方法や時点が異なるため）。日本では深層学習（ディープ・ラーニング）などの先端技術を応用した事業を展開するプリファード・ネットワークス（2014 年 3 月創業，本社は東京都千代田区）が 3000 億円を超える企業価値を有しており，日本最大のユニコーン企業として成長を続けています。

　図 4-12 からは，ユニコーン企業の所在地はアメリカと中国に偏っているように見えます。たとえば，アメリカでは Apple や Google を生み出したシリコンバレー地域（カリフォルニア州）には多くの IT 系スタートアップ企業が集積していることがよく知られています。また，「ハードウェアのシリコンバレー」と呼ばれる中国広東省の深圳市は，ドローン世界大手の DJI などユニコーン企業約 20 社が本社を置く集積地域となっています。深圳市の中でも南山区に多くのユニコーン企業（10 社）が集積しています。深圳市政府は，スタートアップ企業向けの融資制度の設置や創業支援施設の利用補助制度の導入など支援体制を整える努力を払っています[7]。深圳市は通信機器大手の華為技術（ファーウェイ）などの成長企業を多く輩出することで地域経済を活性化させることに成功してきました。南山区では，テンセントなどの有力企業が本社を置くだけでなく，有名大学の研究機関やスタートアップ育成機関が多く集まっています。深圳市は，既存の大企業，政府，大学，研究機関や創業支援施設といった地域における多数のアクターが集積することで，さまざまな資源へアクセスしやすい環境となっています。ユニコーン企業を輩出するためには，イノベーションを志向する企業が登場しやすい優れたスタートアップ・エコシステムを整備することが重要であることを示唆しています。

シリコンバレー（左）と深圳市（右）

7）　深圳市におけるユニコーン企業の情報は，『日本経済新聞』2020 年 5 月 28 日付朝刊および同 8 月 5 日付朝刊に掲載されていた記事をもとにしています。

本章のまとめ

1. 創業活動の水準は国によって大きく異なり，日本ではこの水準が相対的に非常に低いことがわかっています。従業員の解雇が難しい国では創業活動が低迷する傾向にあるなど，国の制度が創業活動に影響を与えることが明らかになっています。マクロ経済状況も創業活動に影響を与えます。

2. 地域間で新しい企業の登場の頻度に大きな差異が見られ，企業の集積効果や都市化による需要効果が重要な役割を果たしていることが示唆されています。近年，新しい企業を生み出していくうえで，同じ環境下にいる他のアクター（投資家，金融機関，大学，政府など）の役割が鍵になるという「スタートアップ・エコシステム」というアプローチが注目されています。

3. 期待される収益性が高い市場には新しい企業が参入すると考えられます。また，既存企業が戦略的に新しい企業が参入することを阻止する場合など，参入障壁が高い産業では新しい企業は生まれにくいと考えられます。さらに，産業にはライフサイクルがあり，産業初期に新しい企業が登場する傾向にあります。

ディスカッションのための問題

1. 創業活動の水準が国によって大きく異なるのはなぜでしょうか。制度の違いに注目して考えてみましょう。

2. 大学の立地と新しい企業の誕生が関連する理由は何でしょうか。知識のスピルオーバーの観点から考えてみましょう。

3. 新しい企業が誕生しやすい地域（産業）は他の地域（産業）と比べて何が違うのでしょうか。関心のあるいくつかの地域（産業）の開業率を調べたうえで，その差異の原因を探ってみましょう。本書の巻末にある「付録『スタートアップの経済学』のための学習ガイド」を参考にしてください。

第5章 創業時に直面する課題

必要な資金を誰からどのように調達するのか

本章のテーマ

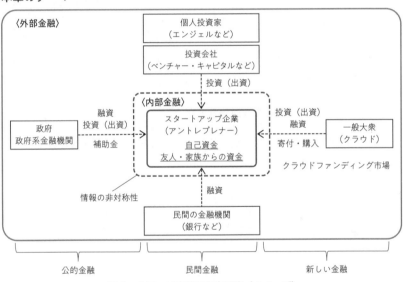

スタートアップ企業の資金調達（イメージ）

---

1. なぜアントレプレナーは創業時に苦労するのか？
2. どのような方法で資金を調達するのか？
3. 資金調達の成否を決めるのは何か？
4. 新しい資金調達方法は何が違うのか？

1　アントレプレナーが創業時に苦労する背景

　これまで繰り返し触れてきたように，アントレプレナーは新規性の不利益と呼ばれるような多くの課題に直面することが知られています。実際にアントレプレナーはどのような課題に直面しているのでしょうか。図 5-1 は，アントレプレナーが創業時に直面した課題についての調査結果です。この調査によれば，最も多くのアントレプレナーがあげた課題は「資金調達」です。また，質的および量的な「人材確保」「販売先の確保」「仕入先の確保」といった問題が大きな課題となっていることがわかります。さらに，創業時の手続き，経営や技術面での知識の制約といった課題があげられています。近年，これらの傾向に変わりはありません。

　アントレプレナーが直面する課題の背景には何があるのでしょうか。本章では，主に**情報の非対称性**（information asymmetry）の視点から考えていきます。

アントレプレナーと「情報の非対称性」

　創業時の課題の背景にある情報の非対称性とはどのような問題なのでしょうか。情報の非対称性は，アントレプレナーが直面する課題の背景として大変重要なキーワードとなります。

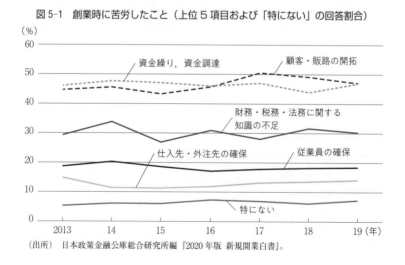

図 5-1　創業時に苦労したこと（上位 5 項目および「特にない」の回答割合）

（出所）　日本政策金融公庫総合研究所編『2020 年版 新規開業白書』。

　情報の非対称性とは，市場において当事者間の保持する情報量に格差があることをいいます。図5-2で描かれているように，スタートアップ企業（アントレプレナー）と資金提供者や取引先といったステークホルダー（利害関係者）との間には情報の格差が存在します。創業前あるいは創業直後のアントレプレナーやスタートアップ企業について，金融機関，投資家を含めた資金提供者や仕入先，販売先を含めた取引先企業にとってはあまり情報がありません。スタートアップ企業は文字どおり出来立ての企業で，過去に取引履歴がありません。したがって，どのような企業なのかについて知られていないのは無理もありません。このような情報の非対称性が存在することで，アントレプレナーが新しいアイデアについていくらアピールしても他人からはその価値についてなかなか理解してもらえません。そのため，優れたアイデアを持つアントレプレナーであっても思うように資金を確保できなかったり，取引先を確保できなかったり，創業時には多くの課題に直面します。

　情報の非対称性は，一般的には2つの問題を引き起こします。**逆淘汰**（adverse selection）と**モラル・ハザード**（moral hazard）です。逆淘汰は取引が始まる前に情報の非対称性があるために起こる問題で，モラル・ハザードは取引が始まってから情報の非対称性がある場合に起こる問題です。まずは，一般的に情報の非対称性が引き起こすこれらの問題について確認しておきます。

図 5-2　情報の非対称性に起因する創業時の課題

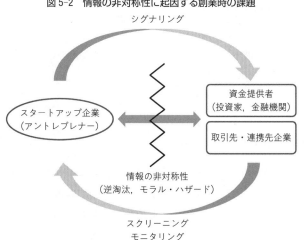

　情報の非対称性は，創業時だけに起こる問題ではありません。製品やサービスの買い手はその品質の情報について詳しく知らないが，売り手はよく知っているという状況があります。たとえば，中古車市場においては，出品者（個人間取引の場合）あるいはディーラーは修理歴を含めた車の品質についてよく理解しています。他方で，買い手が購入の意思決定をするうえで，売り手が提供する情報のみが手がかりとなります。したがって，売り手によって隠された情報があるとき，買い手は品質の低い製品を購入させられるおそれがあります。これは情報の非対称性が引き起こす逆淘汰の一例です。「隠された情報があると，強いものが生き残る自然淘汰とは逆にどんどん悪いものが生き残る」ことから逆淘汰と呼ばれています。

　また，株主と経営者の間においても情報の非対称性の問題は生じます（株主と経営者が異なる場合）。企業の所有者である株主から経営を委託された経営者は，株主の利益を最大化するように行動することが求められます。しかし，株主はその企業の経営・財務内容について経営者ほどは知りません。経営者が株主にとって望ましい行動をとるとは限りません。たとえば，経営者が企業の資金を利用して社会貢献活動に力を入れ過ぎることで，本来の業務が疎かになるかもしれません。これは情報の非対称性が引き起こす取引後（経営者が選任された後）の問題であり，モラル・ハザードの一例です。

　このように，現実の経済においては，当事者間での情報の非対称性が原因でさまざまな問題が生じます。その結果，彼らの間で行われる取引において望ましくない結果を招く可能性があります。

キーワード 5-1　情報の非対称性

市場において複数の当事者間の保持する情報量に格差があることをいいます。情報の非対称性は，取引が始まる前に生じる逆淘汰と，取引が始まった後に生じるモラル・ハザードを引き起こします。

情報の非対称性がもたらす資金制約

　創業時に生じる情報の非対称性はどのような問題を引き起こすのでしょうか。まず，逆淘汰の問題です。創業時の資金調達において起きる典型的な問題として，スタートアップ企業が金融機関や投資家から資金提供を受ける場合，返済能力の低い企業が逆淘汰され，返済能力の高い企業に資金が行きわたらないと

いう現象が起こる可能性があります。この問題は，アントレプレナーに関する情報の不足が原因で生じるだけでなく，資金提供者とアントレプレナーとの間で当該プロジェクトの価値や成功確率に関する評価の相違から生じうると考えられます。スタートアップ企業は，資金調達面だけでなく，取引先や連携先の確保においても同様の問題に直面します。

　図5-2で示したように，創業間もないころに生じる情報の非対称性に対処するうえで，スタートアップ企業（アントレプレナー）は資金提供者や取引先企業などのステークホルダーに対して，**シグナリング**（signaling）を行うことが重要になります。シグナリングとは，情報を持っている集団が情報を持たない集団に対して**私的情報**（private information）を明らかにするためにとる行動をさします。アントレプレナーは，自身の個人属性や自社が扱う製品やサービスの市場における潜在可能性について，取引相手に対して積極的に情報を発信することによって情報の格差を軽減させることができます。シグナリングは，情報の非対称性が存在する状況において重要な役割を果たしますが，情報の非対称性を完全に解消できるわけではありません。

　金融機関から資金調達しようとするとき，借り手であるアントレプレナーは自身の返済能力を貸し手に対してシグナルする必要があります。具体的には，収入や貯金額などの個人情報，売上などの企業情報を開示することで返済能力をシグナルすることになります。逆に，金融機関などの取引相手にとっては，スタートアップ企業に対して**スクリーニング**（screening）を行うことで，情報の非対称性の問題を軽減させることができます。スクリーニングは情報のない集団から情報を持っている集団に対して私的情報を明らかにするよう促す行動をさします。

　他方で，スタートアップ企業に関するモラル・ハザードは，**エージェンシー問題**（agency problem）と密接に関連しています（Eisenhardt, 1989）。スタートアップ企業に関するエージェンシー問題とは，**依頼人**（principal）である資金提供者と**代理人**（agent）である資金提供を受けるスタートアップ企業との間に情報の非対称性があるため，出資や融資後に依頼人の思うように代理人が行動してくれないという利害対立問題をさします。依頼人と代理人の間の取引において発生するさまざまな費用は，総じて**エージェンシー・コスト**（agency cost）と呼ばれています。たとえば，資金提供者はスタートアップ企業の行動について監視しようとすると**モニタリング・コスト**（monitoring cost）を追加

図5-3　信用割当による資金の過少供給

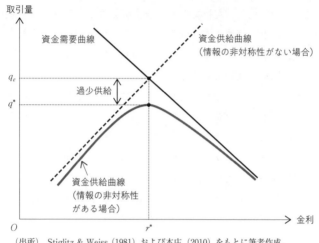

（出所）　Stiglitz & Weiss (1981) および本庄 (2010) をもとに筆者作成。

的に負担しなければなりません[1]。このような追加的な費用の発生は，スタートアップ企業にとっては資本コスト（資金調達において発生するコスト）の増加を招くことになり，資金調達を難しくさせます。

　金融機関や投資家があらゆる情報にアクセスできる完全な資本市場を前提とすれば，スタートアップ企業の資金需要に応えることができると考えられます。つまり，図5-3で示されているように，右下がりの資金需要曲線と右上がりの資金供給曲線（情報の非対称性がない場合）の交点で金利と取引量が決定し，資金需要が満たされることになります。しかし，実際の資本市場は，不確実性や情報の非対称性が存在するため，たとえ将来的に成長する可能性が高いスタートアップ企業の資金需要に対しても十分に応えられるわけではありません（本庄，2015）。結果として，スタートアップ企業は調達したい金額を資本市場から調達できないことになります。

　このような資本市場の不完全性のもとでは，通常より高い金利を支払う意思がある借り手であっても銀行などの金融機関から貸出をしてもらえない現象が起こります。これは，**信用割当**（credit rationing）と呼ばれています。情報の非

---

1)　また，監視およびそれに伴うモニタリング・コストの発生を避けるために，あらかじめ契約書を交わすとしても，そこにスタートアップ企業の将来とりうる行動や取引で起こりうる状況のすべてについて記載することは難しいでしょう。

対称性がある状況では、金融機関は誰が安全な借り手なのか正確にはわかりません。図5-3に示されているように、ある低い金利水準（r^*）で金融機関が貸出を行うときは、多くの借り手が借入を希望しますが、金利を高くしていくに従って返済見込みのあるスタートアップ企業（安全な借り手）は借入を希望しなくなり、返済が期待できないスタートアップ企業（安全でない借り手）のみが借りようとします。したがって、金融機関は金利を高い水準で設定するよりも、r^*で金利を固定したもとで貸出を希望する借り手に対してのみ貸出する方が期待利益は高くなります。

もしr^*以上の水準に金利を設定すれば、安全な借り手からは多くの利益を得られますが、安全でない借り手のデフォルト率（債務不履行の確率）が高まることになり、逆に期待利益は低下すると考えられるからです。したがって、銀行などの金融機関は、貸出の超過需要が発生している状況であっても、期待利益を最大にする金利r^*で割り当てた供給量を決定するという信用割当が行われることになります。信用割当が行われると、資金需要があってもすべてのスタートアップ企業には資金が行きわたりません。したがって、図5-3で示されているように、$q_e - q^*$分だけ過少供給が生じます。

情報の非対称性が原因で取引がうまくいかないのはスタートアップ企業に限りませんが、スタートアップ企業は資金提供者や取引先相手との情報の非対称性から起こる問題が顕著になるといえるでしょう。

図5-4　創業時の資金調達額の過不足（創業時に実際に調達した金額と望ましいと考える金額の比較）

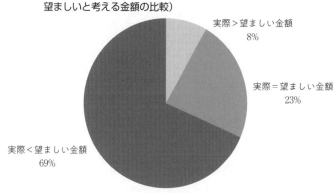

（出所）　中小企業庁「中小企業創造的活動実態調査」（1998年12月）をもとに筆者作成。

　図5-4は，アントレプレナーが創業時に実際に調達した資金額が当初望ましいと考えていた金額とどれくらい乖離があったかについての調査結果です。調査対象のアントレプレナーのうち69％が実際の調達金額が望ましい金額よりも少なかったと回答しています。アントレプレナーのうち望ましい金額を調達できたのは，実際の調達金額が望ましい金額と同額だったと回答した23％と実際の調達金額が望ましい金額よりも多かったと回答した8％を合わせても31％にとどまっています。

2　資金調達の方法

アントレプレナーが直面する資金制約

　アントレプレナー自身が有する財産の大きさは創業の意思決定や創業後の利益（所得）と正の関係があり，裕福な個人ほどより効率的な水準の資金をもとに創業することができることが明らかにされています（Evans & Jovanovic, 1989）。言い換えれば，持っている財産が小さい個人は創業する可能性が低く，資金制約が創業の大きなハードルとなっていることを意味しています。いくつかの研究では，創業資金の大きさは，アントレプレナーが持つ財産の大きさによって影響を受ける一方で，学歴や職務経験といった人的資本によっても大きく左右されることが明らかになっています（Åstebro & Bernhardt, 2005）。これらの研究からは，図5-5で描かれているように，アントレプレナーの人的資本が資金制約に直接影響を与えるというよりは，彼らの財産の大きさに影響を与えることを通して間接的に資金制約に影響を与えると考えられます。つまり，人的資本の水準が高いアントレプレナーは相対的に所得水準が高く，平均的に多くの財産を有しているため，結果として資金制約に陥る可能性が低くなります（Colombo & Grilli, 2007）。

　実際，個人が創業の意思決定を行う確率や創業資金の大きさはアントレプレナー個人の財産規模とともに高くなる傾向があります（Holtz-Eakin et al., 1994）。アントレプレナー自身の資産が創業資金に影響を与えるという事実は，彼らが資金制約に陥っていることを示しています。資本市場は，情報の非対称性を背景とした逆淘汰やモラル・ハザードの問題のために，アントレプレナーに対し

図 5-5　アントレプレナーの財産と人的資本が創業資金に与える影響

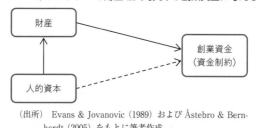

（出所）　Evans & Jovanovic（1989）および Åstebro & Bern-
hardt（2005）をもとに筆者作成。

て資本を過少にしか与えません。F. H. ナイトが唱えたように，アントレプレ
ナーは自身で資金調達を行うことで失敗のリスクを負わなければならないこと
を示唆しています（Knight, 1921）[2]。

　このような創業時の資金調達面の課題について解決する方法はあるのでしょ
うか。スタートアップ企業による資金制約の解決策としては，政府などの公的
機関が支援する方法があげられます。たとえば，日本政策金融公庫などの政府
系金融機関は，資金調達で苦労するスタートアップ企業に対して資金を提供す
る役割を果たします。また，図 5-1 で明らかになったように，スタートアップ
企業が顧客・販路の開拓，仕入先・外注先などの確保において苦労するため，
政府がそれらの取引先企業とのビジネス・マッチングの場を設けることがあり
ます。このようなスタートアップ企業に対する公的支援は，情報の非対称性に
起因するさまざまな課題を軽減する役割を果たします。スタートアップ企業に
対する公的支援については，第 10 章で詳しく扱います。

アントレプレナーの資金調達手段

　アントレプレナー（スタートアップ企業）は，実際にどのような手段で創業資
金を集めているのでしょうか。図 5-6 で示されているのは，創業時の資金調達
の手段に関する調査結果です。創業時の資金調達手段として，アントレプレナ
ーによる自己資金を用いた割合は 80％ 近くに上っていることがわかります。
自己資金に次いで，配偶者や親族からの出資金や借入金が多いことが示されて

2）　他方で，シュンペーターは，資本市場は資本家を見つけてアントレプレナーのためにリ
　スクを負うことを可能にすると主張しています（Schumpeter, 1934）。

図 5-6　創業時の資金調達先

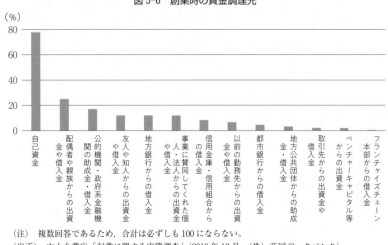

（注）　複数回答であるため，合計は必ずしも 100 にならない。
（出所）　中小企業庁「起業に関する実態調査」（2010 年 12 月，（株）帝国データバンク）。

いています。さらに，4 番目に多い回答が友人や知人からの資金調達となっています。創業時あるいは創業間もないころの企業は，自社の事業活動を通じて獲得する**内部留保**（retained earnings）あるいは**キャッシュフロー**（cash flow）を有していません。したがって，資本コストの低い**内部金融**（internal finance）といってもアントレプレナーの自己資金を使うか，家族，親族や友人，知人から提供される資金に頼る傾向があります。

　他方で，創業後の企業は内部金融だけで必要な資金を十分に確保できるわけではありません。必然的に，内部金融で足りない分は**外部金融**（external finance）に頼ることになります。外部金融にはさまざまな方法が含まれます。図 5-6 で示されているように，政府系金融機関からの助成金や借入金，地方銀行，信用金庫などからの借入金（デット）を通した資金調達方法である**デット・ファイナンス**（debt finance）に加えて，個人投資家（エンジェル投資家）やリスクマネーを担うベンチャー・キャピタル（VC）などからの出資金（投資）を含めたエクイティ（株主資本）を通した資金調達である**エクイティ・ファイナンス**（equity finance）という方法があります[3]。

　しかし，スタートアップ企業にとっては，外部金融による資金調達，特にエクイティ・ファイナンスを通した資金調達が容易ではないことがよく知られています。実際に，図 5-6 で示されているように，エクイティ・ファイナンスに

よる創業資金の調達の割合は相対的に低く，本来はリスクマネーを担うべき
VC からの調達は 1% 程度ときわめて限定的となっています。企業は，資金調
達の手段として，まず資本コストの低い内部金融を選択して，次に資本コスト
の高い外部金融を選択するというように，序列的に資金調達方法を選択すると
考えられています。このような資金調達の序列的な選択に関する想定は**ペッキ
ング・オーダー仮説**（pecking order hypothesis）と呼ばれています。

　スタートアップ企業を含め小規模な企業には，事業が成長するにつれて資金
調達のニーズやオプションが変化していくという**資金調達成長サイクル**（financial growth cycle）が存在すると考えられています（Berger & Udell, 1998）。図 5-
7 には，創業後の企業の資金調達先の推移が表されています。この図の上部で
言及されているように，企業規模や企業年齢が大きくなるにつれて（左から右
へ）資金調達方法が変化していきます。また，企業規模と企業年齢が大きくな
るに従って，資金調達をしようとする企業の情報が明らかになっていきます。

　企業は，創業当初は創業者自身，家族・親族や友人・知人からの調達を含め
て内部金融に依存します。また，スタートアップ企業の資金調達方法として，
エンジェル投資家からの投資，あるいは，取引先との間の売買における買掛金
を通した信用取引である**企業間信用**（trade credit）がたびたび用いられること
が知られています[4]。エンジェル投資家は，特定の組織に所属せず，製品やサ
ービスの構想段階であるシード期，あるいは創業準備期から事業化する前のア
ーリー期と呼ばれる段階において将来有望な事業に投資します[5]。通常，2 万
5000 ドルから 50 万ドル程度（300 万円から 6000 万円程度）の比較的小規模の投
資に関心を持っています（Smith & Smith, 2019）。

　創業後，時間が経つにつれて，利用可能な資金調達方法の選択肢が増えてい
きます。図 5-7 で示されているように，企業は成長するに従って，多くの場合
はエクイティ・ファイナンスとして VC からの出資を受けることになります。

---

　3)　リスクマネーとは，高いリターンを期待しているため，回収できないというリスクが高
　　い投資資金のことをいいます。たとえば，企業のイノベーション活動に対して投資する場
　　合，回収できないリスクが高くなります。スタートアップ企業の活動は革新的なアイデア
　　に基づく場合が多いため，投資家にとっては投資するリスクが非常に高くなる傾向にあり
　　ます。
　4)　買掛金とは，企業間の信用取引によって生じる仕入れの未払金で，将来の現金の受け取
　　りや支払いを約束したものをさします。

図5-7　創業後の資金調達先の推移

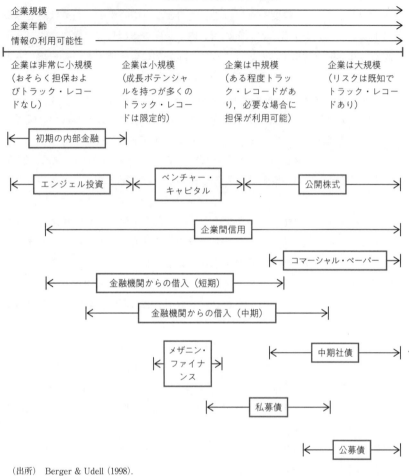

（出所）　Berger & Udell（1998）.

---

5)　エンジェル投資家は，著名なアントレプレナー，芸能人，あるいはスポーツ選手のような資産家であることが多いようです。たとえば，フォースタートアップス株式会社によるスタートアップ企業データベース *STARTUP DB* によれば，出井伸之氏（元ソニー会長兼グループ CEO）は，自動車ドライバー用 AI アシスタントを開発するスタートアップ企業の Pyrenee や日本初の株式投資型クラウドファンディング・サービスのプラットフォームを運営するスタートアップ企業である FUNDINNO（旧日本クラウドキャピタル）に対して個人で投資しています。また，西野亮廣氏（コメディアン・作家）は，音声プラットフォームを運営するスタートアップ企業の Voicy や本田圭佑氏（サッカー選手）が

その後，さらに成長を遂げたスタートアップ企業は，多くの場合，**新規株式公開（IPO）**を行い，株式市場に参入して一般投資家に対する新株発行（公募増資）と保有株式の売り出しを通して資金調達を目指すことになります[6]。特に，資金需要の大きな研究開発型スタートアップ企業にとっては，IPO を通して必要な資金を調達しやすくなります。

IPO は，スタートアップ企業の資金調達の手段の拡大であると同時に，アントレプレナー個人の利益獲得にもつながります。アントレプレナーは保有する株式を売却することで，IPO 前後で株価が上昇した場合の差額と売却する発行数をかけあわせた合計額を自身の利潤として獲得することができます。したがって，IPO はアントレプレナーの**出口戦略**（exit strategy）の1つと考えられています。また，IPO を行うことで，企業の信用度や知名度の向上にもつながります。これらの点において，スタートアップ企業にとって，IPO は重要な節目となります。

ただし，IPO にはさまざまなコストやリスクが伴います。たとえば，企業が IPO を行う際には，担当する証券会社に支払う手数料を負担する必要があり，上場にかかる登録手数料もかかります。また，IPO を通して公開企業となることで，企業間の合意のない中で行われる敵対的な合併と買収（M&A）を仕掛けられるリスクが格段に高まります。

以上のことから，スタートアップ企業が IPO を行うべきか否かの意思決定は，上記のような長所と短所を総合的に考慮して行う必要があるでしょう。

キーワード 5-2　デット・ファイナンスとエクイティ・ファイナンス
金融機関などからの借入金（デット）を通した資金調達方法はデット・ファイナンスと呼ばれ，ベンチャー・キャピタル（VC）などからの出資金を含めた株主資本（エクイティ）を通した資金調達はエクイティ・ファイナンスと呼ばれます。

　代表取締役社長を務めるソーシャルスクールプラットフォーム運営のスタートアップ企業である Now Do へ出資する個人投資家としても知られています。彼らは，出資した企業の株式取得を通じて将来リターンを得ることを目指しています。

6）　IPO を行った企業の株価の初値は，公開価格を上回る傾向があることがよく知られています。公開価格が過少であることを意味するため，**アンダープライシング**（underpricing）と呼ばれています。

> **キーワード 5-3　ペッキング・オーダー仮説**
> 企業の資金調達の手段として，まず資本コストの低い内部金融を選択して，次に外部金融を選択するという序列があると想定する考え方をいいます。

> **キーワード 5-4　新規株式公開（IPO）**
> 未上場の企業が証券取引所に上場して，新株発行と保有株式の売り出しを通して株式市場で資金調達ができるようになることをいいます。

ベンチャー・キャピタルからの資金調達

　VC は伝統的な資本市場へのアクセスが限定的なスタートアップ企業や中小企業の資金調達元として重要な役割を果たします。エンジェル投資家に比べて大規模な金額（平均約 1 億円）を成長見込みのあるスタートアップ企業に出資し，十分なリターンを得るまで 5 年から 10 年という長いスパンで投資先のスタートアップ企業に関わることになります（Maier II & Walker, 1987）。VC は，まずは投資対象となる成長見込みのあるアントレプレナーを発掘してスクリーニング（デュー・デリジェンス）および投資案件に関する交渉を行い，その後，投資したアントレプレナーをモニタリングして宣伝し，最終的に株式の売却や IPO を通して多額のリターンを獲得することを目指します。

　VC は投資先のスタートアップ企業を見つけて投資するだけでなく，投資先に対して直接指導や助言を行うハンズオン（hands-on）と呼ばれる役割を果たします[7]。つまり VC は，投資先企業を成長させるためのコーチ役を担います。投資先のスタートアップ企業のアドバイザーであり，メンターであり，役員を派遣して経営に参画することもあります。通常は，投資は一度きりではなく，投資先企業のパフォーマンスに応じて何度かに分けて投資を行います。それによって，VC が投資した後に投資先企業が事業の成長において重要ではないと思われる資金の使い方をしないか監視しながら，段階的に投資することでモラル・ハザード問題を軽減させることができます。

---

[7]　VC にとっては投資先企業との物理的距離が遠くなるにつれてコスト（移動コストやサーチ・コストなど）が増大することになります。また，投資先のスタートアップ企業にとっても VC からの支援が受けづらくなります。したがって，VC は物理的距離が近い企業に対して投資を行う傾向があります（Colombo et al., 2019）。

　アメリカでは，今や世界を代表する企業である Google や Facebook などは過去に VC から多額の資金を得ています。図 5-8 で示されているように，アメリカにおける VC 投資の規模は，近年は年間計 15 兆円前後で推移しています。他方で，日本では VC 産業の発展ではアメリカに大きく後れをとっており，その投資規模は年間計 1500 億円程度にとどまっていて，アメリカの規模の 100 分の 1 程度（2020 年）となっています。

　VC の投資対象となるのはどの発展段階の企業なのでしょうか。図 5-9 に示されているように，アメリカでは，研究あるいは開発中で商業化に至っていない段階であるシード期というよりは，製品を市場に導入したばかりのアーリー期の企業への投資が増加しつつあり，キャッシュフローが期待されるレーター期の企業が主な投資対象となっています。実際，アメリカの VC の投資総額の比率はレーター期（約 67%）に集中しています。他方で，日本での VC 投資は，シード期とアーリー期を含めた初期のステージにある企業に対して相対的に多く投資を行う傾向があります（投資総額のうちシード期とアーリー期合わせて日本は約 65%，アメリカは約 33%）。

　VC は事業会社や機関投資家などから資金を集め，未上場企業に対して投資して，最終的には投資資金を回収することを目指します。図 5-10 で表されているように，VC の主要な投資回収手段は，IPO や M&A に加えて，売却，償却・清算，経営者からの買い戻しです。この図から明らかなように，日本の

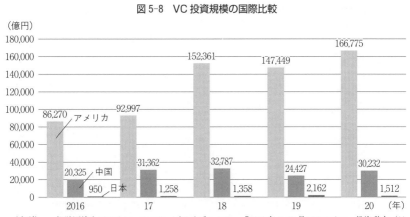

図 5-8　VC 投資規模の国際比較

（出所）　一般財団法人ベンチャーエンタープライズセンター「2020 年 1-12 月のベンチャー投資動向（日本・アメリカ・中国との比較）」。

図 5-9　アメリカと日本における VC 投資額のステージ別シェア（2020 年）

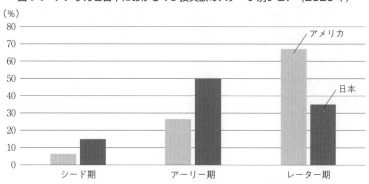

（注）　日本のレーター期の数値はエクスパンション期との合算値。
（出所）　アメリカは *National Venture Capital Association Yearbook 2021*，日本は一般社団法人日本ベンチャーエンタープライズセンター『ベンチャー白書 2021』。

図 5-10　VC の投資回収手段別の件数（年度別）

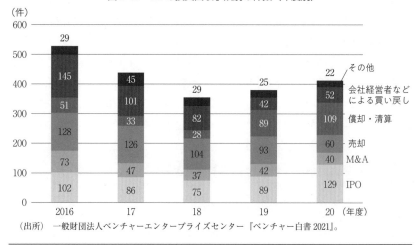

（出所）　一般財団法人ベンチャーエンタープライズセンター『ベンチャー白書 2021』。

VC の投資回収手段として，IPO と M&A を比べれば前者が多い傾向にあります。

コラム 5-1　VC 投資家のタイプの違い

　VC には独立系 VC やコーポレート VC などいくつかのタイプがあります。ここでは，これらの投資家タイプがどのように違うのかについて概観します。

　まずは，独立系 VC とコーポレート VC の投資の仕組みの違いを考えましょう。図 5-11 (a) で描かれているように，独立系 VC は無限責任組合員（general partner：GP）として，VC ファンドと呼ばれる投資事業有限責任組合を組成して，有限責任組合員（limited partner：LP）である事業会社や機関投資家などから資金を集め，未上場企業に対して投資して，最終的には投資資金を回収することを目指します。すでに議論したように，このタイプの VC 投資

図 5-11　独立系 VC とコーポレート VC による投資の仕組み

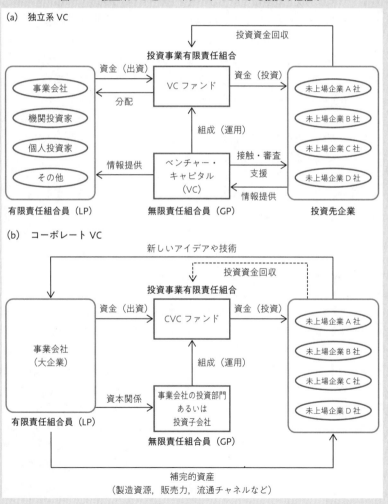

家はハンズオンを行うため，投資先企業はさまざまなコーチングが受けられる
だけでなく，VC の持つネットワークを通して関係者との連携が可能になりま
す。

　他方で，コーポレート VC は，図 5-11（b）で示されているように，資金の
出し手が事業会社である点が独立系 VC と大きく異なる点です。コーポレート
VC は，投資資金の回収をすると同時に，投資先のスタートアップ企業から新
しいアイデアや技術の獲得など事業面でのシナジーを得ることを目的にしてい
ます。投資先のスタートアップ企業の観点からは，資金の出し手である事業会
社（大企業）から自社の持たない流通チャネルなどの補完的資産を獲得するこ
とを期待しています。

　次に，表 5-1 では，国内外の研究に基づいた独立系 VC とコーポレート VC
を含め，VC 投資家のタイプごとの特徴が示されています。独立系 VC に関し
ては，投資リターンの最大化を目的としていて，リスクの高いハイテク企業を
投資対象から外す傾向があることが明らかになっています。また，独立系 VC
は特定の産業に焦点を当てて投資を行う傾向があります。独立系 VC が持つ投
資回収のための出口戦略としては，投資先企業の IPO や M&A によってキャ
ピタルゲインを獲得することを目指しています。

　それに対して，コーポレート VC は，すでに議論したように，投資リターン
の最大化というより，新しいアイデアや技術の獲得といった戦略的な目的を持
つことが知られています。そのため，独立系 VC と比べるとリスク選好的な投
資を行う傾向があり，比較的若い企業に対して投資をします。コーポレート
VC の出口戦略としては，IPO より M&A を好む傾向があるようです。

　さらに，表 5-1 に示されているように，金融系 VC や政府系 VC と呼ばれる
VC 投資家がいます。金融系 VC は銀行や証券会社などの金融機関がファンド
の出資者となっています。金融系 VC の中でも，銀行系 VC は，投資リターン
の最大化というよりは親会社（銀行）の投資先企業への融資機会の増加を目的
としていることが知られています。銀行系 VC は，将来の融資を念頭に置いて
いるため，リスクが高い若くて小さな企業への投資は避ける傾向にあります。
投資先のスタートアップ企業の観点からすると，資金面以外に支援するための
能力を持たない金融系 VC からのコーチングや付加価値向上のための活動への
関与は期待できませんが，レーター期の企業にとってはその必要性は低いと考
えられます。出口戦略に関しては，投資先のスタートアップ企業は親銀行から
融資が受けられるため（銀行系 VC の場合），IPO による資金調達の必要性が

表 5-1　VC 投資家のタイプとそれぞれの特徴

	独立系 VC (IVC)	コーポレート VC (CVC)	金融系 VC (FVC)	政府系 VC (GVC)
目的	投資リターンの最大化を目的とする（Bertoni et al., 2013）	投資リターンの最大化というより、新しいアイデアや技術の獲得といった戦略的な目的を持つ（Dushnitsky & Lenox, 2006）	投資リターンの最大化というより、親会社の投資先企業への融資機会の増加といった戦略的な目的をもつ（Hellmann et al., 2008）	公的介入なしでは追求できないプロジェクトに対して投資を行い、民間のVC市場を補完する（Grilli & Murtinu, 2015）
投資パターン	特定の産業に焦点を当てる傾向がある（Gompers, 1995）リスクの高いハイテク企業を避ける（Mazzucato, 2011）	IVCと比べて、より若いリスクの高い企業に対して投資する（Chemmanur et al., 2014）	リスク回避のため、若く小さな企業への投資は避ける（Wang et al., 2002：Bertoni et al., 2015）	IVCと比べて、リスク回避の程度は小さく、規模の小さな企業に投資する（Grilli & Murtinu, 2014）
投資先企業にとっての付加価値	IVCからさまざまな面においてコーチングを受けられる（Sapienza, 1992）IVCの持つネットワークを活用してさまざまな関係者との連携が可能になる（Hsu, 2004）	詳細な技術的な支援を受けられる（Colombo & Murtinu, 2017）CVCの親会社が持つ補完的資産へアクセスできる（Ivanov & Xie, 2010）	FVCは支援できる能力に劣るが、レーター期の投資先企業にとっては支援の必要性が小さい（Hellmann et al., 2008）コーチングや付加価値向上活動への関与は限定的（Bottazzi et al., 2008）	GVCからの投資は「認定効果」を持つため、民間のVC投資の呼び水となる（Grilli & Murtinu, 2015）コーチングや付加価値向上活動への関与は限定的（Colombo et al., 2016）
出口戦略	投資先企業のIPOとM&Aによってキャピタルゲインを獲得することを目指す（Chemmanur et al., 2011）投資先企業のIPOを急がせる傾向（Kim, 2017）	IPOよりM&Aを好む（Gompers & Lerner, 1999）IVCの投資先と比べて、CVC（FVC）の投資先はM&Aされる確率が高い（Cumming, 2008）	投資先企業は親銀行から融資が受けられるため、IPOを通した資金調達の必要性が低い（Sun et al., 2013）IVCの投資先と比べて、FVC（CVC）の投資先はM&Aされる確率が高い（Cumming, 2008）	投資先企業はIPOやM&Aの可能性が低く、買い戻しなどによる売却が多い（Cumming & Johan, 2008）
日本における VC 例	インキュベイト・ファンド、ANRI	ソニーイノベーションファンド、NTTドコモ・ベンチャーズ	SMBCベンチャー・キャピタル、みずほキャピタル	DBJキャピタル、INCJ

低くなります。

　政府系VCは、公的介入なしでは追求できないプロジェクトに対して投資を行い、民間のVC市場を補完する役割を果たします。政府系VCは、独立系VCと比べてリスク回避の程度は小さく、規模の小さな企業に投資する傾向が

あります。第 10 章で詳しく扱いますが，スタートアップ企業は政府系 VC か
ら投資を受けることで，民間からの VC 投資の呼び水となることを示す研究が
あります。

3　資金調達の成否を決めるもの

　スタートアップ企業は総じて資金調達において苦労する傾向がありますが，
企業間で資金制約に差異が生じることがわかっています。何がそのような差異
を生み出すのでしょうか。本節では，アントレプレナーの人的資本と性別の観
点から考えていきます。

アントレプレナーの人的資本

　スタートアップ企業と資金提供者の間に情報の非対称性が存在する状況にお
いては，アントレプレナーの個人属性が企業の「質」を表す重要なシグナルと
なります。スタートアップ企業は，企業として有している資源や経験が乏しく，
アントレプレナー自身の人的資本が主要な資源であるからです。実際にアント
レプレナーの人的資本は資金調達に影響を与えるのでしょうか。いくつかの研
究をもとに考察してみましょう。

　表 5-2 は，アメリカのカウフマン財団によるスタートアップ企業を対象にし
た調査（Kauffman Firm Survey）の結果を示しています。創業経験を持つアン
トレプレナーとアントレプレナー全体の資金調達の方法と金額を比較したもの
です。資金調達方法は 6 つのカテゴリーに分けられています。大きく分けると
エクイティ・ファイナンスとデット・ファイナンスで，さらにアントレプレナ
ー自身によるものか（オーナー・エクイティあるいはデット），家族などのインサ
イダーからのものなのか（インサイダー・エクイティあるいはデット），それとも
金融機関や投資家を含めアウトサイダーによるものなのか（アウトサイダー・エ
クイティあるいはデット）というカテゴリーに分かれています。

　表 5-2 のパネル A で示されているように，一度だけ創業経験を有する「経
験のあるアントレプレナー」や 2 度以上の創業経験を持つ「シリアル・アント
レプレナー」は，ほとんどのタイプのエクイティ・ファイナンスおよびアウト

表 5-2　創業経験のあるアントレプレナーの資金調達（2004年アメリカ調査）

調達方法	全企業	経験のある アントレプレナー[1]	シリアル・ アントレプレナー[2]
パネル A：金額（ドル）			
オーナー・エクイティ	31,734	36,480***	44,683***
インサイダー・エクイティ	2,102	1,974*	1,253
アウトサイダー・エクイティ	15,935	25,693**	34,969***
オーナー・デット	5,037	5,266	6,345
インサイダー・デット	6,362	7,120	7,934
アウトサイダー・デット	47,847	71,592***	91,030***
合計の調達資金	109,016	148,124***	186,215***
パネル B：比率			
オーナー・エクイティ	29.1	24.6	24.0
インサイダー・エクイティ	1.9	1.3	0.7
アウトサイダー・エクイティ	14.6	17.3***	18.8***
オーナー・デット	4.6	3.6	3.4
インサイダー・デット	5.8	4.8	4.3
アウトサイダー・デット	43.9	48.3	48.9
合計の調達資金	100.0	100.0	100.0

（注）　1．経験のあるアントレプレナー（全企業 3972 社のうちの 21.5%）とは過去に一度スタートアップの経験がある場合をさします。
2．シリアル・アントレプレナー（全体の 20%）は過去に 2 度以上の操業経験がある場合をさします。
***，**，* は，1%，5%，10% の有意水準において，それぞれのカテゴリーの値が全企業と異なる場合を示しています。
（出所）　Robb & Robinson (2014).

サイダー・デットに関してアントレプレナー全体と比較して調達金額が十分に大きいことが明らかになっています。また，表 5-2 のパネル B で示されているように，経験のあるアントレプレナーおよびシリアル・アントレプレナーはともにアウトサイダー・デットの比率が全体と比較して大きい傾向があります。

　前節で議論した財産の大きさによる資金制約への効果の存在に関しては，表 5-2 のパネル A において示されているように，経験のあるアントレプレナーやシリアル・アントレプレナーによるオーナー・エクイティやデットが全体と比較して高いという結果から確認できます。他方で，表 5-2 のパネル A および B で観察できるように，創業経験のあるアントレプレナーやシリアル・アントレプレナーのアウトサイダー・エクイティやデットが大きいという結果は，シグナリングにおけるアントレプレナーの個人属性（創業経験のような人的資本）

の重要性を示唆しています[8]。

　アントレプレナーの人的資本の指標として学歴や同じ業界における職務経験も創業時の資金調達において重要な役割を果たすことがわかっています。まず，学歴の役割について，たとえば，イタリアのハイテク・スタートアップ企業を対象にした研究は，創業チームメンバーが大学の社会科学分野において受けてきた平均教育年数が長くなるほど，創業時の資金調達額が多い傾向にあることを明らかにしています（Colombo & Grilli, 2007）[9]。また，チームメンバーの平均的な学歴水準が VC から投資を受ける確率に正の影響を与えることが見出されています（Colombo & Grilli, 2010）。さらに，*Crunchbase* という世界のスタートアップ企業が収録されているデータベースをもとにした研究は，大卒以上の学歴を持つ創業者はエクイティ・ファイナンスに成功する可能性が高いことを明らかにしています（Ratzinger et al., 2018）。他方で，上記のイタリアを対象とした一連の研究からは，アントレプレナーの持つ同じ業界における職務経験，とりわけ技術的な経験は，創業時の資金調達額を高める効果がある一方で，VC 投資を受ける確率とは関連していないことが示されています。

　ここまで見てきたように，アントレプレナーの人的資本は創業時の資金調達に重要な影響を与えます[10]。

アントレプレナーの性別

　アントレプレナーの性別は資金調達に影響を与えるのでしょうか。これまでの研究において共通して得られているのは，女性アントレプレナーは男性アントレプレナーと比べて少ない資金をもとに創業する傾向があるという結果です（Coleman & Robb, 2009）。この傾向は，アントレプレナーの個人属性を含め多くの要因を考慮しても変わりません。アメリカやオランダなど異なる地域のアントレプレナーを対象にしても同様の傾向があることが観察されています。

---

8)　イタリアのスタートアップ企業を分析対象とした研究においても，創業以前に 100 人以上の従業員を持つ他の企業において経営者としての経験がある人物が創業チームに含まれている場合，VC からの資金調達を実現する可能性が高いという結果が示されています（Colombo & Grilli, 2010）。

9)　他方で，この研究からは，創業者の学歴を含めた人的資本の水準は銀行からの借入額には影響を与えないことを明らかにしています。

10)　コラム 7-1 は，イノベーションのための資金調達とアントレプレナーの人的資本の関係について取り上げています。

Dow Jones によるデータベース *VentureSource* の 2011 年時点の情報によれば，アメリカにおいて 2010 年に VC から資金調達をしている企業の中で，最高経営責任者（CEO）が女性である企業は 6%，創業者が女性である企業は 7% にとどまっています（Gafni et al., 2021）。

　なぜ女性アントレプレナーは男性と比べて少額の資金で創業することになるのでしょうか。その背景について，先行研究に基づいて検討します（Verheul & Thurik, 2001）。まず，女性アントレプレナーは対個人サービス業のように，必要資本が小さい業種において創業する傾向にあることが影響しているようです。また，女性アントレプレナーの歩んできたキャリアや学歴のタイプは，男性とは異なる傾向があることが指摘されています。たとえば，女性の職務経験として多いのは教育，営業，対個人サービスなどの部門であるのに対して，男性は経営管理，科学技術などが多く，創業経験を有している頻度が高い傾向があります。

　さらに，女性アントレプレナーの持つネットワークが小さいことも重要な背景としてあげられています。男性は女性よりもネットワーキングに多くの時間を使う傾向がある一方で，女性のネットワークは小さくその多くが同性で構成されていることも特徴です。女性は男性に比べて家事に従事する時間が圧倒的に長く，ネットワーキングに費やす時間が確保できていないことも影響しているようです。

　コラム 3-1 で明らかになったように，日本においても女性アントレプレナーの比率が非常に低いというのが現状です。女性のアントレプレナーが少ないことは，日本における重要な課題の 1 つといえるでしょう。次節においては，女性アントレプレナーの資金制約の問題と密接に関係があるテーマとして，クラウドファンディング市場における女性比率の問題について取り上げています。

4　新しい資金調達の方法

　近年，情報技術の著しい発展とともに，**フィンテック**（financial technology）と呼ばれる新しい金融サービスが登場してきました。**クラウドファンディング**（crowdfunding）は，銀行からの借入や VC からの投資などの伝統的な資金調達方法に代わるスタートアップ企業の資金調達方法として注目を浴びています。

　本節では，これらの新しい資金調達の方法の概要について確認するとともに，これまでに行われてきた研究において得られた結果について紹介していきます。

　クラウドファンディングとは，インターネットを通して群衆（crowd）から広く資金を調達（funding）する新しい金融サービスです。クラウドファンディングにはいくつかのタイプがあります。図5-12で示されているのは，購入型クラウドファンディングと呼ばれるタイプの資金調達方法の構造です。資金を調達したいプロジェクトの起案者がクラウドファンディングサイトにアイデアを投稿して資金を募ります。そのプロジェクトの趣旨に賛同する支援者と呼ばれる多数の個人は，当該プロジェクト予算をもとに提供される製品やサービスをリターンとして将来受け取ることを条件に，クラウドファンディングサイトを通して資金を提供しようとします。通常，投稿された各アイデアに関して目標額（調達したい希望額）が設定され，それに達した場合のみ資金の支払いと受け取りが実行されることになります。資金調達に成功したプロジェクトに関しては，後日起案者から支援者に対してリターンが渡されます。購入型クラウドファンディングの場合，企業というよりは個人が起案者になることが多く，比較的少額の資金を獲得することを目指していることが多い点に特徴があります。

　アントレプレナーやスタートアップ企業が購入型クラウドファンディングを利用することの動機としては，製品やサービスの需要があるかどうかに関する情報を与えてくれるという点にあり，どのような消費者がターゲットとなりうるか，どれくらいの価格設定にすべきかといったマーケティング調査の意味合いも含まれると考えられます。

　これまでの研究によれば，購入型クラウドファンディングを通した資金獲得に成功するには，いくつかの鍵があることが明らかになっています。たとえば，アメリカをベースとするクラウドファンディング市場（会社）であるKickstarterにおいては，革新性が強いプロジェクトは支援者からすれば評価しづらく，複雑なプロジェクトは失敗する傾向があるという結果が示されています（Chan & Parhankangas, 2017）。また，Kickstarterだけでなく，Ulule，Eppela，Indiegogoといった購入型クラウドファンディングサイトに投稿された1000以上のプロジェクトのデータに基づいた別の研究においては，支援者に対する当該プロジェクトの説明において，目標を多く掲げることは成功確率を下げる効果がある一方で，プロジェクト掲載期間を長く設定するほど成功確率を高めることが明らかになっています（Cordova et al., 2015）。

図5-12　クラウドファンディング（購入型）の構造

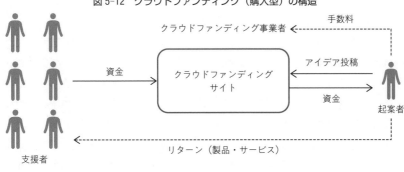

　クラウドファンディングの支援者はどのような参加動機を持っているのでしょうか。支援者の動機は大きく分けて，**内発的動機**（intrinsic motivation）と**外発的動機**（extrinsic motivation）の2つがあります（Kleemann et al., 2008）。前者は，趣旨や目的に賛同した当該プロジェクトが成功することによって喜びや楽しみを得ることを目的とした参加です。後者は，金銭や商品などのリターンを期待して参加する場合をさします。また，支援者の特徴として，購入型クラウドファンディングは，幅広い個人が支援者となることがわかっていますが，支援者の多くはエリート・ウェブユーザーと呼ばれる個人です。具体的には，平均的な支援者は高速インターネットを使用している中級から上級階級で，高学歴，既婚，中年，白人といった特徴があることが明らかになっています。

　クラウドファンディングには，他に寄付型クラウドファンディングや融資型クラウドファンディング，株式投資型クラウドファンディングなどのタイプがあります。日本クラウドファンディング協会「クラウドファンディング市場調査報告書」によれば，2020年の日本におけるクラウドファンディングの市場規模は約1700億円で，そのうち購入型は501億円，融資型は1125億円，株式投資型が9.2億円などとなっています。このうち，株式投資型クラウドファンディングは，未上場企業の店頭有価証券の発行により，インターネットを通じて投資ができる仕組みのことをさします[11]。アメリカでは新型コロナウイルス禍のもとで，年間資金調達額が一挙に500万ドル（約6億円）に拡大したように，多額の資金需要があるスタートアップ企業にとっては魅力のある資金調達方法として注目されています。ただし，日本では，年間の企業の資金調達額（1億円未満），投資家の同一企業への投資額（50万円以下）といった規制が厳し

いのが現状で，多くの資金を必要とする研究開発型スタートアップ企業にとって魅力に欠けるのが現状といえるでしょう。

　クラウドファンディングの一種である**イニシャル・コイン・オファリング**（initial coin offering：ICO）は，**仮想通貨**（token）の発行による新たな資金調達方法として注目されています。企業は，新たに発行する仮想通貨を，ビットコインなどの既存の仮想通貨で投資家に購入してもらうことを通して資金を調達することになります。セキュリティ・トークン・オファリング（STO）という，より安全な方法による調達方法も普及しつつあります。他方で，ICOには大きな課題があることが指摘されています。ICOの一部が詐欺（fraud）というレポートがあり，安全性には課題が残ります（Block et al., 2021）。欧米では比較的普及する傾向にあるものの，日本ではまだほとんど普及していません。

> **キーワード5-5　クラウドファンディング**
> インターネットを通して群衆から広く資金を調達する新しい金融サービスのことをいい，購入型，融資型，株式投資型などいくつかのタイプが存在します。

クラウドファンディングによる資金調達の「民主化」

　企業が生み出した新しいアイデアは必ずしも商業化に結びつくとは限りません（第2章第3節の「知識フィルター」の記述を参照のこと）。企業がイノベーションを商業化して製品やサービスとして市場に投入するには，一般的には多大な資金が必要になります。しかし，現実には，多くの人々にとって資金へのアクセスは容易なことではありません。特に，ある特定のグループによる創業時の資金調達において，より大きな困難に直面することが明らかにされています。たとえば，前節で取り上げたように，女性のアントレプレナーはより大きな資金制約に直面する傾向があります。クラウドファンディング市場の登場は，こうした**過小代表グループ**（underrepresented group）による資金調達を助ける役

---

11)　株式投資型クラウドファンディングを対象とした分析は国外では大きく進展しています。この方法による資金調達の成功要因に関する研究によれば，従来の資金調達の方法と同様に，人的資本や社会的資本，知的財産といった要素がスタートアップ企業のクオリティ・シグナルとして重要な役割を果たすことが明らかになっています（Ahlers et al., 2015）。加えて，従来型と異なる点として，リスクに関する情報のディスクロージャーがプロジェクトの資金調達成功の確率を高めることが示されています。

割を持つと考えられます。クラウドファンディングは，**資金調達の民主化**（democratization of finance）の手段として大いに期待が寄せられています（Mollick & Robb, 2016）。

実際に，クラウドファンディングによって資金調達の「民主化」が実現しているのでしょうか。たとえば，クラウドファンディング市場 Kickstarter における男女間の資金調達の違いに注目した研究によれば，事業分野によって異なるものの，いくつかの分野（フィルムやビデオ）において女性の参加比率が非常に高いことが明らかにされています（Gafni et al., 2021）。また，この研究では，資金調達の目標額の設定に男女間で明確な違いがなく，資金調達の成功率は男性より女性の方が高いことが示されています[12]。

興味深いのは，この結果の背景として，伝統的な金融市場と比較してクラウドファンディング市場の支援者（資金の供給側）の女性比率が非常に高い点があげられています。女性アントレプレナーは，男性よりも女性の支援者によって支援される傾向が強いことが明らかになっています。したがって，クラウドファンディングによる資金調達の民主化は，支援を受ける側だけでなく，支援者側の裾野を広げるという点においても起こっていることを示唆しています。

クラウドファンディングによる資金調達の民主化の波は，女性だけでなく，他の過小代表グループにおいても起こっていることが明らかにされています。たとえば，イギリスの株式投資型クラウドファンディング市場を対象に取り組まれた研究があります（Cumming et al., 2021）。この研究によれば，若いアントレプレナーや都市部から離れた場所に立地するスタートアップ企業は，IPO を通した資本市場よりも，クラウドファンディング市場を通して資金調達を実現する可能性が高いという結果が示されています。VC によるスタートアップ企業に対する投資は，ハイテク分野やある特定の地域に集中している傾向があります。結果として，都市部以外に立地する小売，対個人サービスなどの分野のスタートアップ企業は資金調達において苦労することが知られています。このような分野的あるいは地理的な資金調達ギャップをクラウドファンディングが埋めるかどうかについて，Kickstarter からのデータに基づいて検証した研究があります（Stevenson et al., 2019）。この研究によれば，VC 市場が対象としな

---

12)　女性による資金調達の成功率に関しては，他のクラウドファンディングの実証研究でも同様の結果が報告されています（Greenberg & Mollick, 2017）。

い小売や対個人サービスなどの分野およびハイテク分野がひしめく地域以外において，クラウドファンディング市場が浸透していることが明らかにされています。

　これらの結果からは，クラウドファンディング市場の登場は，アントレプレナーにとっての創業の壁を低くし，新しい企業の登場を後押しするうえで大きな役割を果たしていることがわかります。特に，創業希望者が右肩下がりで減少している日本においては，クラウドファンディングによる資金調達の民主化によって創業活動が広がることに期待がかかります。

クラウドファンディング実施企業のその後

　クラウドファンディング市場の登場によって創業時の資金調達の民主化が進むことが期待されています。他方で，クラウドファンディングを通して資金調達を実現した後，企業は事業をうまく進めていけるのでしょうか。VC から投資を受ける場合，ハンズオンによるコーチングなどを通して企業は投資家と一緒に成長を目指すことになります。他方で，クラウドファンディングの場合は，投資家が投資先企業に対して付加価値を与えることは期待できないかもしれません。クラウドファンディングを通した資金調達を実施した企業の「その後」を考えていきます。

　まず，ドイツにおける株式投資型クラウドファンディング（equity crowd-funding：ECF）のデータを用いた研究について紹介します（Blaseg et al., 2021）。この研究は，ECF を利用するスタートアップ企業が，ECF を利用しない企業と比べて資金調達後のパフォーマンスにおいて優れているのかという仮説を検証しています。傾向スコアマッチングという手法を用いて，ECF 利用企業と類似した特性（産業分類，設立年など）を持つ ECF 非利用企業を抽出したうえで分析されています[13]。

　まず，①ECF 利用企業は非利用企業と比べて，規模が小さく，流動性が低く，財務パフォーマンスが悪く，レバレッジ（総資産に対する負債比率）が高い，②ECF 利用企業は非利用企業と比べて，信用格付けが低い，という結果が示

---

13)　ECF 利用企業と ECF 非利用企業は企業属性が大きく異なるため，単純にこれらの企業間で創業後のパフォーマンスの比較はできません。したがって，傾向スコアマッチングという方法によって，ECF 利用企業と同様の属性を持つ ECF 非利用企業を抽出したうえでパフォーマンスの比較が行われています。

図5-13　株式投資型クラウドファンディング利用企業と非利用企業の「事業失敗」確率の比較

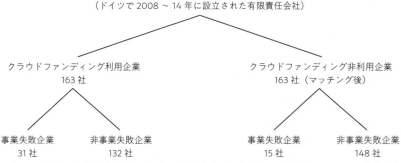

(注)　1.　2011年11月〜2015年12月の間に，ドイツにおける株式投資型クラウドファンディング（ECF）
大手4社（Companisto, Fundsters, Innovestment, Seedmatch）を利用した163社のデータが
用いられています。
　　　2.　ECF非利用企業については，*Orbis* や *Markus* といった企業情報データベースから収集されて
います。
　　　3.　事業失敗については2011〜16年の間までを観測期間としています。
(出所)　Blaseg et al. (2021).

されています。また，図5-13に示されているように，ECF利用企業163社の
うち事業で失敗した企業の数は31社であるのに対して，非利用企業163社の
うち事業失敗企業の数は15社でした。これらの結果は，さまざまな要因をコ
ントロールしても傾向に変化は見られませんでした。

　なぜECF利用企業はパフォーマンスの面で非利用企業に劣っているのでしょ
うか。この研究において，いくつかの理由が示されています。まず，資金調
達手段に関するペッキング・オーダー仮説で明らかになったように，企業は内
部金融を優先的に利用して，次に外部金融に移行しますが，その中でもECF
は最も優先順位が低いことがわかっています（Walthoff-Borm et al., 2018）。

　また，本章第2節で取り上げたように，VC投資家は，投資先企業に対して
のハンズオンを通して積極的に関与し，助言を与えたりネットワーク形成に寄
与したりして大きな役割を果たします。他方で，ECF投資家は，VC投資家な
どと比べると投資先を評価するために必要なスキルを保持していないため，投
資先企業に対して付加価値を与えることが難しいと考えられます。アントレプ
レナーから見れば，ECFによる資金調達という手段は相対的には魅力的では
なく，VC，銀行，エンジェル投資家などの伝統的方法による資金調達におい
て困っていない企業は選択しないと考えられます。さらに，ECF利用企業は，

業績不振の銀行と取引を行っている傾向があったことが示されており，このことが潜在的な投資家や取引先に対する負のシグナルとなることが指摘されています。

　しかし，これらの研究結果の解釈においてはいくつか留意点があります。まず，これらの研究をクラウドファンディング市場全体に一般化できるとは言い切れません。資金調達の条件は国や地域によって大きく異なりうることに加えて，クラウドファンディング市場のプラットフォーム間の違いも大きいかもしれないからです。また，クラウドファンディング市場は，創業時の資金調達の民主化への貢献が顕著であることからもわかるように，VC市場のような伝統的な金融市場とは役割が異なるからです。クラウドファンディングは，アントレプレナーによる創業の壁を低くし，創業活動の裾野を広げるうえでの役割を果たしています。

　第8章や第9章で取り上げるように，アントレプレナーの人的資本の水準が高まるにつれて，彼らの事業の成功確率が高まることが知られています。アントレプレナーは，人的資本の向上に寄与する創業経験を積むことで，次の創業において成功する可能性が高まるかもしれません。アントレプレナーにとって最初の創業でうまくいかないとしても，次の創業につながるかもしれません。この意味では，クラウドファンディング市場の役割は，創業を目指しているものの資金面でそれが叶わないアントレプレナーの出発を後押しする存在であるといえるでしょう。クラウドファンディングを通してアントレプレナーのキャリアをスタートさせ，創業経験を積むことでその後ステップアップしていく可能性があることを忘れてはいけません。

　さらにいえば，クラウドファンディング市場は発展途上であることに加えて，すでに議論したように日本国内では強い規制が残っていることが大きな課題といえるでしょう。特に，多額の資金を必要とする研究開発型スタートアップ企業にとっては，現在の日本の規制のもとではクラウドファンディング市場から必要な資金が調達できず，魅力的には映らないかもしれません。

　このように，クラウドファンディング市場における資金調達を評価する際は，これまでの伝統的な資金調達方法とは大きく異なる背景を持っているということに注意しなければなりません。

本章のまとめ

1. アントレプレナーは創業時に思うように資金や取引先を確保できず，多くの課題に直面すると考えられます。その背景には「情報の非対称性」の問題があり，「逆淘汰」や「モラル・ハザード」を引き起こします。

2. 企業は創業時の資金調達方法として，創業者自身，家族・親族からの調達，友人・知人からの調達を含めて内部金融に依存する傾向があります。また，スタートアップ企業は資本コストの低い内部金融をまず選択して，それでも足りない場合に外部金融に移行すると考えられています。

3. スタートアップ企業の資金調達においては，いくつかの要素が関係しています。アントレプレナーの過去の創業経験の有無など人的資本の水準やアントレプレナーの性別が資金調達に影響することがわかっています。

4. 近年，クラウドファンディングやイニシャル・コイン・オファリングといった新しい資金調達の方法が登場しました。これらの登場によって，創業のための資金調達が「民主化」する傾向にあり，より多くの人が創業あるいはそれに対して投資することを可能にしました。

ディスカッションのための問題

1. アントレプレナーが創業時に直面する課題をあげてみましょう。また，その課題が発生する背景を考えてみましょう。

2. スタートアップ企業はどのような方法で資金調達を行うのでしょうか。最も多く利用される方法をあげてみましょう。また，スタートアップ企業が成長していくに従って，どのように資金調達方法が変わっていくのでしょうか。

3. 実際のスタートアップ企業を調査して，どのような企業が多額の資金調達に成功しているのか調べてみましょう。本書の巻末にある「付録『スタートアップの経済学』のための学習ガイド」を参考にしてください。

4. クラウドファンディング市場において，どのような製品やサービスを持つ企業（アントレプレナー）が資金調達を行っているか調べてみましょう。上記同様，学習ガイドを参考にしてください。

組織と戦略のデザイン

誰とチームを組み，いかなる策をとるのか

第6章

本章のテーマ

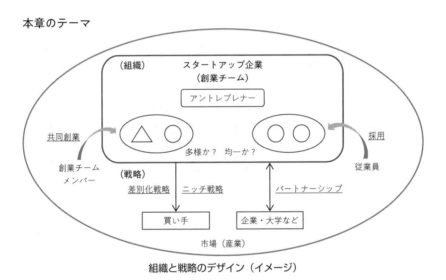

組織と戦略のデザイン（イメージ）

1. 創業時にはどのように組織をデザインするのか？
2. 誰を創業チームに加えるのか？
3. スタートアップ企業はどのような戦略をとるのか？

1 創業時の組織デザイン

創業を準備するアントレプレナーにとって重要な意思決定の1つが組織のデザインです。どのような組織デザインが望ましいのでしょうか。

まず，アントレプレナーは単独で創業すべきか，それとも他の誰かと共同で創業すべきかを決めなければなりません。単独創業か共同創業かを決める要因として，人的資本，社会的資本および金融資本の3つの資本が関係していることが指摘されています（Wasserman, 2012）。たとえば，アントレプレナー個人が持つ技術的な経験が豊富であったとしても，営業，マーケティング，財務などの面で経験が乏しいかもしれません。また，アントレプレナー個人が持つ社会的資本が限定的である場合や，必要な資金（自己資金）を調達できない場合もあります。このようなアントレプレナーは，不足する資本を持つ共同創業者から恩恵を受けられるでしょう。逆に，これらの資本を十分に備えているアントレプレナーにとっては，わざわざ共同創業者を見つける必要はないかもしれません。

典型的には，アントレプレナーは誰かと共同で事業を立ち上げます（Kamm et al., 1990）。共同で事業を立ち上げる2人以上の組織は**創業チーム**（founding team）と呼ばれます。図6-1で示されているように，創業チームの規模は2名から3名が多く，単独創業は少数派といえそうです。たとえば，Meta（Facebook）のCEOを務めるマーク・ザッカーバーグは，エデュアルド・サヴェリンやダスティン・モスコヴィッツら数人と共同で創業したことが知られています。他方で，Amazon.comのCEOであるジェフ・ベゾスは単独創業であったことが知られています。

スタートアップ企業にとって，単独創業と共同創業のどちらが望ましいのでしょうか。いくつかの研究がこの問いに取り組んでいます。オランダのスタートアップ企業を対象にした研究は，共同創業されたスタートアップ企業は単独創業の場合と比べて，創業直後のパフォーマンスが優れていることを示しています（Stam & Schutjens, 2005）。最近の研究によれば，イギリスの株式投資型クラウドファンディングにおいて，単独創業よりも共同創業を選択したアントレプレナーの方が資金調達に成功する確率が高いことが示されています（Coakley et al., 2022）。カナダにおける独立発明家を対象にした研究は，発明者

図6-1　テクノロジー・ライフサイエンスのスタートアップ企業における創業チーム規模

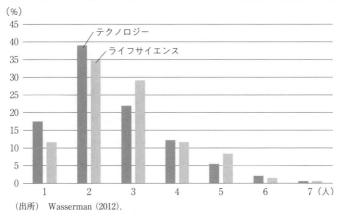

（出所）　Wasserman（2012）.

兼アントレプレナーが発明した技術を商業化する段階で共同創業者がいること
が重要であることを明らかにしています（Åstebro & Serrano, 2015）。この研究
からは，補完的資産や金融資本を持っているパートナーがいる場合に，アント
レプレナーによる発明の商業化の確率と商業化による売上をともに大きく高め
ることが示されています。特に，パートナーが持つ補完的資産は，金融資本よ
りも重要な役割を果たすことが示唆されています。

　創業時は共同創業を通してメンバー間で不足する資源や能力を補完し合える
メリットが多い一方で，創業後にはメンバー間のコミュニケーションや調整に
おいて衝突が生じやすいという課題も指摘されています。アメリカのクラウド
ファンディングで資金調達に成功したスタートアップ企業を対象とした研究に
よれば，売上や生存確率の点において成功しやすいのは，共同創業した場合で
はなくアントレプレナー単独で創業した企業であったことが明らかにされてい
ます（Greenberg & Mollick, 2018）。

> **キーワード6-1　創業チーム**
> 企業（事業）を立ち上げるための，2人以上のメンバーからなる組織のことを
> いいます。

創業チームの重要性

　創業チームは，スタートアップ企業の戦略やパフォーマンスに対してどのよ

うな影響を与えるのでしょうか。創業チームの重要性に関する議論においては，**アッパー・エシュロン理論**（upper echelons theory）が大きな影響を与えてきました（Hambrick & Mason, 1984）。組織の上層部を意味する「アッパー・エシュロン」が組織のパフォーマンスにおいて重要な役割を果たすことに注目した理論です。この理論は，① 上層部は戦略的状況において個人的な解釈に基づいて行動する，② 個人的な解釈は，上層部の経験，価値観，個性によって決まる，という 2 つの前提に基づいています（Hambrick, 2007）。

　この理論の背景にあるのは**限定合理性**（bounded rationality）です。つまり，個人の認知能力には限界があり，限られた合理性しか持ち合わせていないため，情報が複雑で不確実な状況における意思決定は個人的な解釈に基づいて行われることが指摘されています。この理論の基本的なアイデアは，組織の行動やパフォーマンスを理解したいならば，組織の中で最も力を持つ上層部のバイアスや気質を考えるべきであるというものです。

　アッパー・エシュロン理論を検証するうえでは，本来は上層部の心理的・社会的な要素を捉えたいところですが，これらを観察・測定することは困難です。したがって，これまでの研究の多くは，企業の戦略的行動に影響を与えると考えられる上層部の職種経験，学歴，勤務先，年齢のような観察しやすい特性に注目してきました。図 6-2 で描かれているのは，アッパー・エシュロン理論の分析フレームワークです。上層部の特性がイノベーション，多角化などの企業の戦略的選択（行動）に影響を与え，結果として収益性や成長などのパフォーマンスを決定するということが示されています。

　この理論が示唆するように，誰をチームメンバーとするかという意思決定はその後の企業の戦略やパフォーマンスに大きく影響する可能性があります。

> **キーワード 6-2　アッパー・エシュロン理論**
> 個人の認知能力には限界があり，組織の上層部を意味する「アッパー・エシュロン」の個人的な解釈に基づいて意思決定が行われることがあるため，上層部が組織のパフォーマンスを決めるうえで重要な役割を果たすことに注目する理論をいいます。

創業チームの特性

　アントレプレナーが創業チームを結成するとき，誰をメンバーとして迎え入

図6-2　アッパー・エシュロン理論の分析フレームワーク

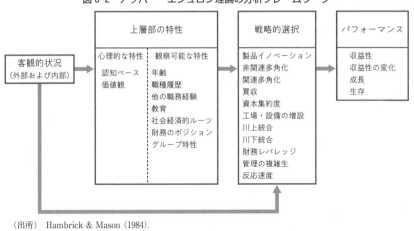

（出所）　Hambrick & Mason（1984）.

れるのかという意思決定に直面します。創業チームの特性が企業行動やパフォーマンスに与える影響について，創業チームメンバーの人的資本，創業チームの規模，および創業チームの構成（異質性）という３つの視点から考えます。

　まず，創業チームメンバーの人的資本についてです。創業チームメンバーが高い水準の知識やスキルを持っていれば，業務上適切な判断ができると考えられます。たとえば，創業前に類似の業界で勤務してきたメンバーは，多くの業界特有の知識を有しているはずです。したがって，創業チームメンバーの人的資本の水準が高い企業のパフォーマンスは，他の企業と比べて優れているかもしれません。実際に，創業チームメンバーの平均的な人的資本の水準の高さがパフォーマンスの向上につながる傾向にあります（Colombo & Griili, 2005；Delmar & Shane, 2006）。

　また，創業チームのメンバーが多いことは高い労働力を持つことを意味します。したがって，限られた人数で製造，マーケティング，資金調達など多くの業務をこなさないといけないスタートアップ企業にとっては，創業チームのメンバーが多いことで各部門における業務を効率よく遂行できる可能性が高まるでしょう。また，創業チームメンバーが多いほど，お互いに持っていない資源や能力を補完してくれる可能性が高まるかもしれません。

　他方で，創業チームメンバーが多いことの負の側面も存在することが指摘されています（Ucbasaran et al., 2003）。たとえば，チームメンバーの数が増える

ほど多様な意見が出てくる傾向にあり，メンバー間のコンフリクトを発生させるかもしれません。創業チームの規模が拡大することで，メンバー間の意見の調整や統合のためのコストが増大する可能性もあります。しかし，実際の効果については，多くの研究が創業チームの規模が大きい方が成功しやすいことを示しています（Eisenhardt & Schoonhoven, 1990；Beckman, 2006）。

　次に，スタートアップ企業の創業チームの構成を考えてみましょう。アメリカを対象とした研究によれば，創業チームのようなタスクグループは性別，国籍，人種などの類似した属性を持つ個人から構成されるという**同類性**（homophily）によって特徴づけられる傾向にあります（Ruef et al., 2003）。この研究では，男性あるいは女性のみのチームが多いこと，人種面での同類性は性別以上に強いこと（特にマイノリティ・グループにおいて強いこと）などが明らかにされています。他方で，多様なスキルを持つメンバーで構成される傾向にあることが示されています。また，過去のネットワーク上のつながりがこのような同類性や多様性に影響を与えることが見出されています。

　このような創業チームの特性は，スタートアップ企業の行動やその成果にどのような影響を与えるのでしょうか。表6-1は，創業チームメンバーのバックグラウンド（過去の学歴や職歴）が多様な場合と均一な場合の相違をまとめています。まず，創業チームのメンバーが多様なバックグラウンドを持っている場合があります。たとえば，外部の情報へアクセスするうえで，多様な勤務経験を持つメンバーで構成される創業チームは有利になると考えられます。幅広いネットワークを通して企業は多くの情報を手に入れることが可能となります。イノベーションは異なる知識同士の組み合わせによって生じやすいため，メンバーの創業前の勤務先が多様なチームは，新しい視点や知識を組織に与えるでしょう。したがって，このようなチームからは，ユニークなアイデアが生まれやすく，探索的な戦略がとられやすく，ラディカルなアイデアが起こりやすいことが示唆されています（Beckman, 2006）。

　他方で，均一なバックグラウンドを持つメンバーからなる創業チームはどうでしょうか。社会的資本が小さいため，外部の情報へのアクセスが限定的であると考えられます。他方で，たとえば，共通の職務経験を有するメンバーが多く含まれるチームは，メンバー間で共通の言語や文化を持っているためにコミュニケーションが取りやすく，調整や信頼を形成するのに時間をかける必要がありません。チーム内の共通性は，既存のプロセスや実践における効率や改善

表 6-1　創業チームの構成と機能的特徴

創業チームの構成	多様なバックグラウンド	均一なバックグラウンド
社会的資本	大きい	小さい
調整コスト	大きい	小さい
意思決定スピード	遅い	早い
戦略（アイデア）	ラディカル（探索的）	インクリメンタル（深化的）

を手助けすることが知られています（March, 1991）。結果として，このようなチームにおいては，組織の意思決定が迅速で業務の遂行がスムーズに行われやすいといえるでしょう。

　実際に，過去に一緒に勤務した経験を持つチームは，そうでないチームと比べて信頼を形成しやすいことが明らかにされています（Goodstein & O'Reilly, 1988）。このような創業チームを持つ企業は，当初のアイデアを大胆に変更したり革新的なアイデアが提起されることは少なく，過去の戦略を改善していくための深化的なアイデアが追求されると考えられます。

　多様性を持つチームと均一性を持つチームのどちらが望ましいのでしょうか。これまでの研究によれば，スタートアップ企業が成長するうえでどちらの要素も重要で，ある程度多様なバックグラウンドを持つメンバーからなり，かつ，共通した経験を有するメンバーも一定数いる創業チームが望ましいことが示唆されています（Beckman, 2006）。

2　スタートアップ企業における人材面の課題

　アントレプレナーが直面する人材に関する課題を考えます。企業の成長プロセスにおいて，創業時のチームメンバーに対する富の配分から始まり，従業員の採用，経営者の交代というように課題が移り変わっていきます。

創業チームメンバーに対する富の分配

　アントレプレナーは，創業チームのメンバーに対して，富をどのように分配するかという問題に直面します。図6-3で描かれているように，会社設立後，企業は創業チームメンバー間の出資比率を決定しなければなりません。また，成長するに従って，非創業チームメンバーの役員が加わったり，VCから出資を受けたりするたびに，出資比率について意思決定しなければなりません。企業は，創業間もないころ，売上を通した収入が十分にないため，創業メンバーの自己資金を消費しつつ，何とか企業を維持していかなければなりません。創業時には，創業チームメンバーの金銭的報酬は限定的であり，エクイティ（株主資本）が彼らの報酬として重要な位置を占めます（Balkin & Swift, 2006）。スタートアップ企業においては，創業チームメンバーに対して，エクイティをどのように分配するかは非常に重大な課題となります（Hellmann & Wasserman, 2017）。エクイティは，スタートアップ企業の成功によって，創業チームメンバーが将来手にする可能性がある富であるといえるでしょう。

　エクイティは，富の分配の手段としてだけでなく，企業の支配権と関連しています。過半数のエクイティを保有することは，企業を支配することを意味します。したがって，創業チームメンバーへのエクイティの分配に関する意思決定は，感情的になりやすく，創業チームメンバーが不公平と感じる分配は，チームワークを損なう可能性が高いと指摘されています（Ensley et al., 2002）。アントレプレナーにとっては，創業チームメンバー，従業員，投資家といった人たちの持つ人的資本，社会的資本，金融資本を受け入れることは重要である一方で，それと引き換えに所有権や意思決定の支配という面が犠牲になる可能性があります（Wasserman, 2017）。したがって，アントレプレナーは，自身が会社を支配する力を保持したい一方で，外部の資源に依存しなければならないというジレンマに直面します。

　創業チームメンバー間，あるいは，創業チームメンバーとVCなどの資金提供者との間のエクイティの分配問題について実際のデータを用いた分析が行われてきました。たとえば，創業チームメンバー間の創業時のエクイティの出資比率として，公平性を重視する「均等分割」（1/nルールを採用し，創業者株を均等に配分するチーム）と効率性を重視する「不均等分割」を採用する企業の間の相違に着目した研究があります（Hellmann & Wasserman, 2017）。この研究にお

図 6-3 スタートアップ企業における主要な報酬に関する意思決定のタイムライン

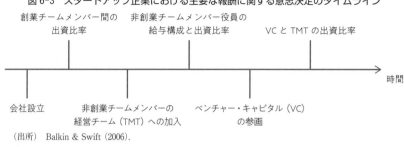

（出所）　Balkin & Swift（2006）.

いては，サンプルとして用いられたアメリカのスタートアップ企業のうち32％において，創業チームメンバー間でエクイティを均等分割していることが明らかにされています。この研究での重要な発見は，創業チームメンバー間でエクイティを均等分割したスタートアップ企業は，不均等分割を行った企業に比べて，外部資金，特にVCからの資金の調達がより困難であったことが示されていることです。

　なぜ均等分割はVCのような外部の資金提供者を引きつけないのでしょうか。同研究からは，結果の**不平等回避**（inequality aversion）を好む傾向が強い創業チームは，チーム内で交渉する能力や困難な問題に対処する能力が欠けていると見られていることが示唆されています。実際に，交渉に時間をかけるチームほど，不均等な分割を行う可能性が高いことが明らかになっています[1]。創業チームメンバーたちは，自分たちの出資比率の決定は自分たちだけの問題だと考えるかもしれませんが，それは外部の資金提供者の投資の意思決定に対して重要な影響を与えている可能性を示しています。

　創業チームメンバー同士の「最初の取引」である出資比率の決定は，その先に待ち受けているトラブルの最初の兆候と関係しているかもしれません。今後の戦略や創業チーム内での役割，お互いに考えていることなどについて真剣な対話をしないことは短期的には楽かもしれませんが，会社の長期的な健全性の観点からは正しくないことが指摘されています（Wasserman & Hellmann, 2016）。

1）　エクイティの分割に不満があると答えた創業チームメンバーの割合は，スタートアップ企業が成熟するにつれて2.5倍に増加することが明らかになっています（Wasserman & Hellmann, 2016）。

従業員の採用

　スタートアップ企業における従業員の採用はどのような特徴を持っているの
でしょうか。まず，スタートアップ企業における従業員の雇用は既存企業と何
が違うのかについて考えます。

　スタートアップにおける従業員の採用は，既存企業とは大きく異なることが
指摘されています（Aldrich et al., 2020）。既存企業においては，組織と個人の生
活が明確に分離されています。また，既存企業は，採用候補者が持つスキルや
経験に基づいて選考を行い，雇用するかどうかについて決定します。従業員の
間では明確な分業体制がとられ，ルールに基づく勤務管理が行われます。

　他方で，典型的なスタートアップ企業においては，従業員の選考基準として
文化的なフィット，長期的なポテンシャル，多様で責任を有するポジションを
担えるかどうかといった点が重視されます。言い換えれば，大企業ではスペシ
ャリストが求められ，スタートアップ企業ではジェネラリストが求められてい
るといえるでしょう。また，スタートアップ企業にとっては，これまでに採用
の経験がなく，従業員を採用するための予算が十分になく，将来の事業の不確
実性があるため，適切な従業員を採用できるかどうか定かではありません。

　スタートアップ企業が最初の従業員を採用することには，いくつかのベネフ
ィットとコストが伴います（Coad et al., 2017）。スタートアップ企業が従業員を
雇用する際のベネフィットとして，不足する人的資源を補うことができるとい
う点があげられます。より多くの人的資源を有するスタートアップ企業は，直
面する不確実性を適切に対処でき，優れたパフォーマンスを発揮することが明
らかになっています（Shane, 2003；Cardon & Stevens, 2004）。他方で，従業員を
雇用することで，給与システムの構築，各種保険への加入などに加えて，創業
者が従業員を教育することによる機会費用といったさまざまなコストを負担す
ることになります。しかし，企業の成長に伴って雇用する従業員が増えること
で，雇用の平均的なコストは小さくなると考えられます。

　また，スタートアップ企業の採用にはいくつかの課題があります。スタート
アップ企業は組織として未だ評判や認識が確立しておらず，取引履歴がないた
めに，**組織の正統性**（organizational legitimacy）を欠くことになります。求職者
にとっては，スタートアップ企業がどのような事業を行っているかについての
信頼できる情報が不足する傾向にあります。つまり，労働市場においてはスタ

ートアップ企業と求職者の間に情報の非対称性が存在します。

　さらに，スタートアップ企業は，従業員にとって魅力ある高賃金を支払える
わけでもなく，ジョブトレーニングや雇用保証などの賃金以外のベネフィット
が大きいわけでもありません。実際に，アメリカのスタートアップ企業を対象
にした調査によれば，対象企業のうち従業員に対する健康保険や退職金制度が
整備されている比率は 10% にも満たず，創業後 6 年経過しても大きく変わら
ないことが示されています（Litwin & Phan, 2013）。一般的に，求職者にとって
は，スタートアップ企業を含めた小企業に比べて，職務内容が明確で企業イメ
ージが良く評判が高い大企業の方が魅力的に映る傾向にあります（Barber et
al., 1999）。したがって，スタートアップ企業は採用市場で人材を確保すること
は容易ではありません。

　これらの課題を背景に，スタートアップ企業は既存企業とは異なる採用方法
をとることが知られています。既存企業では外部の人材仲介会社を通した公募
といったフォーマルな採用活動が行われる一方で，多くのスタートアップ企業
は人事部門を持っておらずアントレプレナー自身の社会的ネットワークに頼っ
たり，現在の従業員に推薦してもらったりとインフォーマルな採用活動を行い
ます（Carroll et al., 1999）。社会的ネットワークを通した採用プロセスは，信頼
できる知り合いを通してスタートアップ企業に関する私的情報が求職者に伝わ
りやすいというメリットがあります（Shane & Cable, 2002）。

　図 6-4 で示されているように，スタートアップ企業の採用プロセスは，創業
当初はアントレプレナーの社会的ネットワークを通して行われます。この方法
は，採用側と採用される側のニーズのフィットへつながることが指摘されてい
ます（Brass, 1995）。また，成長するに従って事業ネットワークを通した方法
にシフトしていく傾向があります。創業時の社会的ネットワークを通したジョ
ブ・マッチングでは，スタートアップ企業で働きたい個人は，職務保証や高い
賃金を重視していない一方で，自主性と独立性や重要な職務を担えるかどうか
という非経済的な点に働きがいを見出していることが明らかになっています
（Sauermann, 2018）。つまり，スタートアップ企業の従業員は既存企業の従業員
とは異なる動機を持っているといえるでしょう。

　次に，どのようなスタートアップ企業が従業員を採用しようとするのかとい
う点に移ります。労働市場における求職者との間に情報の非対称性が存在する
状況においては，スタートアップ企業の採用活動は簡単にはいきません。この

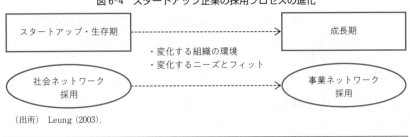

図6-4　スタートアップ企業の採用プロセスの進化

（出所）　Leung（2003）.

点については，アントレプレナーの過去の創業経験や高い学歴といった個人属性が重要な役割を果たすことが明らかになっています（Coad et al., 2017）。言い換えれば，アントレプレナーの人的資本の水準が労働市場における求職者に対しての重要なシグナルとなります。

　さらに，誰を雇用するのかについて考えます。一般的な見方は，スタートアップ企業の従業員は，アウトサイド・オプション（他の選択肢）をあまり持たず，労働市場において競争力を持たない個人である可能性が高いというものです。スタートアップ企業は資金制約が大きいため，固定費用を最小化することを念頭に置いて採用します（Aldrich et al., 2020）。コアとなる労働力は正規従業員として雇い，あとは非正規従業員とする傾向があります。また，派遣会社を通して従業員を雇用します。これにより，採用コスト，勤務管理などの取引費用を外部化することができます。ただし，非正規従業員の雇用はコスト節約の観点からは望ましい一方で，経営企画，マーケティングあるいは研究開発といった企業にとって長期的な視点が必要なコアな職務は正規従業員が担当する必要があるでしょう。

　また，非正規従業員を雇用することのベネフィットとして，労働費用を節約できるだけでなく，変動する需要条件（たとえば，新型コロナウイルス禍，金融危機など）に適応しやすいという点があげられます。他方で，このような従業員は，企業特殊的な知識・能力を蓄積できないだけでなく，企業に対する長期的なコミットメントや忠誠心を得られないという課題が残ります。したがって，コアなメンバーとしての正規従業員と労働力としての非正規従業員をバランスよく雇用することがパフォーマンス向上にとって重要になるといえそうです。実際に，日本のスタートアップ企業のデータを用いた研究によれば，非正規従業員を一定程度利用することでイノベーション・パフォーマンスは改善する一

方で，彼らへの過度な依存はパフォーマンスを低下させることが明らかになっています（Kato & Zhou, 2018）。

創業者 CEO から後継者への交代

　創業時の最高経営責任者（CEO）は，**創業者 CEO**（founder-CEO）と呼ばれます。創業者 CEO が創業後長い期間そのポジションにとどまる場合もあれば，早々に後継者にバトンタッチする場合があります。事業を始めることと企業を管理することとは大きな違いがあり，スタートアップ企業が成長するにつれて経営者に求められる経営スキルは変化していきます（Gao & Jain, 2012）。この点では，創業者 CEO が事業を維持して成長させるための経営スキルを持っていなければ，そのようなスキルを持つ後継者に交代することが企業の繁栄にとっては望ましいかもしれません。

　実際，成長を続けているスタートアップ企業において創業者 CEO が退任するケースがたびたび見られます。たとえば，2021 年末に，急成長を続けるユニコーン企業の 1 つである SmartHR から創業者 CEO（宮田昇始氏）の退任が発表されました。創業者 CEO は，自身のブログで退任の理由について，自身が環境の変化に適応できなくなったことをあげ，さらなる成長に向けての交代であることを明らかにしています。

　成長を続けるスタートアップ企業において，なぜ経営者の交代が起こるのでしょうか。創業者 CEO は後継者 CEO と比べて，どのような強みや弱みを持っているのでしょうか。まず，創業者 CEO の強みとして，創業から一貫して経営に関与しているため，企業特殊的な知識を持っていると考えられます（He, 2008）。また，創業者 CEO は，企業のエクイティを高い比率で保持していることが多いため，所有者と経営者の間のエージェンシー問題を生じさせません（エージェンシー問題については第 5 章第 1 節を参照）。**スチュワードシップ理論**（stewardship theory）によれば，創業者 CEO は組織のスチュワード（執事）のように行動することで，個人ではなく組織の利益を追求する傾向があります（Davis et al., 1997）。創業者 CEO は後継者 CEO に比べて内発的な動機を持っているため，低い報酬であっても受け入れる傾向があることが明らかになっています（Wasserman, 2006）。

　さらに，創業者 CEO は，企業への心理的な愛着や組織への高い帰属意識（アイデンティティ）を持っています（Gao & Jain, 2011）。したがって，組織のベ

ネフィットよりも個人のベネフィットを達成しようとする傾向が弱くなり，創業者 CEO は組織へ悪影響を及ぼす可能性のある行動を避けようとすると考えられています (Lee et al., 2020)[2]。

　他方で，創業者 CEO は後継者 CEO に比べて弱みもあります。**組織のライフサイクル理論**（organizational life cycle theory）によれば，企業が進化・成長するにつれて求められる経営スタイルや能力は変化していきます (Gounopoulos & Pham, 2018)。創業時と成長期では必要な経営スキルが異なるとすれば，創業者 CEO から専門的な経営スキルを有する後継者 CEO に交代することは，企業のパフォーマンスを高めるうえで効果的だといえるでしょう。また，創業者 CEO は後継者 CEO と比較して，楽観性が強く，自社の評価において客観性に欠ける可能性があることが示唆されています (Certo et al., 2001)。創業者 CEO の中には，自己の利益のために創業していて，事業拡大のインセンティブが低い場合もあります。このような点から，創業者 CEO が経営するスタートアップ企業は，後継者 CEO が経営する場合よりも不利であるかもしれません。

　さらに，企業は，不測の事態や予期せぬ変化に対応するための柔軟性を必要とすることが議論されてきました (Zander, 2007)。創業者 CEO は，創業時のアイデアに固執する傾向があるため，創業後に市場環境が変化した際，柔軟に対応できない可能性があります。それに対して，後継者 CEO は，創業者 CEO とは異なる新たな経営資源や戦略を導入することで，それまでの企業の戦略的志向性を変化させる可能性が高いと考えられます。

CEO 交代の要因と結果

　CEO 交代の要因については，これまでいくつかの研究が取り組んできました。CEO 交代の頻度は，企業規模の拡大につれて増える一方で，CEO や役員が株主である場合，あるいは，研究開発のキャリアを持っている場合は減る傾向があります (Boeker & Karichalil, 2002)。また，製品開発や外部からの資金調達といったスタートアップ企業の節目となるイベントが創業者 CEO の交代確

---

2)　創業者 CEO は，**レジリエンス**（resilience）と呼ばれる，苦難や逆境に対してうまく適応して乗り越えられる能力を持っていると指摘されています (Santoro et al., 2020)。レジリエンスのような心理的資源は逆境下で重要な役割を果たします。したがって，創業者 CEO によって運営される企業は，それ以外の企業と比べて経済危機を乗り越えて生存していく可能性が高いことを見出した研究があります (Honjo & Kato, 2021)。

率を高めることを示す研究があります（Wasserman, 2003）。最近の研究からは，創業者 CEO の心理的属性に着目したものがあります（Lee et al., 2020）。この研究においては，創業者 CEO が持つ組織への帰属意識が高い場合は，CEO 交代が行われる確率が低いことが見出されています。組織への帰属意識が高いほど，自分の会社に強く愛着を持ち，CEO 職にとどまりたいという欲求や意図を持つことが指摘されています。

　ただし，企業が成長して新規株式公開（IPO）を行う段階まで進めば，創業チームメンバーの株式所有比率は低くなる傾向にあり，創業者 CEO の交代が企業のガバナンス構造に強く影響を受けることを見出した研究があります（Jain & Tabak, 2008）。この研究においては，IPO 時点で取締役会メンバーによる株式所有比率が高いようなインサイダーの支配下にある企業では，創業者 CEO の交代は起こりにくいという結果が示されています。逆にいえば，アウトサイダーの支配下にある企業においては創業者 CEO の交代が起こりやすいことを意味しています。

　創業者 CEO から後継者 CEO への交代は，企業パフォーマンスにどのような影響を与えるのでしょうか。アメリカにおける情報技術系のスタートアップ企業を対象とした研究は，CEO 職にとどまっているかどうかを含めて創業者の支配力に関する指標を構築したうえで，価値創出（株価および資金調達額）に対する影響について分析しています（Wasserman, 2017）。その結果，創業者が CEO 職にとどまっていたり，依然として支配力を保持している企業は，価値創出の程度が相対的に低いことが示されています。この結果の背景として，創業者が外部資源を取り入れることを怠っていることがあげられています。逆に，株式公開している企業に着目した研究からは，創業者 CEO によるマネジメントが後継者 CEO と比べて株式市場から高く評価される傾向があり（Nelson, 2003），財務パフォーマンスに関しても優れていることが示されています（He, 2008）。

　これらの点から，創業者 CEO から後継者 CEO への交代が企業パフォーマンスにどのような影響を与えるかについては必ずしも明確ではありません。さらなる研究が求められるテーマです。

コラム 6-1　「フラット型の階層」の神話は続いているのか

　これまでスタートアップ企業に関して長年信じられている神話として，スタートアップ企業の組織はフラット型の階層（flatter hierarchy）を持つことが望ましいというものがあります。実際，アメリカのサンフランシスコに所在するソフトウェア開発企業の GitHub を含め，多くのスタートアップ企業の成功事例において，フラット型の階層組織がとられていたことが明らかになっています（Burton et al., 2017）。しかし，近年のいくつかの研究からは，フラット型の階層組織が必ずしも万能ではないという分析結果が示されています。

　まず，アメリカのビデオゲーム産業におけるスタートアップ企業を対象とした研究について紹介します（Lee, 2022b）。この研究においては，フラット型の階層組織を持つスタートアップ企業においては，「開発第 1 作目のゲームに対する批評家のレビュー評価」として測定される「創造的なアイデア」が生まれやすいことが示されています。逆に，階層レベルの多い組織を持つスタートアップ企業においては，創造的なアイデアが生まれにくい傾向があることが明らかにされています。逆に，高層型の階層を持つスタートアップ企業は，フラット型の階層組織を持つ場合と比べて，商業的な成功（販売個数として測定）をしやすいことが見出されています。この研究における議論に基づいて，これらの結果の背景について考えていきましょう。

　図 6-5 は，仮想的な 7 人の従業員を持つスタートアップ企業を考えた場合の（a）フラット型の階層組織，（b）高層型の階層組織を描いたもので，マネジャーのコントロール範囲（実線）と従業員の相互関係（破線）を表しています。フラット型の階層組織は，マネジャーはコントロール範囲が広く，その下の階層にいる従業員は多くの相互関係を有しています。他方で，高層型の階層組織では，マネジャーのコントロール範囲は狭い一方で，従業員の相互関係はフラット型の階層組織と比べると限定的であることがわかります。フラット型の階層組織は，階層を少なくすることで従業員間の相互関係を広げ，従業員により多くの自律性を与えます。また，このような組織は，形式的なルーチンを持たず，インフォーマルなコミュニケーションが活性化することで，お互いのアイデアの交換が促進されます。

　しかし，階層レベルが追加されることで，こういった従業員間の相互関係が閉ざされる可能性が高まると同時に，新しいアイデアが垂直的な命令系統を通じて処理されることになるため，マネジャーによって新規のアイデアがフィルタリングされるかもしれません。結果として，創造的なアイデアの創出におい

図6-5　フラット型と高層型の階層を持つ組織

(a)　フラット型の階層

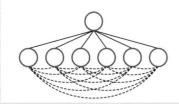

(b)　高層型の階層

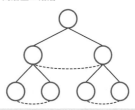

(出所)　Lee (2022b).

ては，フラット型の階層組織が望ましいということになります。

　ただし，フラット型の階層組織には落とし穴があることが指摘されています。組織のマネジャーは，部下への指示を担うだけでなく，組織の方向性を決定し，従業員間の対立を解決したりすることを通して，組織内の秩序を保つうえで重要な役割を果たします。ところが，フラット型の階層組織においては，マネジャーがコントロールすべき範囲が広すぎて，従業員間で対立した場合でも監督する役割を十分に担えないのです。部下が方向性を見失い，当てのない探索を続けることがあっても抑制が困難になるかもしれません。結果として，スタートアップ企業がフラットな階層組織を持つ場合，無秩序な業務遂行を招くために，商業的な成功を収めるには向いていないことが示されています。

　逆に，高層型の階層組織では，階層が増えることによって，マネジャーのコントロール範囲を狭め，部下に対して明確な指示を与えることができます。また，当てのない探索や対立を防ぐことによって，従業員によるアイデアの優先順位の方向づけなどがうまく機能するかもしれません。結果として，組織に階層を追加することが商業的な成功の可能性を高める傾向があることが見出されています。

　このように，アメリカのスタートアップ企業を対象とした当該研究は，フラット型の階層組織を持つことは，創造的アイデアの創出と商業的な成功のトレードオフに直面すると指摘しています。必ずしもアイデアが売上に結びつくとは限らないことを示唆しています。

　もう1つの類似した研究を紹介しておきましょう。ドイツのハイテク・スタートアップ企業を対象に，ミドルマネジャー（中間管理職）を置くことがイノベーション成果に結びつくかどうかについて検証した研究があります（Grimpe et al., 2019）。この研究は，ミドルマネジャーを置いているスタート

アップ企業は，そうでない企業と比べてプロダクト・イノベーションを多く創出していることを明らかにしています。この研究によれば，大企業ではミドルマネジャーはイノベーションの妨げになるかもしれないが，スタートアップ企業ではミドルマネジャーがいることでベネフィットがもたらされると指摘しています。スタートアップ企業では創業者が中心的な意思決定者であり，管理業務において過大な負担がかかりますが，ミドルマネジャーがいることでその負担を軽減することができ，創業者がイノベーティブな製品やサービスの創出に集中することができることが見出されています。

　これらの研究からは，スタートアップ企業の「フラット型の階層」は必ずしも万能ではないことが示唆されています。

3　スタートアップ企業の戦略デザイン

　スタートアップ企業は，新規性の不利益（および小規模性の不利益）のために，既存企業と比べて競争上不利になる傾向があります。資源や経験の乏しいスタートアップ企業は，どのような戦略を考えるべきなのでしょうか。図6-6で描かれているように，スタートアップ企業のような小企業が成長するためには「アントレプレナー」「企業」「戦略」の3つのすべての要素がうまく組み合わされることが重要であると指摘されています。これらの3つの要素それぞれの詳細は表6-2に示されています。

　「アントレプレナー」には，アントレプレナー自身の個人属性や創業時に有する資源が含まれます。たとえば，モチベーションのような心理的要素に加えて，失業（就業状態），教育（学歴），経営経験，年齢，性別などの個人属性が含まれます。「企業」には，企業の年齢（設立からの年数）や規模などの企業特性やセクター（産業）や立地のような企業が直面する事業環境などが含まれます。「戦略」には，従業員の職場訓練や経営陣に対する訓練といった人的資本への投資，外部からのエクイティ・ファイナンスによる資金調達，技術の洗練度や新しいプロダクトのようなイノベーション活動，あるいは市場における他社との差別化やニッチ戦略といった**市場でのポジショニング**（market positioning）が含まれています。また，戦略には，国のサポート，情報や助言，競争を含め

図 6-6　小企業における成長

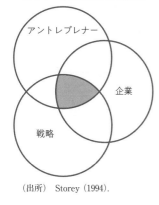

（出所）　Storey（1994）.

表 6-2　小企業の成長要因

アントレプレナー／資源		企業	戦略
1	モチベーション	年齢	職業訓練
2	失業	セクター	経営訓練
3	教育	法人形態	外部エクイティ
4	経営経験	立地	技術洗練度
5	創業メンバーの数	規模	市場でのポジショニング
6	自営業経験	所有	市場での調整
7	家族のヒストリー		計画
8	社会的周辺性		新しいプロダクト
9	機能的スキル		経営陣の調達
10	トレーニング		国のサポート
11	年齢		カスタマー集中度
12	事業の失敗経験		競争
13	セクター経験		情報と助言
14	企業規模別の経験		輸出
15	性別		

（出所）　Storey（1994）.

た市場条件といった直面する環境を生かす企業行動も含められています。本節では，スタートアップ企業の戦略として特に「市場でのポジショニング」としての差別化とニッチ戦略について考えていきます。さらに，上記の図表では明示的には取り上げられていませんが，スタートアップ企業にとって重要な戦略である「パートナーシップ戦略」について検討します。なお，「技術洗練度」や「新しいプロダクト」といったイノベーションに関わる戦略は次章で詳しく検討していきます。

差別化とニッチ戦略

　スタートアップ企業の戦略の方向性を考えるために，まず伝統的な事業戦略のフレームワークを考えてみましょう。図 6-7 に表されているのは，ポーターの基本戦略と呼ばれるものです。広範囲の事業領域における戦略として，他社との違いを追求する差別化戦略と低コストを追求するコスト・リーダーシップ戦略があげられます。他方で，事業活動の領域が限定的な戦略として，フォーカスと呼ばれる形がとられることがあります。これは，幅広い事業領域で活動するのではなく，あえて狭い範囲で活動することで差別化あるいはコスト・リーダーシップを追求する戦略をさします。

　スタートアップ企業のとるべき戦略として，まずは既存企業との競争を避け

図6-7 ポーターの基本戦略

(出所) Porter (1980) および淺羽・牛島 (2010)。

る戦略が考えられます。スタートアップ企業は，既存の市場に参入する場合は他社との競争に直面することになります。しかし，スタートアップ企業にとって，既存の競争相手と同じ製品やサービスを提供しても勝ち目はないでしょう。競争相手の多くはすでに多数の顧客を獲得して，確固としたブランド力を構築しているかもしれませんし，すでに効率的な生産方法を確立しているかもしれません。したがって，スタートアップ企業は，競争相手が提供している既存の製品やサービスと差別化された製品やサービスを提供することが重要になるでしょう。この意味では，新しいプロダクトを導入するなどイノベーションを通した差別化という視点も重要になるでしょう。

　また，スタートアップ企業は，ポーターの基本戦略のうちフォーカスの形をとることが多いと考えられます。スタートアップ企業を含む小企業にとって，既存企業が支配的な立場を確立している市場では，競争に打ち勝つことが容易ではないからです。競争相手が供給していない隙間（ニッチ）的な製品やサービスを提供するという意味で，**ニッチ戦略**（niche strategy）と呼ばれる戦略を採用する傾向にあります[3]。ニッチ戦略は，競争相手が供給していないという意味では競争を避けることができる一方で，狭い範囲の消費者をターゲットとして製品やサービスを提供することになります。言い換えれば，このような市場は需要が小さい可能性があります[4]。

　これまでの経済学の知見からは，マーケットシェア（市場占有率）と収益性

---

3)　三菱 UFJ リサーチ＆コンサルティングによる「市場攻略と知的財産戦略にかかるアンケート調査」（2008 年 12 月）によれば，中小企業は大企業と比べて，国内のニッチ市場を追求していると回答した企業の割合が高かったことが示されています。

には正の関係があることが明らかにされています（Mueller, 1986）。他方で，M. E. ポーターらによる**移動障壁**（mobility barrier）の研究によれば，市場への参入障壁が低い場合であっても，市場内で同じ戦略の方向性を持つグループが存在して，そのグループ間の移動が難しい場合があります（Caves & Porter, 1977）。このようなグループ内の企業は，高い収益性を維持することが可能であることが見出されています。実際，このポーターらによる主張を検証した研究において，小企業がニッチ市場を形成していて移動障壁によって守られているような産業においては，大企業と小企業の利潤率に明確な差がないことが示されています（Bradburd & Ross, 1989）。また，興味深いことに，イギリスの自動車産業を対象にした研究からは，創業時点のニッチ（サブマーケット）の選択がその後の企業の生存確率に決定的な影響を持つことが明らかにされています（Rong et al., 2018）。

　ニッチ戦略は，**先発者の優位性**と関連しています。市場にいち早く参入した**先発者**（first mover）は，**学習効果**，**ネットワーク外部性**，**スイッチング・コスト**など多くの面において，**後発者**（late mover）に比べて優位であると考えられています（Lieberman & Montgomery, 1988）。先発者は，後で他社が参入してきた時点では，すでに学習を通して効率的な操業が可能になっているかもしれません。また，ユーザーの数が増えれば増えるほどユーザーにとってのベネフィットが高まるようなネットワーク外部性が働く産業（たとえば電話などの通信産業）においては，先発者の優位性が顕著になる傾向があります。とりわけ，製品やサービスを実際に利用することでしかその品質を確認することができない**経験財**（たとえば化粧品）においては，先発者の顧客は後発者の製品やサービスにスイッチすることをためらうことになるでしょう。顧客にとっては，スイッチすることで品質の不確実性を含めて大きなコストがかかるからです。

　ニッチ戦略は，既存企業が進出していないカテゴリーに進出することをさしているため，進出した企業が先発者になることを意味します。したがって，先

4）　ニッチ戦略と類似した戦略として，**柔道ストラテジー**（Judo strategy）と呼ばれるものがあります（Yoffie & Kwak, 2001；Besanko et al., 2010）。スタートアップ企業が自発的に供給能力を小規模に維持し，拡大の意図がないことを既存企業に信じてもらうことで，既存企業からの報復を受けないようにする戦略のことをさします。「柔よく剛を制す」ことが重要といわれる柔道にたとえて，柔道ストラテジーと呼ばれています。この戦略に関する詳細は，たとえば淺羽（2004）の第10章を参照してください。

発者の優位性を享受することができるかもしれません。他方で，先発者は，技術や市場の不確実性に直面する可能性があり，後発者に比べて不利である可能性も否定できません（Lieberman & Montgomery, 1998）。

> **キーワード6-3　ニッチ戦略**
> 競争相手がいない隙間（ニッチ）的な製品やサービスを提供する戦略のことをいいます。この戦略では競争を避けることができる一方で，典型的には狭い範囲の消費者をターゲットとして製品やサービスを提供することになります。

パートナーシップの戦略

　スタートアップ企業は，新しい事業を始めるにあたり，必要となる資金，人材，その他の経営資源が不足しがちです。情報の非対称性の存在によって，企業は資本市場から必ずしも必要な資金を調達できるわけではありませんし，労働市場が硬直的な日本では，スタートアップ企業が市場から優秀な人材を調達することは容易なことではありません。したがって，必要な経営資源をすべて自社だけで準備して事業活動を行うことは，現実的には難しいといえるでしょう。

　そこで，これらの不足する経営資源を補完するために，スタートアップ企業にとっては，企業や大学を含め既存の外部組織とパートナーシップを結ぶことが重要な戦略と考えられます。特に，企業間ネットワークを通じた外部資源の活用は，スタートアップ企業の生存や成長のためには欠かせない戦略であることが指摘されています（Venkataraman & Van de Ven, 1998 ; Lechner & Dowling, 2003）。図6-8で示されているように，日本の中小企業にとってパートナーシップの最大の目的は，外部の専門ノウハウを活用することにあります。また，自社の中心業務にリソースを集中させるためにパートナーシップを実施していることが明らかになっています。

　パートナーシップの方法はさまざまです。最も典型的な方法は，複数の独立した企業間で協力関係を結ぶことです。企業間で形成される協力体制は，**アライアンス**（alliance）と呼ばれます。アライアンスは，生産，販売，調達，物流だけでなく，研究開発，デザインなどの多様な活動において形成されます。また，複数の企業が共同で出資して**ジョイント・ベンチャー**（joint venture）を設立して，新しい会社において共同事業の運営を行うことがあります。その他に，

図 6-8 外部組織とのパートナーシップの目的

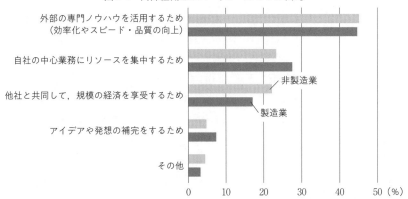

(注) 外部連携を活用する目的として最も重視することを尋ねています（製造業 982 社，非製造業 735 社）。

(出所) 経済産業省中小企業庁（委託先：東京商工リサーチ）「中小企業の付加価値向上に関するアンケート」（2019 年実施）。

企業は，外部から足りない資源を調達（購入）することがあります。たとえば，他の企業が開発した技術について**ライセンシング**（licensing）を通して有償での利用契約を締結することもあれば，お互いの技術を供与し合う**クロス・ライセンシング**（cross licensing）を行うこともあります。

　企業が外部組織との間でパートナーシップを結ぶべきかどうかという命題は，1 つの企業がどのくらいの範囲の事業を社内で行うべきかという**メイク・オア・バイ**（make or buy）の意思決定と関係しています。メイク（内製）すべきか，バイ（外部調達）すべきかという意思決定は，スタートアップ企業に限らず，企業の戦略として非常に重要な問題として知られています。たとえば，Apple は，これまで Macintosh に搭載していたチップを Intel などの他社から調達していましたが，M1 チップと呼ばれる自社開発のものに切り替えを図っています。また，Amazon Japan は，これまでヤマト運輸などに配送を委託していましたが，一部を自社で配送するようになりました。このように，1 つの企業が扱う事業範囲を垂直的方向に拡大することはしばしば見られます[5]。メ

---

5) 垂直的方向への事業範囲の拡大とは，自動車産業を例にとれば，鉄鉱石の採掘から鉄の製造，部品の製造，製品の組立，販売，アフターサービス（定期点検）のように，1 つの製品の業務の流れにおける範囲の拡大をさします。これは，**垂直統合**（vertical integration）と呼ばれます。

イク・オア・バイの意思決定は，一部の事業活動を共同で実施するアライアンスやジョイント・ベンチャーといったメイクとバイの中間的な形態にも適用して考えることができます。自社だけで実施するか，外部組織との協力的な戦略をとるかは，その後の企業の競争優位に多大な影響を与えると考えられます。

　今やスタートアップ企業にとって，外部組織とのパートナーシップは欠かせない戦略となっています。たとえば，大阪府に本社を置くバイオ・スタートアップ企業のアンジェスは，タカラバイオや大阪大学との間で新型コロナウイルス感染症に対する DNA ワクチンを共同開発しています。アンジェスのようなバイオ・スタートアップ企業を中心とした研究開発型企業にとっては，技術変化が急速で競争が激しくなっている今日の市場環境においては，自社だけですべての技術を開発して効率的に成果を達成するのは難しくなってきています。資源や経験の乏しいスタートアップ企業は，共同研究開発のように事業活動の一部を外部に依存したり，ライセンシングのように外部から技術を丸ごと調達したり，さまざまな方法で外部資源を活用することが必要になります。

パートナーシップの要因

　企業はどのようなときに外部組織とのパートナーシップを結ぶのでしょうか。企業のメイク・オア・バイの意思決定を考えてみましょう。企業が社内で調達する場合（内部取引）と市場で外部から調達する場合（市場取引）とを比較して，どちらのコストが安いのかについて考える必要があります（Williamson, 1975）。ここで考えるべきコストは，**生産費用**（production cost）と**取引費用**（transaction cost）の2種類です。図6-9で描かれているように，メイク・オア・バイの意思決定においては，この2つのコストを比較することになります。

　まず，生産費用については，内部取引と市場取引のどちらにおいても発生します。ただし，部品生産において規模の経済が発生する場合，企業がそれぞれの社内で別々に生産するより，部品生産の専門業者がまとめて大量生産した方がコストは低くなるため，市場取引を通じて調達した方が効率的といえるでしょう。取引費用とは，何らかの取引を行う際に発生する生産費用を除くあらゆるコストのことをさします。取引費用には，取引先を探索するためのコスト（サーチ・コスト），取引先を評価・選定するためのコスト，交渉や契約にかかるコスト，あるいは，取引の適正性に関するリスクが含まれます。したがって，たとえ外部組織で生産する方が安い場合であっても，市場取引において高い取

図 6-9　メイク・オア・バイの意思決定における内部取引と市場取引のコストの比較

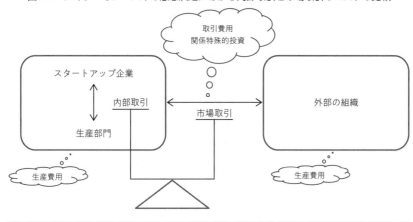

引費用が発生する場合は内部取引の方が望ましい場合があります。

　一般的には，汎用的な製品やサービスの取引の場合は，市場取引の方が生産費用は安くなると考えられます。内部取引の場合は，競争圧力がないために，コスト削減や品質向上に対する努力を行うインセンティブが低くなる傾向にあります。他方で，市場取引においては同業者間での競争があるために，そのようなインセンティブは維持されるでしょう。結果として，内部取引よりは市場取引の方が費用は安くすむと考えられます。

　ところが，企業が特殊な部品を市場取引で調達しようとする場合，取引相手はその部品の製造のためだけに追加的な投資が必要になります。たとえば，その取引相手は，自社の部品のためだけの製造設備を新たに用意しなければなりません。このように，ある取引関係においてのみ価値を持つ**関係特殊的資産**（relation-specific asset）が存在する場合，取引先から事後的に多少無理な要求をされても，投資費用を回収するためにはその取引をやめることができません。したがって，取引相手は，契約成立後に不利な条件を押し付けられたり，取引停止を迫られたりするリスクを背負うことになります。このような問題は，**ホールドアップ問題**（hold-up problem）と呼ばれます。ホールドアップ問題の可能性を考えると，取引相手は必要な投資でさえ行うことを躊躇ってしまう可能性があります。結果として，取引される製品のコスト削減や品質向上の努力がなされず，社会的に望ましい水準の費用では取引が実現しません。これらの点

において，企業間で取引される製品やサービスが関係特殊的かどうかは，メイク・オア・バイの意思決定において重要な要素となります[6]。

　アライアンスを通した協力関係は，内部取引と市場取引の中間といえるでしょう。スタートアップ企業は，アライアンスを形成することで，いくつかのベネフィットを享受できます。まず，アライアンスにおいては，市場取引と違って継続的に取引が行われることになるため，相手の信頼を損なうことにつながるホールドアップ問題は起きにくくなります（小田切，2010）。また，スタートアップ企業は，自社が持っていない**補完的資産**（complementary assets）にアクセスすることが可能となり，シナジー効果を得ることができるかもしれません。そのため，企業にとって必要な資産を相手が持っていて，それにアクセスするインセンティブがある場合に，外部組織とのパートナーシップが実行される傾向があります（Ahuja, 2000）。

　たとえば，スタートアップ企業が高い技術力を持っていたとしても，マーケティング面で経験が乏しい場合，商業化して価値を得ることは容易ではありません。したがって，このような企業にとっては，その技術を商業化するためには，自社が持っていない資産を持っている他の企業（典型的には，大企業）とアライアンスを結ぶインセンティブが高いといえるでしょう（Colombo et al., 2006）。良い技術があってもマーケティング，アフターサービス，競争力のある製造能力や流通網などの多くの部門で補完的な資産がないと商業化はうまくいきません（Teece, 1986）。たとえば，コンピュータのハードウェアは，通常，オペレーティング・システムとアプリケーションの両方に，専用のソフトウェアを必要とします。新しい電気自動車を開発したとしても，商業化する際には，製造技術だけでなく，販売チャネルの構築や定期点検，修理といったアフターサービスを提供する必要があるでしょう。したがって，資源の制約が強いスタートアップ企業にとっては，補完的資産の獲得がパートナーシップにおける主要な動機となります。

---

6) 実際に，欧州企業のデータを用いた研究において，生産技術が特殊でなく，規模の経済や範囲の経済が働くときに外部調達（バイ）を行う可能性が高いことが示されています（Lyons, 1995）。

> **キーワード 6-4　ホールドアップ問題**
> 組織間で取引を行うとき，契約成立後に不利な条件を押し付けられたり，取引停止を迫られたりする問題のことをいいます。

> **キーワード 6-5　補完的資産**
> 自社の事業活動において，コアとなるスキルやノウハウではなく，その活動から価値を生み出すために必要なその他の関連資産のことをいいます。

パートナーシップ形成における課題

　スタートアップ企業が補完的資産を求めてパートナーシップを結びたいと考えたとしても実現するとは限りません。スタートアップ企業がパートナーにとっても魅力的である必要があり，協力することのベネフィットがコストを上回らなければ成立しません（Colombo et al., 2006）。しかし，スタートアップ企業が潜在的なパートナーに対して，自身が魅力的であることをアピールすることは容易ではありません。図 6-10 で示されているように，スタートアップ企業は，潜在的なパートナーとの間に情報の非対称性が存在します。つまり，潜在的なパートナーからすれば，スタートアップ企業が魅力的なパートナーであるかどうかに関する情報が不足しています。したがって，魅力的なパートナーであるかを判断する際には，スタートアップ企業から発せられるいくつかのシグナルが重要な役割を果たします。

　スタートアップ企業がパートナーシップを実現するうえで，アントレプレナーが重要な役割を果たすことが指摘されています（Lechner & Dowling, 2003）。

図 6-10　パートナーシップにおける情報の非対称性とシグナリング

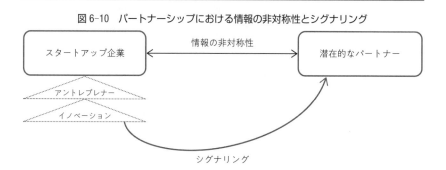

特に，情報の非対称性が存在する場合，アントレプレナーの人的資本がパート
ナーに対する重要なシグナルとなります。実際に，学歴，職歴，ネットワーク，
過去のイノベーション経験といったアントレプレナーの人的資本の水準が企業
のパートナーシップ結成の確率を高めることが明らかにされています（Okamu-
ro et al., 2011；Kato, 2020）。

　また，医薬品産業における既存企業にとって，どのようなスタートアップ企
業がアライアンスのパートナーとして魅力的であるのかについて実証的に明ら
かにした研究があります（Rothaermel, 2002）。この研究からは，商業的資産を
保有する大手医薬品企業にとっては，スタートアップ企業が新製品開発をどれ
くらい行ってきたか，あるいは，特許をいくつ保持しているかといった点がパ
ートナーとして魅力的かどうかを判断する際に重要であったことが明らかにさ
れています。

　イタリアのハイテク・スタートアップ企業を対象にした研究において，特許
を保有しているイノベーション能力の高いスタートアップ企業は商業面でのパ
ートナーシップを結ぶ可能性が高い一方で，技術面でのパートナーシップにお
いてはその傾向は見られないことが示されています（Colombo et al., 2006）。ま
た，スタートアップ企業の規模が大きくなるにつれて，イノベーション能力が
商業的なパートナーシップに与える効果が小さくなることが明らかにされてい
ます。この結果は，商業的な資産を保有している比較的規模の大きなスタート
アップ企業にとっては，パートナーである既存企業が持つ商業的資産が自身に
とっての補完的資産とはならず魅力的ではないことを示唆しています。逆に，
商業的資産を持たない技術力の高いスタートアップ企業にとっては，補完的資
産の獲得のために商業面でのパートナーシップが重要であることを示していま
す。

　さらに，スタートアップ企業が外部組織とのパートナーシップを模索する際，
VC が重要な役割を果たすことがよく知られています。実際に，アメリカで
VC から投資を受けているスタートアップ企業は，アライアンスやライセンシ
ングを含めて，外部組織とのパートナーシップの戦略に従事する可能性が高い
ことが示されています（Gans et al., 2002；Hsu, 2006）。これらの研究からは，情
報の非対称性のもとで，ネットワークを持たないスタートアップ企業のパート
ナーシップ形成においては，投資元の VC がパートナー探索や情報の非対称性
の軽減において重要な役割を果たすことが示唆されています。

コラム6-2 大企業とのパートナーシップにおける課題は何か

　スタートアップ企業と大企業との間のパートナーシップにおける課題について取り上げましょう。スタートアップ企業は外部組織とのパートナーシップにおいては不利な立場にあることが多いと指摘されることがあります。

　最近，スタートアップ企業と大企業のパートナーシップについて，日本の競争当局である公正取引委員会（公取委）が実態調査に乗り出しました。この公取委による調査は，2020年11月に「スタートアップの取引慣行に関する実態調査報告書」として取りまとめられています。この報告書によれば，調査対象とされたのは創業から10年以内の未上場企業で，パートナーから納得できない行為を受けたかどうかやその内容について調査されています。公取委は，大企業がスタートアップ企業との取引や契約（たとえば，ライセンス契約，共同研究契約）において「優越的地位」を濫用しているのではないかという懸念を持っているためです。

　興味深いことに，パートナーや出資者から納得できない行為を受けた経験を持つと回答したスタートアップ企業は調査対象企業全体の約17%に上ることが明らかになっています（表6-3）。また，納得できない行為を受けた経験を持つと回答した企業を対象に，どのような内容だったかについて尋ねています。

表6-3　パートナーからの「納得のいかない行為」の頻度と内容

	項目	該当比率（%）
（経験）	なし	83.3
	あり	16.7
（内容）	秘密保持契約に関すること	30.6
	技術検証契約に関すること	18.2
	共同研究契約に関すること	21.5
	ライセンス契約に関すること	22.7
	出資契約に関すること	26.9
	その他	46.7
（受け入れ有無）	受け入れなかった	21.1
	受け入れた	41.7
	一部受け入れた	37.2

（注）　表中の「その他」は契約金の支払い，業務委託契約，知的財産権に関する契約などをさします。内容については複数回答が認められています。

（出所）　公正取引委員会「スタートアップの取引慣行に関する実態調査報告書」（2020年11月27日）。

「秘密保持契約に関すること」と回答した企業が30%を超えて最も頻度が多く，「出資契約に関すること」がそれに続いています。そして，これらの契約に関して「受け入れた」「一部受け入れた」と回答した企業が，合わせて80%近くに上っていることが示されています。

　優越的地位にある大企業から事後的に不利な条件を突きつけられた場合は，経験が乏しく法律の専門家を持たないスタートアップ企業にとっては泣き寝入りするしかない状況が生まれる懸念があります。このような状況が解消されなければ，スタートアップ企業が外部組織とのパートナーシップに対して消極的にならざるをえない可能性があります。今後，スタートアップ企業を巻き込んだ経済活性化を加速させるためには，パートナーシップに関する環境整備が求められるといえるでしょう。

本章のまとめ

1. アントレプレナーは，創業にあたって単独創業か共同創業かを決める必要があり，この意思決定には人的資本，社会的資本，金融資本の3つの資本が関係すると考えられます。これらの資本を十分に持たないアントレプレナーは共同創業を選ぶ傾向があります。

2. アントレプレナーはどのように創業チームを構成するかを決めなければなりません。チームの構成は戦略の方向性に大きく影響を与えると考えられています。また，スタートアップ企業は，組織の正統性の欠如や情報の非対称性などが原因で従業員の採用活動においては苦労する傾向があります。

3. スタートアップ企業は，市場でのポジショニングが既存企業と競合しないニッチ戦略をとると考えられます。他方で，スタートアップ企業は乏しい資源を補うために，外部組織とのパートナーシップが重要な戦略となります。しかし，企業のパートナーシップ戦略には，取引費用やホールドアップ問題など多くの課題があることが知られています。

ディスカッションのための問題

1. アントレプレナーはどのようなときに「共同創業」を選択するのでしょうか。

2. スタートアップ企業が従業員の採用活動で苦労するのはなぜでしょうか。いくつか理由をあげてみましょう。

3. 実際のスタートアップ企業は，ニッチ戦略やパートナーシップ戦略をとっているでしょうか。また，当該企業は市場の「先発者」と「後発者」のどちらに該当するでしょうか。いくつかの企業を取り上げて，企業のホームページなどをもとに調べてみましょう。

第**7**章

イノベーション戦略

なぜ「果実」を得るのが容易でないのか

本章のテーマ

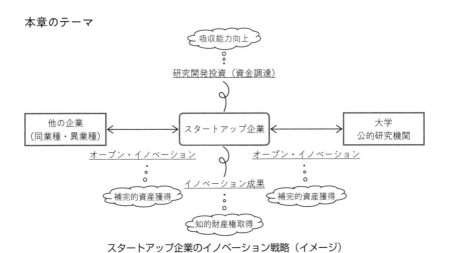

スタートアップ企業のイノベーション戦略（イメージ）

1. スタートアップ企業によるイノベーションは何が違うのか？
2. イノベーションを促進する要因は何か？
3. オープン・イノベーションにおける成功の鍵は何か？

1 スタートアップ企業によるイノベーションの特徴

　スタートアップ企業はイノベーションの担い手として社会から大きな期待が寄せられています。第1章では，スタートアップ企業が経済全体のイノベーションに与える影響を考えました。本章では，スタートアップ企業の観点からイノベーションについて考えていきます。

　多くのスタートアップ企業にとって，イノベーションの実現を通して競争優位を獲得することは重要な目標です。シュンペーターは，イノベーションは独占の一時的な確立による利潤の獲得につながることを説きました（Schumpeter, 1934）。ポーターは，イノベーションによって製品差別化を通して顧客を獲得することができ，ライバルとの競争を回避することが可能になると説いています（Porter, 1980）。しかし，資源や経験が乏しいスタートアップ企業にとっては，イノベーションの実現は容易ではありません。スタートアップ企業によるイノベーションの特徴やイノベーション・プロセスにおける課題を考えていきましょう。

イノベーションのプロセス

　シュンペーターを含めイノベーション研究者は「イノベーションとは，実用化されているもともとは別個の知識体系を新たに結合したもの」と定義してきました（Laursen, 2012）。しかし，イノベーションに関する統一した定義はありません。

　ここで注意が必要なのは，イノベーションは，**発明**（invention）とは区別されるべきという点です。発明が新しい製品やプロセスに関するアイデアの誕生であるのに対して，イノベーションは実用化するための最初の試みであるとみなされます（Fagerberg, 2005）。発明されたものが実用化されて**普及**（diffusion）するとは限りません。また，イノベーションには，技術的なものもあれば，新しいデザイン，サービス，ビジネスモデルに加えて，流通・販売チャネルの開拓，組織の改編のように，多様な場面で起こりうるものです。たとえば，企業が新しいアプリを開発することはいうまでもなく，短時間で散髪できる理容サービスや成功報酬型の求人広告サービスのような新しいビジネスモデルの構築もイノベーションに含まれるでしょう。

図7-1　イノベーション・プロセスのモデル

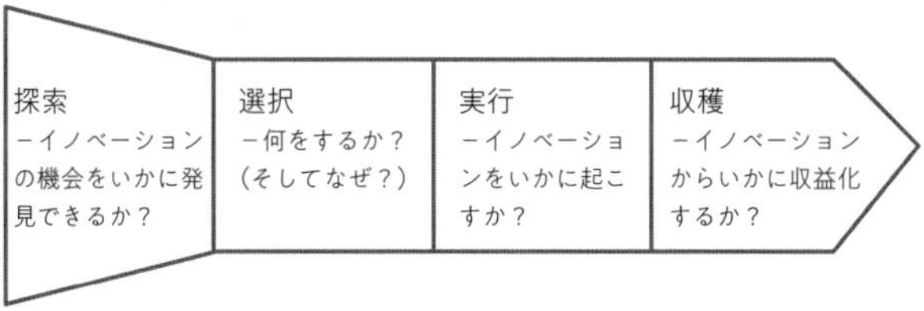

| 探索 −イノベーション の機会をいかに発 見できるか？ | 選択 −何をするか？ （そしてなぜ？） | 実行 −イノベーショ ンをいかに起こ すか？ | 収穫 −イノベーション からいかに収益化 するか？ |

（出所）　Tidd & Bessant（2020）．

　イノベーションがどのようなプロセスで進んでいくのか確認しておきましょ
う。図7-1で見られるように，イノベーションのプロセスは4つの段階に分か
れます。まずは，イノベーションの機会の**探索**（search）です。探索とは，変
化する脅威や機会について組織内外を調査して，何らかの重要なシグナルを処
理する活動をさします。イノベーションを生み出すための活動（以下，イノベ
ーション活動と呼ぶ）においては，いくつかの既存のリソースを組み合わせる必
要があるため，さまざまな情報ソースにアクセスすることが肝要です[1]。多様
な情報ソースを探索することで，組織が技術や他の知識を組み合わせてイノベ
ーションを生み出すことが可能となります（Laursen, 2012）。
　イノベーションのプロセスにおいて，探索の次は**選択**（select）です。探索
活動において発見した機会のうちどれを選択するのかという問題です。言い換
えれば，企業が取り組むイノベーションの方向性（戦略）について意思決定す
るステージといえるでしょう。そして，**実行**（implement）です。企業は，決
定した戦略に沿って，多様なリソースと方法によってアイデアを生み出し，新
しい製品やサービスを創出していかなければなりません。イノベーションの実
行方法については，自社だけで取り組むか，他の組織とパートナーシップを組
んで共同で取り組むかなどいくつかのオプションがあります。また，企業はイ
ノベーション戦略を実行するために多額の資金を必要とします。したがって，
イノベーションのための資金調達の成否がイノベーション活動に大きな影響を
与えます。
　イノベーション・プロセスの最後は，**収穫**（capture）です。企業は，イノベ

---

1)　他方で，企業の探索活動は，概してすでに持っている知識ベースの領域内でローカライ
　　ズ（局所化）しやすいことが指摘されてきました（Stuart & Podolny, 1996）。

ーションの創出だけでは成長を実現して収益を得ることはできません。創出したイノベーションを商業化し，市場において消費者に受け入れてもらわなければ経済的な価値にはつながりません（第2章第3節の「知識フィルター」の議論を参照）。企業は，創出したイノベーションについては，**知的財産権**（intellectual property rights）として独占権を得ることでリターンを確保することを目指す場合もあれば，技術を秘匿してライバルから模倣されることを避ける戦略をとることもあります。

　このようなイノベーション・プロセスはあらゆる企業に共通しますが，スタートアップ企業も例外ではなく，探索，選択，実行，収穫というプロセスを経ることになります。しかし，スタートアップ企業は，既存企業と比較して多くの課題に直面する傾向があり，イノベーション活動をうまく進めるのは容易なことではありません。スタートアップ企業によるイノベーション活動は，どのような特徴と課題があるのでしょうか。

スタートアップ企業のイノベーション志向

　イノベーションにはさまざまなタイプがあります。もっとも一般的には，プロダクト・イノベーションとプロセス・イノベーションに区別できます[2]。前者は，新しい製品やサービスの開発をさし，新たな需要を生み出すことが期待されます。後者は，既存の製品やサービスに関する新たな生産・提供プロセスの考案をさし，生産性の向上を通したコスト削減を意味します。すでに第4章第3節で取り上げましたが，これらのイノベーションのタイプは，産業の発展ステージによってその発生頻度が変化していくことがよく知られています。図7-2で描かれているように，産業の初期にはプロダクト・イノベーションが多く創出されますが，産業が発展するに従ってプロセス・イノベーションに移行していく傾向があります。

　イノベーションについて，ここまで「新しい」という表現を使ってきましたが，「新しい」の定義は必ずしも明らかではありません。たとえば，企業が導入する製品やサービスが，ある市場にとって新しいものなのか，市場にとっては新しくないが当該企業にとっては新しいものなのか，既存製品やサービスを

2）　プロダクト・イノベーションとプロセス・イノベーションは必ずしも明確に区別できないことが指摘されています（Reichstein & Salter, 2006）。新しい製品を作るには新しい製法が必要となることが多いためです。

図7-2　プロダクトおよびプロセス・イノベーションの頻度の変化

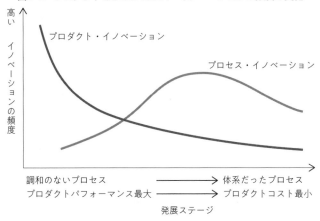

（出所）Utterback & Abernathy (1975).

改善するものなのか，というようにイノベーションの程度には違いがあります。イノベーションの程度に関しては，第2章第3節で取り上げたように，ラディカル・イノベーションとインクリメンタル・イノベーションというイノベーションの区別が行われてきました[3]。前者は「市場にとって新しい製品やサービスの導入」をさし，急進的で変化の大きなイノベーションといえるでしょう。後者は，「既存の製品やサービスの改善（改良）」のことで，既存の領域内における変化の小さなイノベーションをさします。

　スタートアップ企業によるイノベーションにはどのような特徴があるのでしょうか。表7-1において示されているように，スタートアップ企業はインクリメンタル・イノベーションというよりは，ラディカル・イノベーションを目指す傾向があります。その理由について，既存企業との違いに着目して考えてみましょう。まず，既存企業と違うのは知識を含めて蓄積してきた資源の大きさです。スタートアップ企業は文字どおり事業を始めたばかりで，当該産業に関するものを含めて蓄積した知識はほとんどありません。スタートアップ企業は，既存の顧客を持っていないため，新たな市場（ニッチ）を開拓する必要があり

---

3)　経営学の分野では，企業によるイノベーション活動を**探索型イノベーション**（exploratory innovation）と**深化型イノベーション**（exploitative innovation）に区別することがあります。前者は，ラディカル・イノベーション，後者はインクリメンタル・イノベーションに近い概念です。

表7-1　スタートアップ企業と既存企業によるイノベーション活動に関連する特徴

特徴	スタートアップ企業	既存企業
イノベーションのタイプ	ラディカル・イノベーション	インクリメンタル・イノベーション
イノベーションのインパクト	大きい	小さい
資源	乏しい資源	豊富な資源
組織	フラットな組織	階層的な組織
顧客層	新規の顧客	既存の顧客
環境変化への適応	機敏的（柔軟的）で素早い	惰性的（硬直的）で鈍い
その他	陳腐化効果を受けにくい	学習効果を享受しやすい

　ます。言い方を変えれば，もし既存の顧客を持たないスタートアップ企業がこれまでの製品やサービスと類似したものを市場へ投入したならば，既存企業との競争に打ち勝つことは難しいでしょう。既存企業はすでに一定のブランド力を有しているはずです。したがって，前章で議論したように，スタートアップ企業は既存企業との間で何らかの差別化が求められます。

　また，スタートアップ企業は市場や技術に関する高い不確実性に直面しています。他方で，スタートアップ企業によるイノベーション活動に対する投資の不確実性は諸刃の剣であることが指摘されます（Coad et al., 2016）。スタートアップ企業はさまざまな不確実性に直面する一方で，既存企業とは違って，過去の経験からくる組織的な**惰性**（inertia）が働きにくく，新製品を出すことによる旧製品の陳腐化に囚われることがないので失うものがありません（第 2 章第 3 節を参照）。さらに，コラム 6-1 で明らかになったように，スタートアップ企業は，典型的には既存企業のような高層型の階層組織ではなく，フラット型の階層組織を有しています（Colombo & Grilli, 2013）。スタートアップ企業の意思決定のスピードは概して速く，新しい市場および技術機会を見抜いて機敏な動きで反応することができます。したがって，過去の歴史に制約されることがないスタートアップ企業は，機会をうまく利用してラディカル・イノベーションを志向する傾向が強いといえるでしょう。

　他方で，既存企業は，蓄積してきた資源を豊富に有しており，これまでに構築してきたルーチンや能力をベースとして，効率的にイノベーションを実現することができると考えられます。しかし，既存企業は，市場に投入している自社の製品やサービスに取って代わる急進的な製品やサービスを世に出すことは，自社製品・サービス間の「共喰い」につながることになります（第 2 章第 3 節

を参照)。既存企業にとっては,このような旧製品と置換するような新しい製品やサービスは,新たな顧客獲得を通した売上増につながりにくく,取り組むインセンティブが乏しいと考えられます。また,既存企業は環境変化に応じて戦略や組織を大きく変化できないという構造的な惰性が働きやすいことが指摘されています (Tushman & O'Reilly III, 1996;Gilbert, 2005)。既存企業はスタートアップ企業と異なり,高層型の階層組織を有しているため,意思決定のスピードが遅くなりがちです。

したがって,既存企業は,環境変化に対しての適応が鈍く,新しい市場および技術の機会に機敏に反応できません。既存企業はすでに有している資源や能力に基づいて,ルーチンを実行する傾向があります。ルーチンは経路依存性を強固にするため,新しい知識を吸収したり利用したりすることを妨げる傾向があります (Hussinger & Wastyn, 2016)。結果として,既存企業は,これまでの製品やサービスを改善して,既存の製品領域を強化するためのインクリメンタル・イノベーションを志向する傾向があり,大きな変化を伴うラディカル・イノベーションを起こす可能性は低いといえるでしょう (Tushman & Anderson, 1986;Sørensen & Stuart, 2000)[4]。

2つの「シュンペーター仮説」

規模の小さなスタートアップ企業は,イノベーション活動において不利なのでしょうか。この問いは,長年多くの研究者によって取り組まれてきました。特に,大企業がイノベーションの担い手なのか,それとも,中小企業がその担い手なのかという点が注目を浴びてきました。「大企業は小企業に比べてイノベーション活動において優位である」という考えは,シュンペーターが著書の中で議論したことから,**シュンペーター仮説** (Schumpeterian hypothesis) として広く知られています (Schumpeter, 1942)。規模が大きくなるにつれて成果が比例的以上に増加するという考えです。つまり,研究開発投資において規模の経済性が存在することを意味しています。図7-3における a の曲線は,研究開発規模が大きくなるにつれてイノベーション成果が飛躍的に増加することを示しています。逆に,b の曲線は研究開発規模が大きくなるにつれて,イノベー

---

4)　ラディカル・イノベーションは,**アーキテクチャラル・イノベーション** (architectural innovation) と呼ばれることがあります (Henderson & Clark, 1990)。

図 7-3　シュンペーター仮説のイメージ

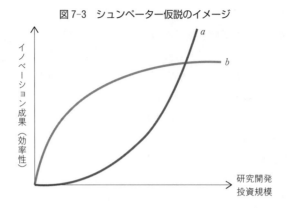

ション成果が逓減することを示しています。シュンペーター仮説では，*a* の曲線のようになると考えられています。

　このシュンペーター仮説の理由として，① 研究開発プロジェクトは一般的に固定費用が多くかかり，売上が十分大きい場合にのみカバーすることができる，② イノベーションの生産には規模および範囲の経済が働く，③ 多角化している大企業は，予期せぬイノベーションに遭遇する可能性が高い（セレンディピティ），④ 大企業は一度に多くのプロジェクトを遂行しているため，研究開発のリスクを分散させることができる，⑤ 大企業は外部資金へアクセスしやすい，という 5 つがあげられます（Symeonidis, 1996）。

　実際に，大企業の方がイノベーション活動において有利なのでしょうか。図7-4（a）では，日本企業のイノベーションに関する調査に基づき，企業規模によるプロダクト・イノベーションの実現率の違いが示されています。大規模な企業ほどプロダクト・イノベーションの実現率が高いことがわかります。図7-4（b）は，市場にとっての新しいプロダクト・イノベーションの実現率に関する企業規模による違いが示されています。実現率は，「小規模」で最も高く，企業規模が大きくなるにつれてその比率が低いことが観察できます。この傾向は他国においても同様です（Robson & Haigh, 2008）。これらの結果からは，大企業は相対的にイノベーション実現の確率は高い一方で，新規性の高いイノベーションの実現確率に関しては相対的に低く優位性を持っているとは言い切れないでしょう。

　シュンペーター仮説は，その後，多くの研究者によってその妥当性が検証さ

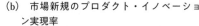

図7-4 企業規模別のプロダクト・イノベーション実現率

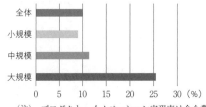

(a) プロダクト・イノベーション実現率

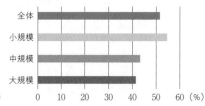

(b) 市場新規のプロダクト・イノベーション実現率

(注) プロダクト・イノベーション実現率は全企業に対する割合（％），市場新規のプロダクト・イノベーション実現率は，全プロダクト・イノベーション実現企業に対する割合（％）をさします。

(出所) 全国イノベーション調査（文部科学省科学技術・学術政策研究所）（2020年調査，2017～19年実績）。

れてきました。これらの研究からは，イノベーション活動において必ずしも大企業の方が有利とは限らないという結果が示唆されています（Mansfield, 1964；土井，1993)。たとえば，アメリカを対象にした調査では，従業者1人あたりのイノベーションの件数は大企業で0.225件，中小企業で0.322件と中小企業の方が多いという結果が提示されています（Acs & Audretsch, 1987)。

実は，シュンペーターは，上記で言及した仮説の前に，正反対の説を唱えていました。「初期」のシュンペーター仮説は，「スタートアップ企業（アントレプレナー）こそがイノベーションの担い手であり，経済発展の原動力である」というものだったのです。イノベーションにおけるアントレプレナーの役割に注目したこの仮説は，シュンペーター・マークⅠ（Schumpeter Mark I）と呼ばれています。他方で，大企業こそがイノベーションの担い手であるという「後期」の仮説は，シュンペーター・マークⅡ（Schumpeter Mark II）と呼ばれています[5]。

さらに，シュンペーター仮説の妥当性は産業特性に強く依存することが示されてきました。たとえば，技術的な参入障壁が低い産業においては，アントレプレナーやスタートアップ企業がイノベーションにおいて重要な役割を果たす一方で，技術の蓄積が重要な産業においてはアントレプレナーやスタートアップ企業にとっては参入障壁が高く大規模な既存企業が支配する傾向にあります

---

5) シュンペーター・マークⅠとマークⅡについては，Fagerberg（2005, p.6）が詳しくまとめています。

(Malerba & Orsenigo, 1997；Kato & Honjo, 2009)。したがって，前者のシュンペーター・マークⅠが成り立つ産業と，後者のシュンペーター・マークⅡが成り立つ産業の両方が存在することを示唆しています[6]。2つのシュンペーター仮説は，どちらも成り立つといってよいかもしれません。

> **キーワード7-1　シュンペーター仮説**
> シュンペーターによって提唱されたイノベーションの担い手に関する仮説です。アントレプレナーが担い手であるとする初期の仮説はシュンペーター・マークⅠと呼ばれ，既存の大企業が担い手であるとする後期の仮説はシュンペーター・マークⅡと呼ばれています。

2　イノベーション活動における課題

　企業によるイノベーション活動の中心的な活動は**研究開発**（research and development：R&D）です。多くのスタートアップ企業は研究開発を行うことでイノベーション創出を目指します。しかし，企業による研究開発投資にはさまざまな課題が伴います。

「知識生産」における課題

　企業によるイノベーション活動を**知識生産**（knowledge production）という観点から考えてみましょう。知識は，**公共財**（public goods）と類似した性格を有した財とみなすことができます。知識は，ある個人が考え出したアイデアがいったん公になれば，他人がそれを利用したり模倣したりすることを妨げることができないという**非排除性**（non-exclusivity），および，複数の人が同時に使うことが可能であるという**非競合性**（non-rivalry）という性格を持ち合わせています。パソコンやスマートフォンのような製品は，誰かにあげると自分では使えなくなりますが，知識という財は他人に与えても自分でも引き続き使うことができます（非競合性）。また，一度他人に与えた知識は後で返してもらおうと

---

6)　シュンペーターが初期の仮説を覆して後期のシュンペーター仮説を唱えた背景としては，戦後に大企業が支配する「管理型経済」（managed economy）の出現を予期していたからであることが指摘されています（Audretsch & Thurik, 2000）。

しても，相手が利用することを排除することはできません（非排除性）。もし，政府が介入せずに市場に任せれば，企業が研究開発投資を行うことで発明した技術が他社に自由に利用されてしまうかもしれません。したがって，もし知識生産活動を市場に任せてしまえば，ある個人や組織が多額の資金を投じたり多くの労力を費やしたりして発明に成功したとしても，それを努力することも対価を支払うこともなしに他の誰でも利用できてしまいます。

　知識生産活動は，それを行う主体だけでなく，生み出された製品やサービスのユーザーや類似した活動を行っている他の企業に対しても大きなベネフィットをもたらします。第2章第3節で議論したように，外部効果の1つとしての知識のスピルオーバーが存在するからです。公共財という観点からは，むしろいったん作り出された情報は自由に多くの主体に消費されることが望ましいと考えられます（後藤・永田，1997）。他方で，知識生産活動を行う企業の立場からすると，いくら努力して発明してもそこからは十分な対価が得られないとなると，誰も知識生産活動に従事しようとしなくなるでしょう。むしろ，他人の知識生産活動に**ただ乗り**（free ride）しようとするインセンティブが発生してしまいます。

　イノベーションによって社会全体が受けるベネフィットのうち，イノベーションを実現した企業がどの程度ベネフィットを獲得できるかという程度は**専有可能性**（appropriability）と呼ばれます。企業は専有可能性を確保する方法がなければ，イノベーションを生み出そうというインセンティブを持つことができません。企業が自らの知識生産活動を通して生み出したイノベーションから専有可能性を確保する方法はいくつか存在します。その1つが政府による知的財産の保護です。政府が発明を含め，生産された知識を公的に保護することで，発明者（創作者）の知識生産への投資のインセンティブを高めることが意図されています。

　表7-2で示されているように，知的財産権にはさまざまな種類があります。まず，特許権は発明を保護します。**特許権**（patent）として認められるには，当該発明が従来のものとは違うという**新規性**（novelty），容易に考え出すことができないという**進歩性**（inventive step），産業上の**利用可能性**（utility）が要件となっています[7]。その他，実用新案権，商標権，意匠権，著作権などの知的財産権があります。また，**営業秘密**（trade secret）は不正競争防止法で保護されており，企業が持つ秘密情報が不正に持ち出されるなどの被害にあった場

表 7-2　日本における主要な知的財産に関する制度と内容

種類	内容	保護期間	法律名
特許権	「発明」を保護	出願から 20 年	特許法
実用新案権	物品の形状等の考案を保護	出願から 10 年	実用新案法
商標権	商品・サービスに使用するマークを保護	登録から 10 年（更新可）	商標法
意匠権	物品，建築物，画像のデザインを保護	出願から 25 年	意匠法
著作権	文芸，学術，美術，音楽，プログラム等の精神的作品を保護	死後 70 年	著作権法
営業秘密	ノウハウや顧客リストの盗用などの不正競争行為を規制	規定なし	不正競争防止法

（出所）　特許庁ホームページをもとに筆者作成。

合に，民事・刑事上の措置をとることができます。このような知的財産保護によって，企業のイノベーション活動に取り組むインセンティブが高まることが期待されています。

　企業が専有可能性を確保する方法として，他にもいくつかの方法が使われていることが示されています（Levin et al., 1987）。たとえば，発明された技術の秘匿や他社に先んじて開発することによるリードタイム（lead time）の活用，営業・サービス上の努力などがあげられます。

> **キーワード 7-2　専有可能性**
> 自らの研究開発を通したイノベーション成果から，どの程度リターンを獲得できるかという程度のことをいいます。専有可能性を確保するための手段として，知的財産権を通した保護を受けたり，秘匿したり，リードタイムを活用するなどがあります。

---

7)　日本における特許権に関しては，**先願主義**（first-to-file principle）がとられているため，いくら発明を早く行ったとしてもいち早く出願しなければ発明者としての権利が認められません。アメリカでは，**先発明主義**（first-to-invent principle）が採用されているので，いち早く発明したかどうかが問題になります。

特許取得の動機と課題

　企業のイノベーション活動において，知的財産権は重要な役割を果たします。しかし，企業が生み出したイノベーションのすべてが特許などの知的財産権として登録されるわけではありません。特許に絞って話を進めましょう。企業によって生み出されたプロダクト・イノベーション（プロセス・イノベーション）のうち 36%（25%）しか特許出願されないことを示す研究があります（Arundel & Kabla, 1998）。また，特許出願の確率は企業規模に依存していて，スタートアップ企業を含め小さい企業は生み出したイノベーションを特許化しない傾向が相対的に高いことが明らかになっています（Brouwer & Kleinknecht, 1999）。

　スタートアップ企業が発明した技術を特許化しないのはなぜでしょうか。図 7-5 には，アメリカのスタートアップ企業が特許保護を見送る理由についての調査結果が示されています。特許保護を見送る理由として「特許取得の費用」が最も多く，「特許権行使の費用」が 2 番目に多い理由となっていることがわかります。実際，特許取得には，さまざまな費用が発生します。日本の特許庁に出願する場合，出願料として 1 万 4000 円，出願審査請求料として 11 万 8000 円（および請求項の数 × 4000 円）が発生します。特許審査を経て特許権として登録されることになれば，登録料を毎年支払う必要があります[8]。特許関連の生涯費用は，権利を 10 年間保持した場合に約 60 万円（請求項が 8 つの場合）

図 7-5　スタートアップ企業（アメリカ）が主要技術の特許保護を見送る理由（複数回答あり）

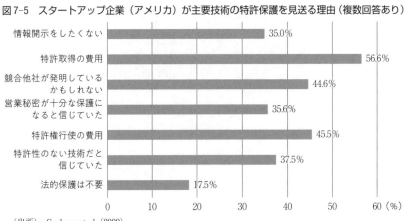

情報開示をしたくない	35.0%
特許取得の費用	56.6%
競合他社が発明しているかもしれない	44.6%
営業秘密が十分な保護になると信じていた	35.6%
特許権行使の費用	45.5%
特許性のない技術だと信じていた	37.5%
法的保護は不要	17.5%

（出所）Graham et al.(2009).

かかることになります[9]。さらに，特許出願にあたり，弁理士に対する報酬を負担する必要がありますが，日本弁理士協会のホームページによれば 1 件の出願につき平均約 26 万円となっています。資金の乏しいスタートアップ企業にとってはこれらの費用は決して小さくありません。

　特許は出願して登録されれば終わりではありません。発明した技術が特許として登録された場合は，その後の管理もしなければなりません。スタートアップ企業は，概して知的財産の専門家がおらず，組織として特許法務能力に欠ける傾向があります。中小企業は**特許権侵害訴訟**（patent infringement）に直面するリスクが相対的に高いことが明らかになっています（Lanjouw & Schankerman, 2004）。また，中小企業は，**パテント・トロール**（patent troll）から特許権侵害訴訟を起こされるリスクが高いといわれています[10]。これらの理由から，スタートアップ企業がイノベーション成果を特許化することのハードルは高いといえるでしょう。

　もちろん，スタートアップ企業の中で特許出願を行う企業がいることはいうまでもありません。図 7-6 には，アメリカのスタートアップ企業の中で特許出願を行った企業を対象に，出願動機について調査した結果が示されています。「自社の製品あるいはサービスの模倣を防ぐため」が最も重要性が高いという結果となっています。しかし，ここで注目すべきは，「投資獲得機会の向上のため」が特許取得の動機として重要性が高い点です。これは，大企業を対象とした調査においては低く評価される項目であり，スタートアップ企業特有の動機です。スタートアップ企業は，投資家や金融機関に対して自身の能力をシグナルすることを目的として特許を取得していることを意味しています。また，この図に示されているように，自社の出口戦略として，新規株式公開（IPO）や被買収による流動化の機会を増やすために特許出願を行っていると回答した企業が多いことが明らかになっています[11]。さらに，自社あるいは自社製品の

---

8)　知的財産は各国の法律によって保護されるため，国によって登録されるまでのプロセスや被る費用は異なります。

9)　詳しくは，たとえば，特許庁・工業所有権情報・研修館（2019）を参照してください。

10)　パテント・トロールは，研究開発を行う代わりに第三者から特許権を買い取り，保有する特許権を侵害している可能性のある企業に対して特許権を行使して，ライセンス料や賠償金を得ようとする個人や団体のことをさします。

11)　第 8 章第 4 節において，特許が企業の出口戦略において果たす役割について詳しく取り上げています。

図7-6　スタートアップ企業（アメリカ）の特許出願の動機

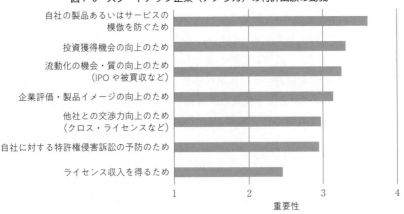

1＝まったく重要でない；2＝やや重要；3＝中程度に重要；4＝非常に重要

（注）　アメリカ特許を1つ以上出願していると回答した企業が対象。
（出所）　Graham et al.（2009）.

評判を高めることが重要な動機となっています。消費者に対するマーケティングや他社製品との差別化を意図して特許を取得していることが示唆されています。

イノベーション活動のための資金調達

　企業がイノベーション活動に取り組むためには多額の資金が必要になります。特に，新しい医薬品やワクチンの開発を目指すバイオ・スタートアップ企業のように研究開発の期間が長期にわたる分野では，創業後しばらくは利益（キャッシュフロー）が得られないことも多いといわれています（本庄ほか，2013）。このような企業を含め，研究開発志向の強いスタートアップ企業は，資金調達の成否がイノベーション活動に重大な影響を与えます。しかし，第5章で議論したように，不完全な資本市場においては，企業は希望どおりの資金を十分に調達できないという問題に直面します。特に，スタートアップ企業は，イノベーション活動のための資金調達では苦労することが知られています。そこにはどのような背景があるのでしょうか。

　第1に，研究開発は他の活動に比べて高い不確実性を伴うため，投資や出資をする側のリスクが高いという点があげられます。イノベーションに対するリ

ターンは非常に不確実であり歪んだ分布をしていることがよく知られています（Scherer & Harhoff, 2000）。研究開発を行うスタートアップ企業の成功は担保されているわけではありません。しかも，不動産のような有形資産とは異なり，研究開発プロジェクトは失敗に終わってしまうとほとんど資産価値を持たないため，外部の資金提供者から担保融資を受けることが困難となります（Kamien & Schwartz, 1978）。研究開発投資は，大部分がいったん投資すると回収できないサンクコストとなることが投資を妨げることにつながっています（Colombo & Grilli, 2007）。

　第2に，研究開発に関する情報を外部に開示するリスクが高いことがあげられます。すでに言及したように，イノベーション活動によって生み出される知識は一度公になってしまうと他人が利用したり模倣したりすることを妨げることが難しいという公共財のような性格を有しています。したがって，企業はライバル企業に技術情報が漏れないように，詳細な情報について資金提供者を含めて外部に対して提供したがりません。実際，ハイテク企業においては，資金提供者との間の情報の非対称性が強い傾向があり，逆淘汰の問題が顕著になることが明らかになっています（Guiso, 1998）。その結果として，資金提供者が十分な情報を得られないため，企業にとって巨額な投資が必要な場合であっても十分に資金調達が行われません。

　第3に，資本市場の不完全性のもとでは，企業が研究開発投資を行ううえでキャッシュフローが重要な役割を果たしますが，創業間もないスタートアップ企業は前期までにこのような内部資金を蓄積できていません。したがって，既存企業と比べて，スタートアップ企業は研究開発投資において資金制約に直面しやすいことが指摘されています（Himmelberg & Petersen, 1994）。

　これらの理由により，スタートアップ企業では研究開発のための資金調達が思うようにいきません。

知的財産権取得の効果

　スタートアップ企業にとって特許を取得することのハードルの高さは先ほど取り上げたとおりです。実際にスタートアップ企業は特許を取得することによって何が変わるのでしょうか。

　繰り返し議論してきたように，情報の非対称性が存在する状況においては，資金提供者などのステークホルダーにとってはスタートアップ企業に関して直

接観察可能な情報が限られており，情報収集に多大なコストが発生することになります。そのような状況において，スタートアップ企業が特許を取得することは，自らが考案したアイデアを発展させていくことに対するコミットメント（強い意思表示）を示しているとみなされます（Cefis & Marsili, 2011）。特許権を得るためには，特許庁へ出願し，審査請求を行う必要があり，それには多大な時間とコストがかかることになります。アントレプレナーに成長意欲がない場合，このような骨の折れる活動には消極的になるでしょう。そのため，外部の資金提供者にとっては，投資対象の企業が特許を有しているかどうかは，重要な**クオリティ・シグナル**（quality signal）となります（Hsu & Ziedonis, 2013；Hoenig & Henkel, 2015）。また，特許権を有しているということは，当該発明に関する排他的利用権を有していることになるため，それをもとに技術を含めたアイデアを取引する市場（アイデア市場）において**交渉の切り札**（bargaining chip）になります。

　スタートアップ企業は，創業初期には VC などの資金提供者との間に情報の非対称性が顕著になりますが，時間の経過とともに和らいでいくと考えられます。スタートアップ企業の事業の不確実性が低下していくことに加えて，当初明らかでなかったような情報が徐々に明らかになっていくからです。実際に，VC からの資金調達の第1段階では，特許保有が重要な役割を果たす一方で，2期目以降の段階では効果がないことを示す研究があります（Hoenen et al., 2014）。

　また，知的財産権の中でも特許だけではなく，商標権を有しているスタートアップ企業は VC から高く評価される傾向があります（Block et al., 2014）。発明の特許化はイノベーション創出プロセスにおいては初期段階に行われるものであり，発明されたアイデアが直接的に市場での商品化に結びつくかどうかは不確実です。逆に，商標権を取得するということは，すでに商業化の段階に入っていて，何らかの製品やサービスを持っている可能性が高いと考えられます（Flikkema et al., 2014）。さらに，特許は発明に限った権利であり，技術的なイノベーションに限られた知的財産権であるため，サービス業などの業種におけるイノベーションは捉えることができません。したがって，サービス業を中心とした業種においては，商標権取得が積極的なイノベーション活動とそれを通した成長意欲の重要なクオリティ・シグナルとなりうると考えられます。

イノベーションを促進する環境

　企業によるイノベーション活動は，取り巻く環境に大きく影響を受けること
が知られています。イノベーション活動を決める環境要因として，**市場需要**
（market demand），**技術機会**（technological opportunity），専有可能性の3つが重
要であることが指摘されてきました（Cohen, 2010）。

　イノベーションはどのようなきっかけで生まれるのかという問いに対しては，
ディマンド・プル（demand pull）か**テクノロジー・プッシュ**（technology push）
かという論争があります。前者は，社会からのニーズに基づいて新たな製品や
サービスが生まれることをさします。市場需要は，ここでのディマンド・プル
のような現象を意味しています。たとえば，新型コロナウイルスの感染と発症
を抑えるワクチンは社会の要請に応える形で，多くの企業や研究所において研
究・開発されてきました。市場需要がイノベーションを引き起こす好例といえ
るでしょう。

　後者のテクノロジー・プッシュは，技術的な進歩によって新しい可能性が生
じた結果として，新たな製品やサービスが誕生することを意味しており，技術
機会という概念と深く関連しています。技術機会は，研究開発によって新しい
技術や製品が生み出される可能性をさし，さまざまな情報源によってもたらさ
れます。たとえば，大学や公的研究機関において新しい知見が次々に生み出さ
れ，その情報が産業にスムーズに伝えられる場合には，当該産業に属する企業
は効率的に多くのイノベーションを生み出す機会が得られます（後藤・永田,
1997）。専有可能性についてはすでに説明したように，企業が自らの研究開発
をもとに生み出したイノベーションからどの程度リターンを得られるかを表す
概念です。技術機会とともに，専有可能性の条件は産業間で大きく変化するこ
とが明らかになっています（Levin et al., 1987）。

　これらのイノベーション活動を促進する環境要因は，スタートアップ企業を
含めてあらゆるタイプの企業に共通していると考えて差し支えないでしょう[12]。

---

12)　実際に，スタートアップ企業を対象にした分析において，技術機会や専有可能性が高
　　い産業ほど企業の特許性向（patent propensity）が強いことが示されています（Kato et
　　al., 2021）。

コラム 7-1　能力の高いアントレプレナーは研究開発資金の調達で苦労しないのか

　これまでの研究から，外部の資金提供者に対するクオリティ・シグナルとしてアントレプレナーの人的資本が重要な役割を果たすことが明らかにされています。人的資本の水準が高いアントレプレナーは，外部金融へのアクセスが相対的に容易であると考えられます。イノベーション活動のための資金調達において，同じことがいえるのでしょうか。

　日本のスタートアップ企業に対するアンケート調査を通して収集されたデータをもとに，アントレプレナーの学歴，職歴などの個人属性を通して測られる人的資本の水準が研究開発のための資金調達にどのような影響を与えるのかについての研究が行われています（Honjo et al., 2014）。特に，人的資本が「実際に調達した研究開発資金額」だけでなく，十分に成果をあげるために「必要な研究開発資金額」に対して影響を与えるのかという問いが検証されています。

　この研究からは，① 人的資本の水準が高い創業者を持つスタートアップ企業は，実際に調達した研究開発資金額が大きい，② このような企業は，必要な研究開発資金額が大きい，③ 結果として，このような企業は，研究開発のための資金調達ギャップ（実際に調達した研究開発資金額と必要な研究開発資金額の差額）は低下しない，という結果が示されています。

　この研究の結果は図 7-7 にまとめられています。人的資本の水準が高いアントレプレナーは，資金提供者からの研究開発投資の供給量を増やすことができるため，現実の研究開発投資は増えると考えられます。しかし，このようなアントレプレナーは，より多くのイノベーションのための機会を見つけることができ，高い遂行能力のために大規模なプロジェクトを追求するかもしれません。

図 7-7　アントレプレナーの人的資本と研究開発のための資金調達ギャップ

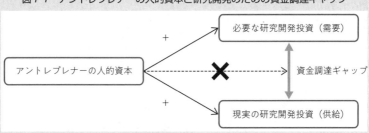

（出所）　Honjo et al.（2014）の分析結果をもとに筆者作成。

そのため，人的資本の水準が高いアントレプレナーは必要としている金額も多くなる傾向があります。このように人的資本は需要と供給の水準をともに高めるため，資金調達ギャップの解消にはつながらないというわけです。

　これまでの研究からは，人的資本の水準が高い創業者を持つスタートアップ企業は，そうでない企業と比べてイノベーション成果が優れていることが明らかになっています（Kato et al., 2015）。したがって，このようなアントレプレナーにとっての資金調達ギャップが解消できれば，さらなるイノベーション創出につながる可能性があるといえるでしょう。

3　オープン・イノベーション

オープン・イノベーションとは

　新しい知識からのベネフィットは，その知識を創出したイノベーターだけでなく，他の企業にも波及します。このような知識のスピルオーバーは，企業，部門，地域，国を越えて，労働者間の交流などのさまざまなチャネルを介して起こります（Cohen et al., 2002）。組織間の協力がない場合の非自発的な知識のスピルオーバーに焦点を当てた文献においては，企業が知識のスピルオーバーからのベネフィットを享受するには，他の組織との地理的・技術的な近接性が重要であることが強調されてきました（Orlando, 2004）。

　最近の文献では，組織間の自発的な知識のスピルオーバーに注目が集まっています。共同研究や市場での技術取引を通して，企業は社内で得られる以上の知識プールにアクセスすることができます。イノベーション創出に取り組む企業は，さまざまなソースから発信される複数の知識（インプット）を探し，組み替えなければなりません。企業が自社だけでなく，外部組織を巻き込んでイノベーション活動に取り組むことを**オープン・イノベーション**（open innovation）と呼びます。オープン・イノベーションは，今や企業にとって不可欠なイノベーション戦略となっています。今日，多くの技術は科学をベースに高度化・複雑化していることに加えて，技術の覇権をめぐる競争が活発化しています。このような環境のもとでは，企業が単独でイノベーションを実現すること

は大変困難となっています。**イノベーションのための分業**（division of innovative labor）は，スタートアップ企業に限らず，あらゆる企業にとって不可欠であるといっても過言ではありません。

　企業がオープン・イノベーションの戦略を採用する他の要因として，技術開発におけるコストの肥大化と市場における製品サイクルの短縮化があげられます（Chesbrough, 2003）[13]。他の組織とのパートナーシップは，自社だけではカバーできない研究開発の**コストの分散**につながり，企業は単独では取り組めなかったプロジェクトに従事することができるようにもなるかもしれません。単独で研究開発に取り組む場合は自社が持つ資源のみに頼ることになるため，その技術や能力に限界があります。その結果として，成果を出すまでに時間がかかることにつながったり，失敗につながったりと，競争優位の確立においてライバルに遅れをとる可能性があります。さらに，オープン・イノベーション戦略の採用は，リスクの高い研究開発投資において，**リスクの分散**にもつながるでしょう。

　スタートアップ企業にとっては，イノベーション活動において成功することは容易ではありません。スタートアップ企業が効率的にイノベーションを達成するためには，他の企業や大学などからの外部の知識フローをうまく活用して，**知識の吸収**（knowledge acquisition）に励む必要があります。

　他方で，いかなる企業でもオープン・イノベーションを追求するわけではありません。組織内部からの抵抗があるからです。企業で働く従業員は，組織の外で生み出された知識には馴染みがないだけでなく，自社あるいは何らかのグループ内にすでにある信念やルーチンを変えることに抵抗感を持つ傾向があります。結果として，彼らは外部で開発された知識やアイデアの利用に対して消極的な態度を取りがちです。このような態度は **NIH 症候群**（Not-invented-here syndrome）と呼ばれ，イノベーションを生み出すうえで大きな足かせになることが多くの研究によって示唆されてきました（Katz & Allen, 1982）。企業が組織内だけで研究開発を行っていくイノベーションの戦略は，**クローズド・イノベーション**（closed innovation）と呼ばれています。

　図 7-8 には，(a) クローズド・イノベーションと (b) オープン・イノベー

13）　実際，『ものづくり白書 2016 年版』によれば，調査対象の企業の 34％ は，過去 10 年間で開発してからライバルが模倣するまでの開発リードタイムが短くなっていると回答しています。

図7-8　クローズドおよびオープン・イノベーションのプロセス

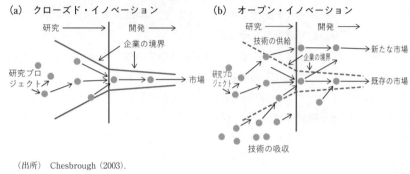

（出所）　Chesbrough（2003）.

ションのプロセスにおける技術の流れが示されています。繰り返し言及しているように，企業がイノベーションを実現するには，さまざまな情報ソースを由来とする複数の知識のインプットを再結合しなければなりません。しかし，クローズド・イノベーションにおいては，企業は「企業の境界」の外側から技術を取り入れることはなく，企業内部で研究プロジェクトが開始され，そこで生み出された技術のみに依存して開発が進み，最終的に市場での供給に至ります。

　逆に，図7-8（b）において示されているように，オープン・イノベーションにおいては，研究と開発のいずれの段階においても，企業の境界の外部から内部に対して技術が吸収されていくだけでなく，外部に対して技術を供給しながらイノベーション活動が進展していくことが見て取れます。資源の制約が大きいスタートアップ企業は，他の企業，大学，公的研究機関といった外部の組織とパートナーシップを形成することを通して，さまざまな情報ソースにアクセスして知識を吸収していくことが重要な戦略といえるでしょう。それによって，スタートアップ企業は技術を含めた新たな知識を内部に取り込むことができ，イノベーション活動において成功する可能性が高まるでしょう。

　スタートアップ企業がパートナーシップを形成する方法はいくつかあります。まず，ライセンシング（ライセンス契約）による外部技術の購入です。ライセンシングは，技術を保有する企業が**ライセンサー**（licenser）となって，技術を利用する側である**ライセンシー**（licensee）に対して，技術の利用に対する対価として**ロイヤルティ**（royalty）の支払いを求めるという技術供与に関する取り決めのことです。また，**共同研究開発**（cooperative R&D）は，外部組織と共同で

開発に取り組むことから，部分的には外部知識を購入することを意味します。ライセンシングがすでに完成した技術を購入するのに対して，共同研究開発はこれから開発することになるため，完成するかどうかは不確実であるという点が大きく異なります。これらの方法のほか，自社と他企業とが協力してジョイント・ベンチャーという形で新しい企業を設立して，そこで研究開発を行うという方法がとられることもあります。

　パートナーシップの相手も，企業，大学，公的研究機関などさまざまです。大学との共同研究開発に従事するスタートアップ企業は，そうでない企業と比べてより高い成長を実現しやすいことが明らかになっています（Toole et al., 2015）。スタートアップ企業がより効率的にイノベーションを実現して成長を目指すためには，さまざまなパートナーとの間でオープン・イノベーションを進めることが不可欠といえるでしょう。

> **キーワード7-3　オープン・イノベーション**
> 自社だけでイノベーション活動を行っていくクローズド・イノベーションに対して，自社だけでなく外部組織を巻き込んでイノベーション活動に取り組むことをいいます。

オープン・イノベーションにおける課題

　スタートアップ企業によるオープン・イノベーションにはいくつかの課題があります。まず，企業の**吸収能力**（absorptive capacity）の蓄積が十分でない場合に生じる課題です。吸収能力とは，企業が外部の知識の価値を認識して，それを吸収および習得して，商業化のために活用する能力をさします（Cohen & Levinthal, 1990）。吸収能力は，企業が外部の知識ソースに依存するかどうかを説明するうえで重要な概念です。組織（個人）が新しい知識を吸収して適切に活用するには，関連した専門知識をあらかじめ持っている必要があるという考えが背景にはあります。これは，過去の知識が新たな知識を記憶したり，思い出したり，利用する能力を増進させることを示唆する認知科学分野の研究に由来する議論です。

　吸収能力には，2つのタイプがあります（Zahra & George, 2002）。**潜在型吸収能力**（potential absorptive capacity）と**実現型吸収能力**（realized absorptive capacity）です。潜在型吸収能力は，外部の知識を察知・発見して，内部に吸収する

図7-9　吸収能力の特徴と役割──「潜在型」および「実現型」吸収能力

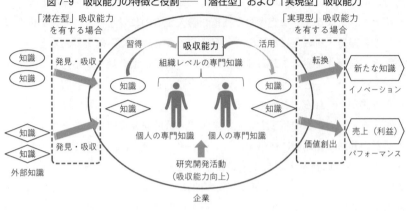

のに必要な能力であるのに対して，実現型吸収能力は，内部に吸収した知識を習得して，適切に活用することで新たな知識へと転換して価値を生み出して，最終的に企業パフォーマンス向上につなげる能力をさします。

　図7-9に描かれているとおり，企業の吸収能力は，組織内にいる個人が持つ専門知識に依存します。外部の知識やノウハウを吸収できるかどうかは，**技術のゲートキーパー**（technological gatekeepers）と呼ばれる技術専門職，科学者，あるいはエンジニアなどの組織内の秀でた従業員に強く依存することになります（Rothwell, 1992）[14]。個々のメンバーが経験などをもとに十分な専門知識を有している企業は，組織レベルの吸収能力が高く，組織の外にある情報をうまく察知・発見して知識として吸収することができます。また，吸収能力の高い企業は，外部から吸収した知識を社内でうまく活用することができ，新たな知識を創出したり価値創出につなげることができます。他方で，個々のメンバーの多くが専門知識を有していない場合，組織レベルの吸収能力が低く，情報を察知できないか察知して発見しても外部知識を理解・吸収して活用することが難しいといえるでしょう。

　それでは組織の吸収能力はどのようにすれば発展させられるのでしょうか。

14）　実際に，イタリアの中小企業を対象にした実証研究は，過去に研究開発活動に従事したことのある従業員の比率や大学の学位を有する従業員の比率などで測定される人的資源の水準が高い企業ほど吸収能力が高く，他企業や大学などの外部組織とのパートナーシップを形成する可能性が高いことを示しています（Muscio, 2007）。

図7-9に見られるように，典型的には企業内部での研究開発活動を通して吸収能力を向上させることができます（Cohen & Levinthal, 1989）。企業は内部で研究開発を実行することで，組織メンバーが学習して知識を蓄えることができ，組織全体としての吸収能力が高まると考えられます。同時に，研究開発に積極的に取り組むことで，企業は外部の研究開発機会に敏感になり，潜在的なパートナーや吸収すべき技術に関する知識を持てるようになるでしょう。

研究開発の経験が十分にないスタートアップ企業は，外部の新しい知識を吸収して活用するために必要な吸収能力が十分に備わっていません。したがって，スタートアップ企業が適切な外部の知識ソースを探索すること自体が簡単ではありません。スタートアップ企業は創業者の資源に強く依存する傾向があります。したがって，創業者が持っている知識がスタートアップ企業に不足している知識を補う役割を果たすことが期待されます。実際に，創業者の人的資本の水準が高いスタートアップ企業では，外部の知識吸収に取り組む可能性が相対的に高いことが明らかになっています（Debrulle et al., 2014；Kato, 2020）。

スタートアップ企業がイノベーション成果から収益化を図る際にも課題が残ります。いうまでもなく，企業が新しい技術を発明したとしても，それを商業化に結びつけて販売できないと利益獲得に結びつきません。図7-10に示されているように，企業がイノベーションを収益化するためには，「イノベーショ

図7-10　イノベーションの商業化に必要な補完的資産

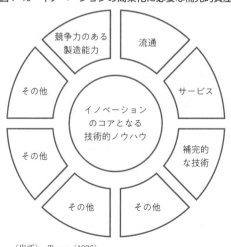

（出所）　Teece（1986）.

ンのコアとなる技術的ノウハウ」に加えて，競争力のある製造能力，流通，サービス，補完的な技術といった補完的資産を持つことが必須となります（第6章第3節を参照）。しかし，スタートアップ企業の多くは，このような補完的資産を持っていないため，市場で製品・サービスを販売するために必要な有形・無形の資産を新たに獲得する必要があります。したがって，補完的資産の獲得という意味でも，外部組織（大学，公的研究機関，他企業）とのパートナーシップが欠かせません。

キーワード 7-4　吸 収 能 力

企業が外部知識の価値を認識して，それを吸収および習得するために必要な能力，および，吸収した知識を活用して価値創出を実現させる能力をさします。

コラム 7-2　イノベーションの測定指標

　スタートアップ企業によるイノベーション活動は，どのように定量的に測定することができるのでしょうか。これまでの実証研究において，さまざまな指標を使ったイノベーション測定の試みが行われてきました。

　このコラムでは，イノベーション測定のための指標に関して，(1)研究開発，(2)特許，(3)特許以外の知的財産権，(4)その他の指標の4つについて概観します。

　(1) 研 究 開 発

　研究開発は，イノベーション活動におけるインプットと捉えることができます。研究開発のために割いた「支出額」「人的資源」（人数や賃金），あるいは「企業全体の金額や数に占めるそれらの比率」（研究開発集約度）によって測定されます。一般的には，教育や研修にかかる費用は研究開発とは異なるとみなされます。このような指標を用いる長所としては，データが比較的入手しやすく，多くの国で利用可能であることがあげられます。

　ただし，未上場のスタートアップ企業の研究開発の情報を入手することは一般的には困難です。また，研究開発の指標がすべての企業において統一した基準で測定されているかは明確でなく，特に中小企業における研究開発支出金額の過小測定はたびたび指摘されてきました（Kleinknecht et al., 2002）。

　(2) 特　　　許

　イノベーション活動を捉えるために，特許データを用いた測定がよく行われ

ます（Nagaoka et al., 2010）。特許データは，一般にオンラインでも公開され
ているため誰でもアクセスすることができます。日本の特許庁に出願された特
許は，出願日から1年6カ月経過後，出願内容が一般に公開されます。詳細な
情報が長期にわたって利用可能です。研究開発はイノベーション活動における
インプットの指標と見なされるのに対して，特許はアウトプットの指標として
用いられることがあります。ただし，特許は，企業のイノベーション活動にお
いては初期段階（発明のステージ）の活動を把握することはできますが，商業
化などのより市場に近いステージのイノベーション活動の把握には適していま
せん。

　特許をイノベーション活動の指標として用いることの課題もあります。たと
えば，すべての発明が特許化されるわけではないという点があげられます（本
章第2節を参照）。そのため，特許データを用いてイノベーションを測定する
場合，特許として出願（登録）された発明のみを捉えているという点には留意
が必要です。

(3)　特許以外の知的財産権

　イノベーションの成果として，技術的なものだけではなく，多くの新しいサ
ービスが日々生み出されています。たとえば，ライドシェア，配車アプリによ
るタクシー呼び寄せ，新幹線のオンライン予約システムなど多くのサービスが
世の中に普及しています。このような企業による**サービス・イノベーション**
（service innovation）はどのように測定できるのでしょうか。

　サービス・イノベーションは，研究開発や特許などのイノベーション指標で
は把握するのが難しいと考えられます。そこで，近年各国で整備されてきたデ
ータベースをもとに，商標，意匠（デザイン）などの知的財産権の情報を利用
することでサービス・イノベーションを測定する試みが行われています。特に，
商標データを用いた研究が増えており，特許で捉えることのできないサービス
面でのイノベーションが測定できることがわかってきました（Flikkema et al.,
2014；Seip et al., 2018；Block et al., 2022）。

(4)　その他の指標

　公開されている情報だけをもとにイノベーション活動を測定することは容易
ではないため，企業に対してアンケート調査を行ってデータを収集する試みが
行われてきました。たとえば，1990年代以降にヨーロッパにおいては，Com-
munity Innovation Survey（CIS）と呼ばれる企業に対する大規模なアンケー
ト調査が実施されています（Arundel & Smith, 2013）。既存データからは得ら

れない詳細なイノベーション活動を把握することを目的としています。このようなアンケート調査では，イノベーション活動に関する詳細な情報を得ることが可能で，インプットやアウトプットだけでなく，研究開発における外部組織とのパートナーシップ，イノベーション活動における情報の源泉など多岐にわたる項目が対象になっています。日本においては，CIS と類似した調査として，文部科学省科学技術・学術政策研究所（NISTEP）による「全国イノベーション調査」が 2003 年以降に定期的に実施されています。

　特に，イノベーション活動を含め企業活動の多くの情報が公開されている上場企業とは異なり，未上場のスタートアップ企業のイノベーションに関するデータを入手することは容易ではありません。そのため，基本的には，スタートアップ企業のイノベーションを把握するには，公開されている特許を含めた知的財産のデータを用いるか（Kato et al., 2021），独自に企業に対してアンケート調査を実施するか（Okamuro et al., 2011），どちらかの方法しかないといって差し支えないでしょう。

本章のまとめ

1. スタートアップ企業のイノベーション戦略においては，急進的で変化の大きなイノベーションであるラディカル・イノベーションを志向する傾向があります。他方で，既存企業は変化の小さなイノベーションであるインクリメンタル・イノベーションを志向する傾向があります。

2. スタートアップ企業による知的財産権（特許など）の取得は，自社の発明した技術を保護することに加えて，資金調達の機会やレピュテーションの向上を目指して行っていることが明らかになっています。しかし，スタートアップ企業は，コストのかかる知的財産権の取得に消極的な傾向があり，取得後の管理能力の欠如も課題となっています。

3. スタートアップ企業は，自社だけで研究開発を行い，イノベーション成果を効率的に実現することは難しいため，オープン・イノベーション戦略が欠かせません。ただし，企業がイノベーションを収益化するには，研究開発投資による吸収能力の向上と補完的資産の獲得を進めることが求められます。

ディスカッションのための問題

1. スタートアップ企業によるイノベーションはどのような特徴を持っているでしょうか。既存企業との違いをいくつかあげてみましょう。

2. 企業によって創出されたイノベーションの中で，スタートアップ企業によるイノベーションにはどのようなものがあるのかを雑誌や新聞の記事などをもとに探してみましょう。

3. シュンペーター仮説は現実に成り立つでしょうか。いくつかの産業を取り上げて検証してみましょう。

4. スタートアップ企業が発明した技術を特許化する動機にはどのようなものがあるでしょうか。既存企業との違いに注目して考えてみましょう。

5. スタートアップ企業がイノベーションの実現で苦労するのはどのような理由からでしょうか。いくつかあげてみましょう。

第8章

企業の生存

退出は常にバッド・ニュースなのか

本章のテーマ

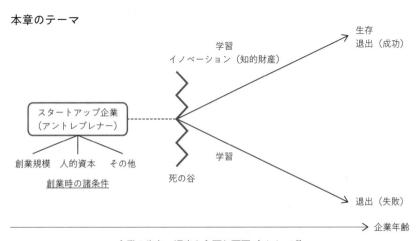

企業の生存・退出と主要な要因（イメージ）

1. なぜ「生存」と「退出」について知る必要があるのか？
2. どのようなメカニズムで退出が起きるのか？
3. なぜ退出がグッド・ニュースなのか？
4. 企業の生存を決めるのは何か？

1　企業のライフサイクルと「退出」の重要性

　人にライフサイクルがあるように，企業や産業にもライフサイクルがあります。企業は誕生して以来，ライバル企業との競争を含め，幾多の困難を乗り越えた場合に限って生き残ることができます。他方で，困難を乗り越えられなかった企業はやがて消え行く運命にあります。

企業の退出が持つ意味

　第2章で明らかにしたように，非効率な企業の退出は避けて通れません。しかし，企業の退出は，失敗（failure）を想起させ，ネガティブな印象を伴います。たしかに，事業の失敗の結果として退出することになれば，従業員，債権者，取引先，経営者自身の家族といった関係者に多大なダメージを与えることになるでしょう。

　たとえば，経営者と従業員の雇用が失われることになります。企業の退出が雇用に与える影響に関するニュージーランドを対象とした研究によると，勤務先企業が閉鎖した場合の従業員の1年後の就業確率はそれ以外の企業で勤務している場合と比べて14%低く，4年後は12%低く，同様に閉鎖1年後の月収は22%，4年後は16%低い水準となっています（Dixon & Stillman, 2009）。企業の退出は，人々の生活に大きな影響を与えることになります。また，当該企業の経営者や従業員に影響を与えるだけではありません。関連会社への影響も避けて通れません。ある企業が倒産することによって，企業間信用を通した取引関係のある企業が連鎖倒産する可能性が高まることが知られています（Hazama & Uesugi, 2017）。

　しかし，経営者がこれ以上の成長が見込めないと判断した場合，黒字であっても事業を早期に清算して再出発したり，他の企業に合併あるいは買収されることによって形を変えて存続することもあります。退出は必ずしもバッド・ニュースであるとは限りません。企業にとって生存（survival）が「成功」の唯一の結果ではありません。経済全体の観点からは，新しい企業が誕生する一方で，市場にうまく適用できない企業が退出するという新陳代謝は，健全な市場メカニズムを維持するうえで欠かせません。

　経済学における退出とは，企業が生産を止めて事業（市場）から撤退するこ

とを意味します。しかし，必ずしも企業の消滅を意味するわけではありません。単一事業を営む企業にとっては，その事業の生産を停止することは企業自体の消滅を意味します。他方で，複数の事業を営む多角化企業にとっては，1つの事業からの撤退は事業ポートフォリオの縮小に過ぎません。

　経済学では，長期的に見て経済的損失を被ると予想するとき，企業は退出すると考えられています。また，事業でうまくいかない企業の退出が起こるからこそ，市場で効率的な資源配分が実現すると考えられています。H. スペンサーやC. R. ダーウィンが提起した**自然淘汰メカニズム**（natural selection mechanism）は，環境変化にうまく適応する企業だけが生存するという**適者生存**（survival of the fittest）こそが効率的な資源配分の実現には欠かせないことを示唆しています。生産性の高い企業は，少ないインプットで多くのアウトプットを生み出すことができますし，生産を拡大するプロセスにおいて，多くの労働力を必要とするため雇用を生み出します。その結果として，当該市場（産業）の生産性を高めることにつながります。したがって，生産性の低い企業が退出して，生産性の高い企業が参入することが経済全体にとっては望ましい結果になります。

> **キーワード 8-1　自然淘汰メカニズム**
> 環境変化に適応できる者（効率的な企業）が生き残り，適応できない者（非効率的な企業）が退出を余儀なくされるという適者生存のメカニズムのことをいいます。

ゾンビ企業と経済の不健全性

　現実の市場では，必ずしもこの自然淘汰メカニズムが機能するとは限りません。本来存続が可能でないにもかかわらず銀行による金利減免を通して延命されている，**ゾンビ企業**（zombie firm）の存在が指摘されてきました[1]。ゾンビ企業の存在は，日本経済の低迷の一因であることが明らかにされています（Caballero et al., 2008）。

　このように，市場における効率的な資源配分の観点からは退出は避けて通れ

---

1)　ゾンビ企業の定義は研究によって異なりますが，Hoshi（2006）は「実際の支払利息が最低支払利息を下回っている企業」と定義しています。

図8-1　日本におけるゾンビ企業の割合

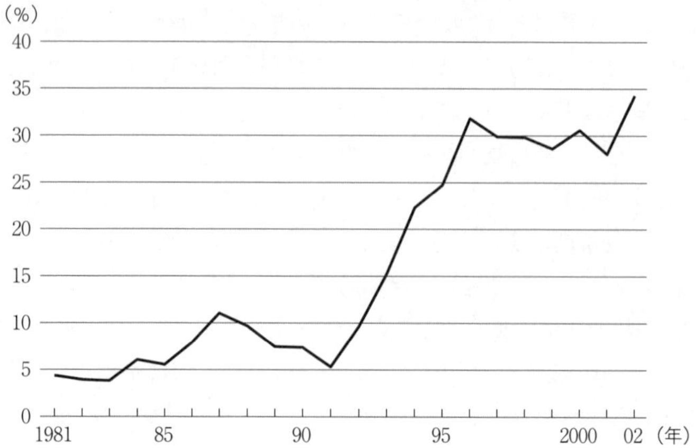

(出所)　Hoshi (2006).

ない一方で，事業の失敗を通して退出する企業の関係者にとってはバッド・ニュースであるといえるでしょう。

　図8-1で見られるように，日本経済においてゾンビ企業はバブル経済崩壊後の1990年代に急激に増加していきました。1980年代まではゾンビ企業の割合はせいぜい10％に届かない水準でしたが，1990年代に入ってから実に30％もの企業がゾンビ企業化していることがわかります。本来は退出すべき非効率的な企業が市場にとどまることは，市場全体の効率性に悪影響を与えます。

　実際，この間，退出した企業の生産性の水準は，生存している企業よりも高いことが観察されてきました（Nishimura et al., 2005；Fukao & Kwon, 2006）。「失われた10年」と呼ばれる1990年代の日本経済の低迷は，ゾンビ企業の増加によってそれ以外の企業の投資や雇用成長を停滞させたことが原因の1つだと考えられています。産業の生産性の上昇あるいは維持のためには，新しい企業の参入によって生産性の低い企業が退出するという排除効果を通した新陳代謝が欠かせません。

　表8-1で示されているのは，日本経済における全要素生産性（TFP）あるいは労働生産性の成長率の要因分解を行った3つの研究の結果についてまとめられたものです[2]。ここで，「内部効果」は既存企業の生産性上昇効果，「再配分効果」は生産性の高い企業のシェア拡大効果，「参入効果」は生産性の高い企業の参入効果，「退出効果」は生産性の低い企業の退出効果，「純参入効果」は

表8-1　日本経済における生産性成長率の要因分解

著者	期間	対象	生産性指標	生産性成長率(%)	内部効果	再配分効果	純参入効果	参入効果	退出効果
Fukao & Kwon (2006)	1994〜2001	製	TFP	2.10	56	16	29	53	−24
権ほか (2008)	1996〜2000	製・サ	TFP	0.96	67	1	32	53	−20
	2001〜2005	製・サ	TFP	1.98	68	7	25	38	−13
金ほか (2007)	1997〜1999	非製	労働	−2.65	−33	178	−46	−29	−16
	2000〜2002	非製	労働	1.48	93	35	−27	−29	3

（注）　構成要素における数値は寄与率（％）を表しています。対象に関して，製，サ，非製は，それぞれ製造業，サービス業，非製造業を表しています。生産性指標については，TFPは全要素生産性，労働は労働生産性を表しています。
（出所）　伊藤・松浦（2010）をもとに筆者が一部加工。

参入効果と退出効果の合計をさします。この表で示されているように，1990年代以降の製造業とサービス業において退出効果が負となっています。これは，生産性の高い企業や事業所の退出が増加していることを表しており，自然淘汰メカニズムがうまく働かず，新陳代謝が機能していないことを意味します。

　ゾンビ企業の存在が資源配分の歪みを生じさせることは日本経済だけの問題ではなく，国外においても観察されています。2004年から2017年のポルトガルの製造業とサービス業を対象にした分析は，ゾンビ企業の存在が生産性を低下させていることを明らかにし，ゾンビ企業のシェアが1%低下することで労働生産性が3.1%増加することを明らかにしています（Carreira et al., 2021）。これらの研究からは，経済を回復させるためには，ゾンビ企業のシェアを減らすこと，つまり，非効率的な企業が退出するという健全な市場メカニズムが機能することが重要であることを示唆しています。

---

2)　生産性とは，投入物に対してどれだけ生産物が効率的に生み出せるかを表した指標です。労働生産性は投入物として労働にだけ着目した指標で，TFPは投入物として労働に加えて機械設備や原材料を考慮した指標です。少ない投入物で多くの生産物を得られるようになるということは，何らかのイノベーションが起こった結果であると考えられるでしょう。そのため，TFPは技術進歩の指標として広く用いられています。

生存と退出のメカニズム

　どのようなときに企業は退出するのでしょうか。企業が退出するメカニズムを明らかにするため，これまで多くの理論が提唱されてきました。ここでは，経済学と関連する分野の主要な生存と退出のメカニズムに関する理論について紹介します。

最適規模の達成

　企業の生存と退出を分ける理由として，第4章第3節で学んだ規模の経済性の存在があげられます。最も効率的に操業できる規模である最小効率規模（MES）を達成できるかどうかが企業の命運を握っています。図8-2は，平均費用曲線（*AC*）を表しています[3]。企業2の生産量は市場における最適な規模であるMESで生産していることがわかります[4]。他方で，企業1はMESより小さい規模で生産しているため，企業2に比べて非効率といえるでしょう。MESを達成できるかどうかは，市場での競争優位を獲得するうえで重要であり，生存できるか退出を強いられるかの別れ道になります。

　スタートアップ企業の多くは，小さな規模で創業することがよく知られています。しかし，スタートアップ企業が小さな規模で創業することを希望しているわけではありません。小さな規模での創業は，資金へのアクセスが限定的であることが一因だと考えられています（Fazzari et al., 1988）。資金制約が大きい企業が，小規模での創業（操業）を強いられていると考えた方がよさそうです。規模の小さな企業はMESでの操業が難しく，費用面で不利になります。その結果として，資金制約が大きい企業は資金制約のない競合他社と比べて生存する可能性が低下すると考えられます。

---

3)　平均費用は1単位生産するために要する費用をさします。

4)　*AC* 曲線の底であり，限界費用曲線と交わる点がMESとなります。現実の *AC* 曲線の形状やMESは産業によって大きく異なると考えられます。図8-2で描かれているようなU字型の *AC* 曲線もあれば，固定費用がゼロで生産量が増えても平均費用（および限界費用）が不変の場合もあれば，自然独占のように *AC* 曲線が常に右下がりの場合もあります。詳しくは小田切（2019）の第1章を参照してください。

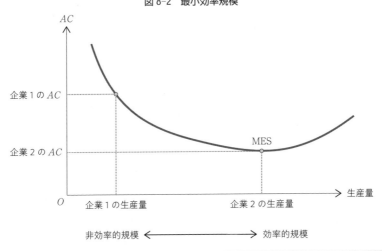

図 8-2　最小効率規模

ポジショニング・ビューとリソース・ベースド・ビュー

　企業のパフォーマンスは，直面している外部環境によって決まるのか，それとも企業が持っている内部資源によって決まるのかという問いは長年にわたって取り組まれてきました。前者の「外部環境がパフォーマンスを決定する」というアプローチは，**ポジショニング・ビュー**（positioning view）あるいは**ポジショニング・スクール**（positioning school）と呼ばれ，経済学における産業組織論に基礎を置く M. E. ポーターらの功績によって発展してきました（Porter, 1980）。この考えは，産業組織論における構造（structure）‐行動（conduct）‐成果（performance）パラダイム（SCP パラダイム）と呼ばれるアプローチをもとにしています。このアプローチでは，独占や競争的状況といった市場構造が企業行動を決定し，その結果として企業の成果が決まると考えられていました。たとえば，独占的な市場構造においては，企業は高い価格を設定することができ，高い利潤を獲得できるはずです。逆に，競争的市場では，企業は市場で決まった価格を受け入れるしかなく，利潤をほとんど得られません。このように，ポジショニング・ビューには，外部環境が企業の行動を変えることによってパフォーマンスが決まるという考えが背景にあります。ポーターは，SCP パラダイムを企業の競争戦略に応用し，企業が直面する機会を利用しつつ，さらされ

図 8-3　ポジショニング・ビューとリソース・ベースド・ビュー

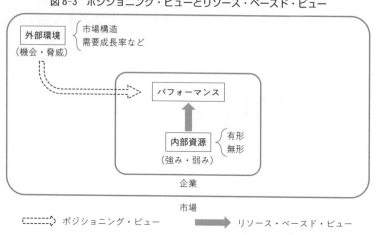

る脅威を減らすことで競争優位を獲得できることを強調しました。競争優位を獲得した企業の生存確率は高まると考えられます。

　後者の「企業の内部資源がパフォーマンスを決定する」というアプローチは，**リソース・ベースド・ビュー**（resource-based view）と呼ばれ，B. ワーナーフェルトや J. バーニーによって提唱され，これまで大きく発展してきました（Wernerfelt, 1984 ; Barney, 1991）。企業は自社が持つ強みを生かしつつ，弱みを避けるような戦略を追求することが競争優位の獲得につながると考えられています。企業は他社からの模倣が困難であるような，ユニークな資源を組織内に蓄積させることで競争優位を確立して，結果として退出を回避できることが示唆されています（Esteve-Pérez et al., 2008）。

　図 8-3 は，ポジショニング・ビューとリソース・ベースド・ビューの違いを描いています。前者は，市場構造（企業数や参入障壁）や需要成長率などの機会と脅威を含む外部環境が企業パフォーマンスを決めるという考えであり，後者は，有形および無形の企業の内部資源が企業パフォーマンスを決めるという考えであることが示されています。

　スタートアップ企業のパフォーマンス指標としての生存と退出は，外部環境と内部資源のうちどちらの要因によって説明することができるのかという点については，必ずしも結論が出ているわけではありません[5]。第 4 節で取り上げるように，スタートアップ企業の生存要因として，ポジショニング・ビューの

観点からの分析もあれば，リソース・ベースド・ビューの観点からアントレプレナーの人的資本あるいはイノベーションと知的財産といった内部資源に注目した分析もあります。

> **キーワード 8-2　リソース・ベースド・ビュー**
> 企業内部の資源がパフォーマンスを決定するうえで鍵になるという考え方をさします。この考え方によれば，企業は，他社からの模倣が困難であるようなユニークな資源を蓄積させ，自身の強みを生かしつつ弱みを避けることで，競争優位を獲得できます。

アントレプレナーによる学習

　アントレプレナーによる学習を通した退出の意思決定については，理論的に多くの研究蓄積があります。多くのアントレプレナーは「参入ミス」を犯します。アントレプレナーは，創業後に事業がうまくいかないことがわかれば，退出することは合理的なオプションと考えられています。

　受動的学習（passive learning）と呼ばれるモデルでは，アントレプレナーは，創業時には自身の創業能力について未知である一方で，創業後に自身の創業能力について学習（アップデート）すると考えられています（Jovanovic, 1982）。このモデルでは，創業時点での能力に関する期待や事業規模は企業間で変わらず，同一と仮定されています。アントレプレナーは，創業後に自身の創業能力（効率性）が優れていると判断した場合は事業規模を拡大し，優れていないと判断すれば縮小して，場合によっては退出することを選びます。自ら進んで学習するのではなく，事業を行うことを通してそれまで知らなかった自身の創業能力を知ることになるため「受動的」学習と呼ばれています。企業は各期に規模を拡大すべきか，縮小すべきか，退出すべきかといった戦略について意思決定

---

5)　企業パフォーマンスを決めるのは何かという問いに直接的に取り組んだ研究があります。企業の事業セグメントの利益率を説明する要因として，事業効果，産業効果，企業効果，マクロ効果，その他という 5 つのうち，事業効果（30% 程度説明）が最も重要であることが示されています（McGahan & Porter, 1997, 2002）。これは企業の事業レベルでの競争戦略がパフォーマンスを決めるうえで最も重要な要素であることを示唆する一方で，産業効果（最大で 20% 程度説明）も無視できないレベルで重要であることが明らかになっています。日本を対象にした研究では，事業効果がより大きく（50% 程度説明），産業効果は小さい（7% 程度説明）ことが明らかにされています（Fukui & Ushijima, 2011）。

することになります（Santarelli & Vivarelli, 2007）。

　他方で，**能動的学習**（active learning）モデルでは，アントレプレナーは自社が参入する産業の将来の利益分布や自社およびライバル企業の特性を創業当初から知っていると想定されています（Ericson & Pakes, 1995）。このモデルでは，スタートアップ企業は当該産業の MES 水準まで自身の規模を調整するか，成長しないときでも生存確率が相対的に高くなるような産業内ニッチ（競争が激しくない分野）を選びます。企業が自らの効率性を高める努力を行うため「能動的」学習と呼ばれています。企業は，参入した後，当該産業にとどまることで期待される割引現在価値と機会費用を比較し，前者が大きければとどまって投資を続けて，後者が大きければ退出します。

　アントレプレナーは一度失敗をしたらそれで終わりではありません。過去の「失敗の経験」から学習することを通して，さまざまな知識やスキルを蓄積させることができます。第3章第3節で取り上げたシリアル・アントレプレナーは，創業経験を通して学習することによって，次に創業したときには成功する可能性が高まるでしょう。実際，シリアル・アントレプレナーは，創業経験を持たないアントレプレナーと比べてスキルが磨かれ，ネットワークが拡大することで，ベンチャー・キャピタル（VC）などからの資金調達において有利であることを示す研究があります（Zhang, 2011）。また，本章第4節で取り上げるように，シリアル・アントレプレナーは生存確率が高い傾向にあります。

　しかし，失敗経験を通して学習することで次の創業につなげようとするアントレプレナーもいれば，失敗しても次に生かすことができないアントレプレナーもいます。いくつかの研究がこの点について興味深い分析を行っています。たとえば，イギリスのアントレプレナーに対する調査に基づいた研究では，創業して失敗した経験を持つシリアル・アントレプレナーは，初めて創業するアントレプレナーに比べて，次の創業での失敗確率が低い（成功確率が高い）だろうという楽観主義を持っていることが示されています（Ucbasaran et al., 2010）。アントレプレナーは失敗経験から必ずしも学習するとは限らないため，一度失敗したアントレプレナーが再度創業することを促すべきとまでは言い切れません。実際，失敗したアントレプレナーがすべて次の創業において成功するわけではなく，失敗の責任が自分にあると認識するアントレプレナーだけが失敗から学習したことを次に生かすことができ，次の創業時において成功しやすいことを明らかにした研究があります（Yamakawa et al., 2015）。

ギャンブラーの破産理論

　企業の生存と退出を説明するうえで，**ギャンブラーの破産理論**（gambler's ruin theory）というアプローチが提唱されてきました。これは，アントレプレナーをポーカーのような「運」（chance）が大きく左右するゲーム（game of chance）を行うプレイヤーに見立てることで，退出（破産）や成長といった成果達成のメカニズムを説明しようとするアプローチです[6]。

　カジノ場でのギャンブルでは，次に何が起こるかは，確率的にはランダムに決まるので予測不可能です。このような事象を**ランダム・ウォーク**（random walk）に従うといいます。したがって，このようなゲームのプレイヤーは，結果についてコントロールすることはできませんが，自身の勝ち運については超楽観主義の傾向があると考えられています。ギャンブルに勝つとチップ（資源）が増え，より長く滞在することが可能になりますが，資金が尽きればカジノ場を去る（退出する）ことになります。

　ギャンブラーの破産理論においては，アントレプレナーは楽観的で自信過剰であることが仮定されています。また，アントレプレナーは一定の資金をもとで創業して，その資金が尽きるまで事業を続けます[7]。したがって，創業時に調達した資金が少ないアントレプレナーは早く資金が尽きるため，より早く市場から退出する可能性が高まります。逆に，多くの資金を集めて創業したアントレプレナーは，より長く市場に滞在することができると考えられています。そして，創業後に運良く成功すれば資金を増やすことができ，その後の生存確率は高まります（Coad et al., 2013）[8]。

　この理論に基づけば，スタートアップ企業（アントレプレナー）の創業後のパフォーマンスはギャンブルと同じで運に大きく左右され，初期に保有する資源

---

6)　創業がギャンブルにたとえられるのは，それだけ失敗する可能性が高く，リスクが高い事象であるということがいえるでしょう。

7)　創業後，一定期間は資金が尽きることはありません。結果として，創業からの年数と退出率の関係を見たとき，逆U字の関係があることが知られています。言い換えれば，創業直後には退出確率は低く，資源が尽きる創業後の2年や3年といった一定期間経過後が最も退出確率が高くなり，その後再び低下に転じます（Levinthal, 1991；Saridakis et al., 2021）。

8)　ただし，ギャンブラーの破産理論では，プレイヤーが「学習」することは考慮されていません。

の大きさだけが生存するうえで重要な要因であることを示唆しています。

3　多様化する企業の退出経路

　ここまでは，企業の退出がすべて事業の失敗から起こるかのように議論してきました。しかし，実際には，企業は多様な理由と方法で退出します。経営者は個人的な理由で企業を閉じることがあります。また，スタートアップ企業は他の企業に合併されることによって消滅することがあります。アントレプレナーは自社の退出経路を探ったり，退出を実現するための最適なプロセスを理解しようと努めたりと日々慌ただしくしているといわれています（Wennberg & DeTienne, 2014）。

　表8-2は，企業の退出経路に関する分類を表しています。まず，**売却による退出**（exit by sale）と**清算による退出**（exit by liquidation）は異なる退出経路とみなすことができます。また，売却による退出の中でも，パフォーマンスが高い状態の企業を売却することがあります。**収穫のための売却**（harvest sale）といわれ，経営者が自社株を他社に買ってもらったり，企業自体を吸収してもらったりすることによって売却益を得ることができます。他方で，パフォーマンスが悪化している企業が他社に買ってもらうというケースもあります。**困窮による売却**（distress sale）と呼ばれています。また，経済的に困窮している企業を関連会社や取引会社が救済することを目的に合併することがあります。このような合併は，**救済合併**（rescue merger）と呼ばれます。

　他方で，清算による退出は，パフォーマンスが高い企業が行う場合もあれば，

表8-2　退出経路の分類

パフォーマンス／退出経路	高い	低い
売却による退出 (exit by sale)	収穫のための売却 (harvest sale)	困窮による売却 (distress sale)
清算による退出 (exit by liquidation)	清算 (liquidation)	困窮による清算 (distress liquidation)

（出所）　Wennberg et al. (2010).

パフォーマンスが低くて経済的に困窮している企業が行う場合もあります。前者は廃業や解散を通した清算，後者は**困窮による清算**（distress liquidation）であり，主に**倒産**（bankruptcy）のことをさしています。

倒産と自主廃業

倒産とは，企業が支払不能あるいは債務超過に陥り，営業を停止した状況をさします。日本においては，破産法のもとで会社の清算を行う場合もあれば，会社更生法や民事再生法のもとで再建を目指す場合もあります。アメリカにおいては，企業が倒産して清算する場合は連邦破産法第7条に基づき手続きが進められ，企業が倒産した後に再生を目指す場合は連邦倒産法第11条に基づき進められます。前者のような倒産を**チャプター・セブン**（Chapter 7），後者は**チャプター・イレブン**（Chapter 11）と呼ばれています。

また，企業は，支払不能や債務超過には至っていないが，もはや事業がうまくいかないと判断すれば，廃業あるいは解散を行うことがあります。廃業や解散は，倒産と違って自主的な企業の退出ですので，**自主廃業**（voluntary liquida-

表8-3　小企業の退出理由

(単位：%)

退出の理由	合計	退出時の経営者の年齢	
		65歳未満	65歳以上
1　人生をのんびり過ごすため	3.1	3.3	2.9
2　新しい仕事を得たか，新しい事業を始めた	3.1	4.9	0.8
3　経営者が高齢化している	20.0	5.4	38.7
4　従業員が高齢化している	0.8	0.4	1.2
5　経営者の病気あるいは怪我	14.5	13.0	16.4
6　経営者の親族の病気あるいは怪我	2.7	2.4	3.1
7　結婚や引越のような家族の問題がある（6以外）	0.9	1.4	0.1
8　災害	0.3	0.4	0.1
9　事業に関するモチベーションが低下している	6.9	8.6	4.7
10　今後の事業の見通しが良くない	37.9	49.2	23.4
11　倒産	2.3	2.8	1.7
12　その他	7.6	8.3	6.8
合計	100.0	100.0	100.0
企業数	1,743	979	764

(出所)　Harada (2007).

tion）と呼ばれます。自主廃業はさまざまな理由で起こります。表 8-3 は，日本の小企業が退出した理由に関する調査結果です。小企業の退出理由として「10. 今後の事業の見通しが良くない（37.9%）」が最も多く，事業がうまくいっていないために倒産前に早めに退出していることが示唆されます。他方で，小企業の退出理由として「3. 経営者が高齢化している（20.0%）」が次に多く，「5. 経営者の病気あるいは怪我（14.5%）」が続いています。このように，企業は事業の失敗が原因ではなく，経営者の年齢や健康上の理由で退出することがあります。さらに，「12. その他（7.6%）」を除いて，「9. 事業に関するモチベーションが低下している（6.9%）」，「1. 人生をのんびり過ごすため（3.1%）」，あるいは「2. 新しい仕事を得たか，新しい事業を始めた（3.1%）」といった非経済的な理由での退出をすべて合わせると実に 50% を超えています。

　日本では少子高齢化を背景に，経営者が後継者を見つけられないというケースが増えています。図 8-4 に示されているように，日本における自主廃業（休廃業・解散）の件数は，2000 年からの 20 年足らずの間で 1 万 5000 件から 3 万件程度へと倍増していることがわかります。自主廃業が倍増した理由の 1 つは，表 8-3 で見たように経営者が高齢化していて，後継者を見つけられないことが原因かもしれません。逆に倒産件数は減少しており，同期間に 2 万件から 1 万

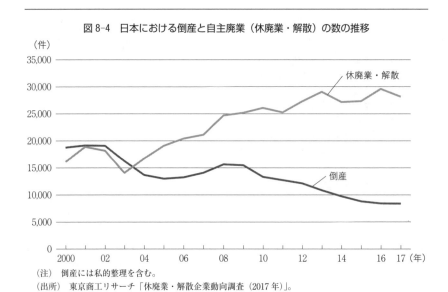

図 8-4　日本における倒産と自主廃業（休廃業・解散）の数の推移

（注）　倒産には私的整理を含む。
（出所）　東京商工リサーチ「休廃業・解散企業動向調査（2017 年）」。

件を切るまでに半減しています。倒産と自主廃業の合計の数はこの20年足らずであまり変化していません。倒産する前に自主廃業を選択するケースが増えているのかもしれませんし，この間に倒産に関連する法律の改正が何度か行われており，その影響もあるかもしれません。どのような要因が倒産と自主廃業を分けるのかについてはさらなる研究が待たれます。

M&Aによる退出

　合併と買収（M&A）によって企業が消滅したり，経営権が移転したりします。合併によって被合併企業が消滅するのに対して，買収は別の企業に経営権が移転するだけで企業自体は消滅しません。スタートアップ企業が他の企業から合併あるいは買収されるのはどのようなときでしょうか。基本的にはM&Aのターゲットとされるわけですから，ターゲットとされる側の企業は何らかの価値のある資産を有している可能性が高いでしょう。また，スタートアップ企業の経営者にとっては，合併や買収を通して企業を売却することができれば，莫大な金額を受け取ることができます。したがって，一般的には，M&Aによる退出は，スタートアップ企業にとっては「成功」と考えられています。

　実際に，国内外でスタートアップ企業がM&Aのターゲットとなるケースが多々見られます。たとえば，2020年5月に，アメリカ・カリフォルニア州を拠点とするAppleは，3Dバーチャリ・リアリティのコンテンツ・サービス・プロバイダーのNextVRを買収しました。取引金額は実に1億ドルと報じられています。2017年にKDDIは，IoTプラットフォーム会社のソラコムを200億円程度の取引金額で買収しています。レコフ社の調査によると，日本企業が関与するM&Aの数は，この20年間で倍増しています。そして，スタートアップ企業はたびたびM&Aのターゲットになっています。

　もう1つ，M&Aによる退出の事例を紹介しましょう。通販サイトZOZOタウンは，2019年9月に株式のうち50％超をヤフージャパンに売却しました。このとき，ZOZOの創業者であり社長であった前澤友作氏は自身が保有する同社の株のうち30％を売却して，同時に社長を退任しています。前澤氏はこの株式売却を通して2400億円ほどを手にしたと報じられています。日本の報道では，これは前澤氏が経営に失敗して困った末の売却であるかのような論調が目立っていたようですが，これだけの金額で売却できたということは，アントレプレナーとしては大成功であったといっても過言ではないでしょう。

図8-5　スタートアップ企業の規模拡大と退出経路

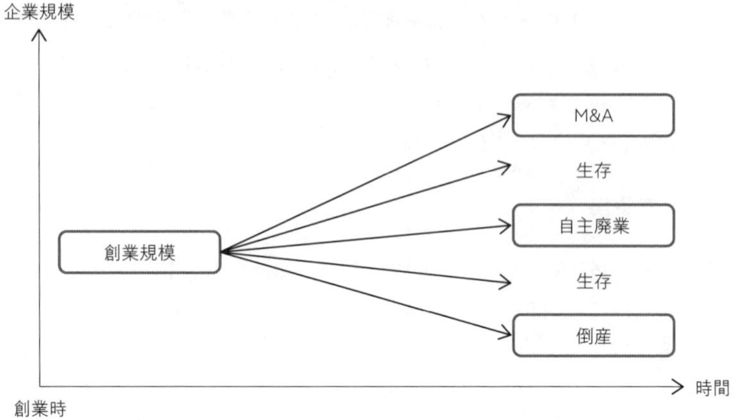

（出所）　Coad & Kato（2021）をもとに筆者が加筆修正。

　アントレプレナーは，いくつかの退出経路の中で優先順位を持っていると考えられます。図8-5に示されているように，創業時点の規模から時間の経過とともに拡大することによって，望ましい出口戦略を選択できる可能性が高まります。特に，創業者利益に結びつくM&Aによる退出は，アントレプレナーにとって最良の出口戦略になると考えられます（Arora & Nandkumar, 2011）。事業は必ずしも悪くないがこれらの望ましい退出オプションが利用可能でない状況であれば，企業は引き続き生存することを選ぶか，良いアウトサイド・オプションがあれば自主廃業を選ぶかもしれません。ある水準を超えて経営状態が悪化すると，もはやこれらのオプションはすべて利用可能ではなく，倒産を選ぶしか道がなくなります。アントレプレナーは，一般的にはM&A，生存か自主廃業，倒産という順に選好を持っていると考えられています。

> **キーワード8-3　退 出 経 路**
> 企業の退出経路は，売却による退出と清算による退出に分かれます。たとえば，前者はM&Aを通した退出，後者は倒産と自主廃業という方法があります。

コラム 8-1　将来のライバルの芽を摘む「キラー・アクイジション」はなぜ
　　　　問題なのか

　近年，スタートアップ企業は，競争を制限する行動を取り締まる競争政策当
局から注目を集めています。スタートアップ企業は，たびたび大企業による
M&A のターゲットとなります。よく知られているところでは，2012 年 4 月
に創業後 2 年に満たない画像共有アプリ Instagram を Facebook（現在の
Meta）が買収することが発表されました。従業員わずか 13 人の Instagram が
10 億ドル（当時約 800 億円）で買収されたため，当時大きなニュースとなり
ました。ブルームバーグによれば，その後，2018 年 6 月時点で Instagram 単
体の評価額は 1000 億ドル（当時約 11 兆円）を超えました。Facebook は 2014
年 2 月にも WhatsApp を 160 億ドル（当時約 1 兆 6000 億円）で買収すること
を発表しています。

　スタートアップ企業の側から見れば，高い評価額での買収は大成功と見てよ
いかもしれません。ところが，買収から時が経った 2020 年末に，これらの一
連のスタートアップ企業の買収劇は「キラー・アクイジション」（killer acqui-
sition）であり，反トラスト法違反の疑いがあるとして，Facebook はアメリカ
連邦取引委員会（FTC）によって提訴されたのです[9]。この提訴の内容として，
「Facebook が将来のライバルになるかもしれないスタートアップ企業を買収
して競争を阻害した」と判断したというものでした。まさにこれこそがキラ
ー・アクイジションです。「ライバルの芽を摘むための買収」だったという疑
いが投げかけられたというわけです。FTC からは Facebook に対して，これ
までに買収した Instagram や WhatsApp の資産や事業売却が求められていま
す。このような要求に対して，Facebook は「ライバル潰し」を否定していま
す。

　キラー・アクイジションは，アメリカだけでなく，ヨーロッパをはじめ世界
の競争当局からも注目されています。たとえば，オンライン決済サービス大手
の PayPal はモバイル決済サービス iZettle の買収に関して，キラー・アクイジ
ションに該当する可能性があるとして，ヨーロッパとイギリスの競争当局から
疑いの目が向けられています（Smith & Hunt, 2019）。大企業，特に Facebook

9）　Facebook に対する提訴の内容は，日経電子版（2020 年 12 月 11 日）の「『競合潰し』
　過去の買収も追及　米，Facebook を提訴」という記事の情報に基づいています。

やGoogleといったプラットフォーム企業による高成長スタートアップ企業の買収劇は今後も続くのでしょうか。

　キラー・アクイジションは，アカデミックな研究の世界でも注目を集めています。たとえば，製薬業界を対象にした最近の研究では，既存企業が自社とオーバーラップする医薬品プロジェクトを持つスタートアップ企業を買収することで，その後オーバーラップした医薬品が開発される可能性は低くなったことが示されています（Cunningham et al., 2021）。この研究の著者たちは，最近，スタートアップ企業によるM&Aを通した退出が一般的になりつつあるのは，キラー・アクイジションが主要な要因である可能性が高いと指摘しています。

　M&Aを通した退出は，スタートアップ企業にとっては成功といえるでしょう。しかし，社会的に見ればキラー・アクイジションは，将来生み出されるはずのイノベーションの創出を妨げる可能性があるため，競争当局は監視を強めていくかもしれません。

4　企業の生存と退出の要因

　どのようなスタートアップ企業が創業後により長く生存することができるのでしょうか。この問いについては，国内外の研究によって多くの知見が示されてきました。図8-6で見られるように，これまでの研究の動向に基づけば，生存の決定要因は環境，企業，アントレプレナー，戦略の4つのレベルに分類することができます。本節では，これまでに示された研究成果に基づいて重要な知見について概観します。

スタートアップ企業を取り巻く環境

　スタートアップ企業はどのような環境において長く生き残ることができるのでしょうか。数多くの研究から興味深い結果が示されています。

　まず，企業を取り巻く産業特性として，市場の集中度（あるいは企業数）や参入率といった競争の程度に着目する研究があります。競争が活発な市場では，効率的な企業のみが生存することができ，非効率的な企業は退出を強いられる可能性が高いと考えられます。逆に，企業の数が少ない競争が限定的な市場（独占や寡占）では，企業に対する競争圧力は少ないでしょう。また，第2章で

図 8-6　企業の生存（退出）の主要な決定要因

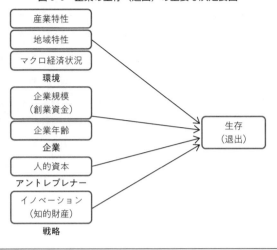

取り上げた排除効果によって，産業や地域レベルでの参入率と退出率は高い相
関があり，新しい企業の参入によって非効率な既存企業は追い出される可能性
が高まります。これまでの研究からは，集中度が高い（企業数が少ない）市場，
あるいは，参入率が低い市場では，スタートアップ企業の生存確率が高いとい
う結果が示されています（Strotmann, 2007；Geroski et al., 2010）。

　また，産業特性については，最小効率規模（MES）の影響についても研究が
行われてきました。典型的に規模の小さいスタートアップ企業にとっては，当
該産業の MES が大きくなればなるほど不利になるため，失敗する確率が高ま
ると考えられます（Audretsch, 1995）。

　スタートアップ企業を取り巻く地域特性として，最も注目されてきたのが集
積効果（あるいはクラスター）です。創業の意思決定においても重要な役割を果
たしますが（第 4 章第 2 節を参照），創業後の企業の生存確率にも影響を与えま
す。関連企業が多数集積する地域においては，企業は労働や投入物の調達の面
で大きなベネフィットを得ることができます。また，このような地域では，知
識のスピルオーバー効果によって，企業はその地域で生み出された知識に低コ
ストでアクセスすることが可能になります。これまでの研究からは，おおむね
集積地域で創業するスタートアップ企業は，それ以外の地域の企業と比べて生
存確率が高いという結果が見出されています（Fotopoulos & Louri, 2000；Pe'er et

al., 2016）。

　スタートアップ企業はどのような経済状況において生き残ることができるのでしょうか。マクロ経済状況は企業の将来に関する期待に影響を与えます。たとえば，金融危機や新型コロナウイルス禍のような状況においては，企業は近い将来資金制約が強くなって必要な資金を確保できない，あるいは，消費が低迷して自社の事業の採算が合わなくなると予測すれば事業から撤退しようとするかもしれません。これまでの研究からは，必ずしも一致した結果が得られているわけではありませんが，経済成長率が高いような好況期には特にスタートアップ企業の生存確率が高い傾向があるようです（Geroski et al., 2010；Ejermo & Xiao, 2014）。

企業規模と企業年齢

　これまで多くの研究において，**創業規模**（start-up size）がその後の企業の生存確率と関係することが明らかにされてきました（Geroski, 1995）。規模が重要である理由はいくつかあります。まず，規模の経済性があげられます。大規模な企業は，最小効率規模（MES）の水準で効率的に事業を操業できるからです（Audretsch & Mahmood, 1994）。しかし，このような創業規模の違いは，外部金融へのアクセスの違いによってもたらされると指摘されています（Fazzari et al., 1988）。創業時に資金制約が大きな企業は小規模での操業を余儀なくされ，規模の経済性の面で不利な立場に置かれます[10]。また，大企業が効率的なのは，規模の経済性によるものではなく，経営者の能力が優れているからであるという議論があります（Lucas, 1978）。この議論によれば，優れた経営能力は低コストでの操業を可能にします。結果として，企業に大規模での創業を選択させます。この見方に基づけば，創業時の企業規模は，企業の優位性の結果であるといえるでしょう。

---

10)　創業後の生存を決める企業特性として，創業時の資金調達（資本構造）の状況に着目する研究もあります。スタートアップ企業は，外部負債に大きく依存する傾向があります（Robb & Robinson, 2014）。しかし，スタートアップ企業が負債に大きく依存した場合，利払いなどの財務上の負担が増えるため，倒産の確率が高くなる可能性があると指摘されています。カナダのスタートアップ企業のデータを用いて，創業時点の初期のレバレッジ（負債資産比率）が大きい企業ほど倒産する可能性が高いことを見出す研究もあります（Huynh et al., 2010）。また，日本のスタートアップ企業においても同様の結果が得られています（Honjo & Kato, 2019）。

　創業時に効率的な規模でなかったとしても，事後的に柔軟に規模の調整が可能であれば，初期の決定はたいして重要ではないかもしれません。しかし，現実には，規模を拡大するにせよ縮小するにせよ，資源配分を事後的に調整するには時間がかかり，容易にできない意思決定（たとえば，サンクコストを伴う投資）もあるかもしれません。結果として，初期の意思決定の効果は持続する傾向があります。実際に，創業規模が大きくなるにつれて創業後の生存期間が長くなることが明らかにされてきました（Geroski et al., 2010）。この結果は，ギャンブラーの破産理論の予測とも整合的です。

　また，創業から経過した年数を表す**企業年齢**（firm age）と生存確率の関係が分析されてきました。企業や産業には人間と同様にライフサイクルがありますが，企業と人間との間には大きく異なる点があります。人間は必ず死を迎えるため，年齢には上限があります。しかし，企業は永久に生き続けることができます。ミレニアム企業といわれるような長寿企業は，1000年を超えても生き続けることがあります。企業年齢にはどのような効果が期待されるのでしょうか。実際に，企業年齢の効果については多くの実証研究が行われ，企業年齢とともに生存確率が高まるという結果が示されています（Dunne et al., 1989；Audretsch et al., 2000）。

　他方で，これは単に**生存者バイアス**（survivor bias）の結果であることが指摘されています（Thompson, 2005）。つまり，創業直後は能力のない企業が多数退出するため，平均的な生存確率は低くなりますが，時間が経過するにつれて能力のある企業だけが生き残ることで平均的な生存確率が高くなるという見方です。企業が年齢を重ねるに従って，ルーチンが蓄積されたり，組織の正統性が増したり，ブランド力や評判が確立されたり，学習効果が発揮されたり，製品が市場にフィットするようになったり，多くのチャネルを通してパフォーマンスが改善することが期待されます（Coad, 2018）。他方で，図8-7に示されているように，企業年齢は企業パフォーマンスに直接的な効果を持つ一方で，企業が年齢を重ねて規模拡大を実現することを通して最適規模での操業が可能となり，結果として企業パフォーマンスが改善するという間接的な効果があることが示唆されています。

アントレプレナーの人的資本

　資源と経験が乏しいスタートアップ企業にとっては，アントレプレナーの人

図 8-7　企業年齢とパフォーマンスの関係

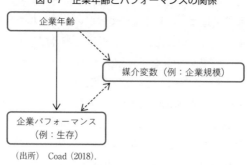

（出所）　Coad（2018）.

的資本は最も重要な資源です。第 2 節で取り上げたリソース・ベースド・ビューの考えに基づけば，アントレプレナーの人的資本の水準が企業パフォーマンスを決めるうえで重要な役割を果たします。アントレプレナーの人的資本が企業の創業後のパフォーマンスにおいて重要な役割を果たす理由はいくつかあります。まず，アントレプレナーの人的資本は，経営上の意思決定のための知識やスキルに関係しています。たとえば，業界での職務経験を持つアントレプレナーは，学習の結果として市場の状況を詳しく把握しており，適切な経営上の判断を下すことができるかもしれません。

　また，アントレプレナーの人的資本は，外部のステークホルダーに対して，企業の能力を示す重要なシグナルとしても重要な役割を果たします。繰り返し議論してきたように，創業期には情報の非対称性が顕著であるため，学歴や創業経験などのアントレプレナーの人的資本は，企業の能力を示すシグナルとして外部の資金提供者にとって貴重な情報となり，資本コストの低減につながる可能性があると考えられています。結果として，アントレプレナーの人的資本の水準が高い場合，スタートアップ企業は資金調達をスムーズに行うことができ，パフォーマンスを改善できるかもしれません。

　実際に，これまでに多くの研究が，スタートアップ企業の創業後の生存確率におけるアントレプレナーの人的資本の役割の重要性を明らかにしてきました。たとえば，学歴（Bates, 1990）や業界における職務経験（Bosma et al., 2004）によって測られるアントレプレナーの人的資本の水準が高いほど，彼らの経営する企業の生存確率が高いことがわかっています。また，創業経験を持つアントレプレナー（シリアル・アントレプレナー）による企業は生存確率が高いことが

知られています（Lafontaine & Shaw, 2016）。

　さらに，最近の研究によれば，アントレプレナーの人的資本の影響は退出経路に依存する可能性があることが示されています。人的資本の水準が高い個人は，人的資本の水準が低い個人に比べて，雇用してもらえる機会（選択肢）が多いため，機会費用が高くなりやすいことが指摘されています（Cassar, 2006）。他方で，人的資本の水準が低い個人は，自営業以上の魅力的な選択肢が多くはありません。したがって，人的資本の水準が高いアントレプレナーは，創業後，自身が経営するスタートアップ企業が期待したより低い利益しか得られない場合は，高い機会費用が発生するため，自主的に廃業して他のオプション（賃金労働者など）を行使するかもしれません。逆に，人的資本の水準が低いアントレプレナーは，機会費用が低いため，創業後の事業の利益が低くても事業を継続する可能性が相対的に高いと考えられるでしょう。

　実際に，機会費用が高いアントレプレナーは，事業の清算を通したキャッシュの獲得を急ぐ戦略をとる可能性が高いことが明らかにされています（Arora & Nandkumar, 2011）。日本のスタートアップ企業を対象にした研究においては，人的資本の水準が高いアントレプレナーは，自発的に自社を清算する可能性が高いことが見出されています（Kato & Honjo, 2015）。この研究では，人的資本の水準が高いアントレプレナーの企業はM&Aのターゲットとなりやすいことも明らかになっています。

イノベーション

　企業の生存を決定するうえで，競争優位の主要な源泉であるイノベーション能力の役割が注目されてきました（Cefis & Marsili, 2005；Colombelli et al., 2016）。これまでの研究からは，イノベーションの実現は，企業の生存確率を高めることができ，大規模な既存企業よりもスタートアップ企業において強い影響を与えることが明らかにされています（Rosenbusch et al., 2011）。

　もちろん，イノベーション活動は，企業内部における活動にとどまりません。第7章第3節で議論したように，スタートアップ企業は，イノベーション活動を単独で行うことは多くの場合困難であり，他の組織とパートナーシップを組むことで，乏しい資源や経験を補うことができます。

　また，リソース・ベースド・ビューの観点から，特許は企業にとって競争優位を生み出す重要な資源であることがよく認識されています（Hsu & Ziedonis,

2013)。特許は，発明された技術を競合他社が一定期間利用できないようにし，企業が研究開発投資からのリターンを適切に得られるようにするための重要な手段となります (Levin et al., 1987)。また，第 7 章第 2 節で扱ったように，スタートアップ企業が特許を取得する動機として，投資獲得機会の向上や企業評価・製品イメージの向上があげられます。スタートアップ企業は，特許取得によって外部のステークホルダーに対して企業の成長性を示すことができると考えられます (Holgersson, 2013)。情報の非対称性が存在する中で，特許取得はVC を含む外部の資金提供者に企業の技術力をアピールする重要なシグナルとなり，高く評価される結果として資金調達の可能性が高まります (Hoenig & Henkel, 2015)。これらの結果として，特許の取得は，スタートアップ企業の製品市場での競争力を向上させ，企業の存続確率を高めることができると考えられます (Kato et al., 2021)。

　スタートアップ企業にとって，特許を交渉の切り札として利用することで，技術取引に関するパートナーとの交渉で自らの立場を改善することができます。たとえば，スタートアップ企業は，既存企業との間でライセンシング，ジョイント・ベンチャー，M&A などを通じて，競争ではなく協力関係を構築することでより大きなベネフィットを得られるかもしれません (Veugelers & Schneider, 2018)。

　実際に，研究開発型スタートアップ企業は，特許を獲得することを目的に大規模な既存企業から M&A のターゲットにされることがあります。たとえば，すでに事例として取り上げたように，Apple の NextVR の買収では，NextVR は特許権を多数保有しており，Apple による買収の目的の 1 つが特許の取得にあったと報道されています。日本では，KDDI によるソラコムの買収の際には，買収発表時点でソラコムが保有していた 18 の特許の売却が含まれていました。このように，特許を持つことでスタートアップ企業は M&A のターゲットとなることを含めて，技術などを取引するアイデア市場において有利な立場を得られる可能性があります (Kato et al., 2021)。

　ここまで議論した特許取得の生存と退出に与える効果については，図 8-8 のようにまとめられます。スタートアップ企業が自社で発明した技術を用いて製品市場で競争するか，それを交渉の切り札としてアイデア市場で売り込むかという 2 つの商業化戦略に直面すると考えられます (Gans & Stern, 2003)。スタートアップ企業がとる特許を通した商業化戦略によって，将来的にとりうる退

図 8-8 特許の取得を通した商業化戦略と生存・退出の関係

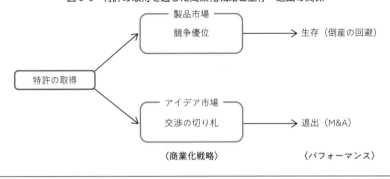

〈商業化戦略〉 〈パフォーマンス〉

出経路が決まってくると考えられます。

コラム 8-2 事業の「やめやすさ」は「始めやすさ」と関係があるのか

　事業のやめやすい国とやめにくい国の間で創業水準に違いは生まれるのでしょうか。アントレプレナーが倒産によって被るコストが低い国においては，創業確率が高まる傾向があることを示す研究があります（Lee et al., 2011）。

　この研究に基づいて話を進めます。この研究によれば，世界 29 カ国の倒産法における，① 倒産手続きにかかる時間，② 倒産申請にかかる費用，③ 清算型倒産における「再出発」，④ 資産の自動凍結，⑤ 経営者が倒産申請後に仕事を継続できる機会，の 5 つが各国の創業確率に影響を与えます（図 8-9）。

　まず，事業がうまく行かず，清算型の倒産手続きを迅速に行うことができる場合は，失敗企業が持つ資産の再配分が素早く実現することになります。また，再生型の倒産手続きを行う場合，迅速な手続きが可能であれば当該企業の資産価値を保護し，最終的に事業再生を成功させる可能性を高めることにつながります。逆にプロセスが長いと，事業の取引関係を維持できなくなることで価値を棄損させるおそれがあります。世界各国の倒産手続きは平均 2.64 年かかり，非効率的な場合は企業価値の 48％ が失われることを示す研究もあります（Djankov et al., 2008）。また，手続きの費用が高い場合は，倒産を躊躇することになり，結果として従業員を含めた資産のより生産的な利用を妨げることにつながります。清算型は 3 年，再生型は 5 年以上かかることがある日本を含め，倒産手続きに時間と費用がかかるような国では，アントレプレナーはそもそも新たな企業を立ち上げる意欲を持てなくなるのも不思議なことではありません。

図8-9　倒産法の構成要素とアントレプレナーシップの醸成

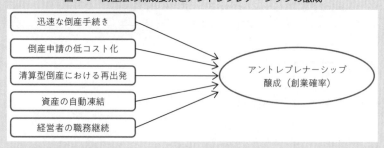

（出所）Lee et al. (2011).

　また，倒産したアントレプレナーの債務返済が免除される場合は「再出発」がしやすい一方で，債権者から長期間債権の返済を追求される場合には「再出発」は容易ではありません。後者のような法律を持つ国では，失敗してもすぐに「再出発」ができないことになります。したがって，再出発しやすいかどうかは，アントレプレナーによる創業インセンティブに影響を与えるでしょう。その他にも，アメリカのように資産の自動凍結が可能な国では清算すべきか否かを検討するまでの猶予があり，事業再生を選択するかどうかについて債権者と交渉する時間が確保できます。逆にこのような制度がない場合は，再生型を選択する余地が小さくなります。そのことを事前に知っていれば，そのような国ではアントレプレナーは創業をためらうことになるかもしれません。

　さらに，経営者が事業に失敗した後，その事業を自身の手で再生する機会があるかどうかも重要な要素となります。アメリカのチャプター・イレブンでは，経営者が会社の支配権を保持することを認め，経営者に更生計画を提案する独占的な権利を与えています。他方で，イギリスやドイツのような国ではそれが債権者に与えられています。アントレプレナーにとって，失敗した企業を再生させる機会が与えられないことを知っていれば，そのような国で創業を躊躇するかもしれません。

　これらの議論は，分析結果としてすべて実証的に支持されています。「やめやすさ」は「始めやすさ」につながる可能性が高いことが示唆されます。

本章のまとめ

1. 市場からの「退出」は経済的に重要な意味を持ちます。ゾンビ企業を含め，非効率的な企業の「退出」は経済にとってはむしろ望ましいと考えることもできます。

2. 企業が退出するメカニズムを説明する理論として，最適規模での操業の可否や企業内部の資源に注目する伝統的なアプローチだけでなく，ギャンブラーの破産理論のように「運」に左右されるという考え方が示されてきました。

3. スタートアップ企業の退出経路は多様であり，退出がすべてバッド・ニュースというわけではありません。M&A や IPO といった方法による退出はスタートアップ企業にとっては成功といえるでしょう。

4. スタートアップ企業の生存（退出）を決める要因として，以前は環境（産業，地域，マクロ経済状況）や企業（規模と年齢）が注目されてきましたが，最近はアントレプレナー（人的資本）や戦略（イノベーションと知的財産）についての知見が蓄積されてきました。

ディスカッションのための問題

1. 企業の退出は，誰に対してどのような影響を与えるでしょうか。考えられる影響をすべてあげてみましょう。

2. ゾンビ企業の存在は経済にどのような影響を与えるでしょうか。また，なぜ日本ではこのような企業が増えているのでしょうか。

3. スタートアップ企業の退出戦略として M&A を通した退出を目指すのはなぜでしょうか。実際に，スタートアップ企業が M&A を通した退出を実現した例を探して，どれくらいの金額で取引されたのか調べてみましょう。

4. スタートアップ企業に限らず，どのような産業や地域で倒産が多いか調べてみましょう。特に，新型コロナウイルス禍によって企業の倒産が増えた産業や地域があるか調べてみましょう。

企業の成長

高成長のための特効薬はあるのか

本章のテーマ

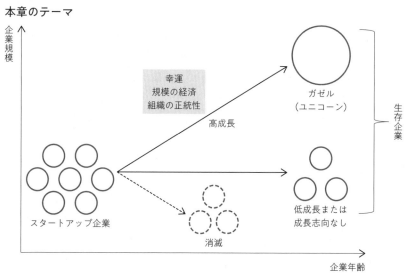

スタートアップ企業の成長プロセス（イメージ）

---

1. 企業はどのようなプロセスで成長するのか？
2. スタートアップ企業のうちどのくらいの数が成長するのか？
3. どのようなスタートアップ企業が成長するのか？

1　企業の成長プロセス

スタートアップ企業が多くの苦難を乗り超えて成長を実現するのは容易なことではありません。第1章で学んだように，スタートアップ企業のうち半数程度が創業後5年以内に消滅することが知られています。他方で，創業後に短期間で高成長を実現する企業が存在します。

短期間のうちに早いスピードで成長するスタートアップ企業は，動物のガゼルが早熟であることに因んで**ガゼル**（gazelle）あるいは**ガゼル企業**（gazelle firm）と呼ばれています[1]。ガゼル企業の定義は必ずしも一致したものはありませんが，たとえば「最低10万ドルの売上を持ち，年平均20%以上の成長を達成する企業」と定義されています（Birch et al., 1995）。また，OECDの定義では，「初期時点で従業員10人以上，かつ，創業5年未満の企業の中で，過去3年間で年平均20%を超える成長率を達成した高成長企業」とされています（OECD, 2008）。新しく誕生した企業のうち，ガゼル企業にまで成長するのはどの程度いるのでしょうか。

高成長の頻度とプロセス

図9-1に示されているように，企業成長率の分布は中央部分が尖った**テント状**（tent-shape）の形状をしていることがよく知られています。この企業成長率の分布は，**ラプラス分布**（Laplace distribution）で近似できることも知られています（Coad, 2009, 2014）。また，企業成長率が0の企業が多くの割合で存在しており，高成長を実現する企業は一握りであることもよく知られています。

実際，一部の企業のみ高い成長率を実現していることがデータから示されています。たとえば，イギリスを対象にした企業の雇用成長に関する研究によると，2002年から2008年の期間で全体の6%の企業が雇用創出の49.5%を占めていることが示されています（NESTA, 2009）。この結果は，スタートアップ企業に限定した研究から得られたものではありませんが，一部の企業のみが成長することを示唆しています[2]。

---

1) 他方で，小さく生まれ成長せず雇用を生み出さない企業は**マウス**（mice），雇用のシェアは高いものの多くの雇用は生み出さない大企業は**エレファント**（elephant）と呼ばれることがあります（Birch, 1981；Acs & Mueller, 2008）。

図 9-1　典型的な企業成長率の分布の形状

成長なし
急激な下落
急激な成長
0
成長率

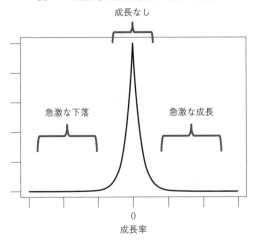

（出所）　Coad（2014）.

図 9-2　スタートアップ企業の雇用成長の推移

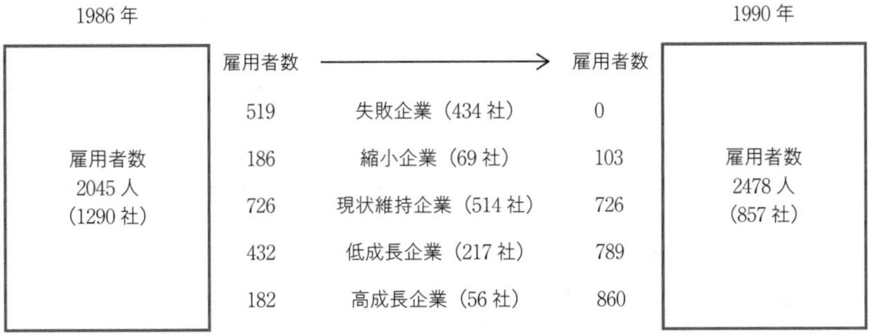

1986 年
1990 年
雇用者数
2045 人
（1290 社）
雇用者数
雇用者数
519　失敗企業（434 社）　0
186　縮小企業（69 社）　103
726　現状維持企業（514 社）　726
432　低成長企業（217 社）　789
182　高成長企業（56 社）　860
雇用者数
2478 人
（857 社）

（注）　この研究では 1985 年から 1986 年にドイツで設立された企業を対象に 1990 年までの 4 年間における雇用成長の変化を観察しています。高成長企業は期間中に 100% 以上成長した企業と定義されています。
（出所）　Brüderl & Preisendörfer（2000）をもとに一部加筆修正。

スタートアップ企業のうちどのくらいの割合が高成長を実現しているのでしょうか。図 9-2 は，ドイツのスタートアップ企業が設立から 4 年間でどのくらい雇用成長を実現しているかに関する調査結果が示されています（Brüderl &

2）　企業成長に関する実証研究のサーベイについては，Henrekson & Johansson（2010）や Daunfeldt & Halvarsson（2015）を参照してください。

Preisendörfer, 2000)。調査対象となったスタートアップ企業 1291 社において，設立当初は合計 2046 人が雇用されていました。設立からの 4 年間で，434 社（34%）は事業の失敗で消滅しています。これらの企業における従業員 519 人の雇用が失われたことになります。また，69 社（5%）がこの間に雇用の規模を縮小しています。また，514 社（40%）は 4 年間で雇用規模に変化はなく，設立当初の規模を維持しています。分析対象の 1291 社のうち雇用規模を拡大したのは低成長企業と高成長企業を合わせて 273 社（21%）にとどまっています。このうち，100% 以上の成長率を実現した高成長企業は 56 社（全体の 4%）のみであることが示されています。

　上記の研究からいくつかの示唆が得られます。まず，多くのスタートアップ企業（全体の約 40%）は成長を実現するどころか，失敗あるいは規模の縮小を余儀なくされています。現状維持の企業を含めると全体の 80% 近くのスタートアップ企業は成長していないことが示されています。また，スタートアップ企業のうち高成長企業と呼ばれる企業の割合はごくわずか（4%）であるという点も注目に値します。このように，スタートアップ企業のうちごく一部の企業のみが高い成長率を実現していることがわかります。

キーワード 9-1　ガゼル企業
短期間で高成長を実現するスタートアップ企業のことをいいます。

スタートアップ企業の成長経路

　スタートアップ企業はどのような経路をたどって成長しているのでしょうか。スタートアップ企業の成長は，多様な経路で実現していることがわかっています。図 9-3 はイギリス・ケンブリッジ州において 1990 年に設立された技術系スタートアップ企業の中で 10 年間生存した 93 社の成長経路のパターンが示されています。これら 93 社の中で，観察期間の 10 年間で継続的に成長を続けたのはわずか 6% のみであることが明らかになっています（図の左上）。このような企業のほか，初期に成長を実現したがその後停滞している企業が 24%（同左下），初期に成長をしたがその後に後退した企業が 37%（同右上），初期に遅れをとったがその後成長を続ける企業が 14%（同右下）とさまざまな経路で成長していくことが明らかになっています[3]。これらの点から，スタートアップ企業はさまざまな経路で成長していくことが示唆されます。

図 9-3　企業成長の経路

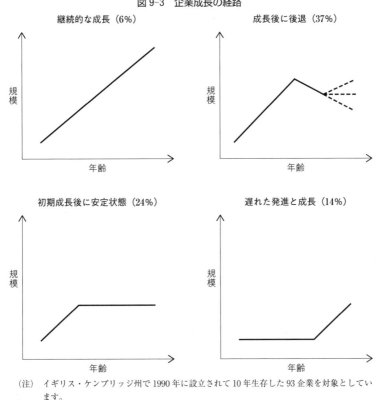

（注）　イギリス・ケンブリッジ州で 1990 年に設立されて 10 年生存した 93 企業を対象としています。
（出所）　Garnsey et al. (2006).

　また，企業成長は持続するのかという問いは，多くの研究者によって検証されてきました。これらの研究から明らかになっていることは「高成長は持続しない」ということです（Coad et al., 2014）。ある年に企業が高成長を実現したとしても，その後の年は成長していないことを意味しています。

　実際に，スウェーデンにおける全企業を対象にした研究について詳しく考察

---

3)　成長経路に関して，いくつかの研究が同様の示唆を与えています。Coad et al. (2013) はイギリスのスタートアップ企業の成長経路を分析しています。彼らの分析結果によれば，スタートアップ企業の成長はさまざまな経路で起こっていることを明らかにし，4 年連続で成長率がプラスを示す企業はサンプル企業のうちわずか 7% であったことを示しています。

表 9-1　高成長企業（雇用成長）の持続性

	1999〜2002 年	2002〜2005 年	2005〜2008 年
(a)　上位 1% の高成長			
1999〜2002 年	1,210	10	0
2002〜2005 年	—	1,250	12
2005〜2008 年	—	—	1,721
(b)　上位 3% の高成長			
1999〜2002 年	3,527	90	1
2002〜2005 年	—	3,980	69
2005〜2008 年	—	—	5,262
(c)　上位 5% の高成長			
1999〜2002 年	6,107	210	16
2002〜2005 年	—	6,360	318
2005〜2008 年	—	—	8,986
(d) 上位 10% の高成長			
1999〜2002 年	12,856	789	80
2002〜2005 年	—	14,988	1,228
2005〜2008 年	—	—	19,143

（注）　初期に高成長を達成した企業のうち，次期でも高成長を達成した企業がどの
　　　　くらい存在しているかをカウントしたものです。
（出所）　Daunfeldt & Halvarsson（2015）.

してみましょう。表 9-1 は，初期に高成長を達成した企業のうち，次期でも高
成長を達成した企業がどのくらい存在しているかをカウントしたものです。表
9-1（a）では，1999〜2002 年の間に雇用成長率で上位 1% の 1210 社の中で，
2002〜2005 年の間に同じく上位 1% に入ったのはわずか 10 社であったことが
示されています。初期の 3 年間で高成長した企業が次期に高成長を実現する割
合は 1% に満たないということになります。同じく表 9-1（b）から（d）にお
いては，1999〜2002 年の間に上位 3%，5%，10% の高成長を実現した企業が
次期および次々期の 3 年で同様の成長を達成している企業の数が示されていま
す。「高成長」の定義によって比率の違いはあるものの，高成長企業であり続
けるのは非常に稀な事象であることが示唆されています。当該論文のタイトル
にあるように，高成長企業のほとんどは一発屋（one-hit wonder）であることを
意味しています[4]。

コラム9-1　若いアントレプレナーこそが高成長企業の担い手なのか

　どのようなアントレプレナーが企業を成長させることができるのでしょうか。これまでの研究によると、最高経営責任者（CEO）の年齢が若い企業は、研究開発投資などのリスキーな戦略をとる傾向があります（Serfling, 2014）。また、若いCEOのいる企業は、新たな事業に進出あるいは既存の事業からの撤退を行う傾向にあり、大胆な事業拡大も売却も行い、合併と買収（M&A）を通した成長を志向するなど、積極的な行動をとることが示されています（Li et al., 2017）。さらに、CEOの年齢が若い企業はそうでない企業と比べて、売上や資産の成長スピードが速いことが示されています（Barba Navaretti et al., 2022）。若い個人がリスキーな行動を好む（リスク回避的でない）傾向があるのは、世界各国の個人のデータを用いた研究によっても明らかにされています（Falk et al., 2018）。これらの研究は、アントレプレナーやスタートアップ企業を対象にした研究ではありません。それでも、若い経営者はリスキーな企業行動をとる傾向があり、企業パフォーマンスを向上させる能力を有していることが示唆されています。

　他方で、スタートアップ企業の成長を実現させているのは、必ずしも若いアントレプレナーではないという証拠を見出した興味深い研究もあります（Azoulay et al., 2020）。この研究においては、アメリカのスタートアップ企業（個人事業主や従業員0人の企業は除く）を対象に、創業時点の創業者の年齢と成長や退出といった創業後のパフォーマンスとの関係が分析されています。

　図9-4で見られるように、アメリカのスタートアップ企業の創業者の年齢は40歳代の前半にピークが来ています。ところが、雇用の成長率（創業から5年間）の上位1%のスタートアップ企業に関しては、創業者の年齢のピークはアメリカ全体の創業者のピークに比べて高くなっていることが観察できます。高成長企業の担い手が、必ずしも若いアントレプレナーであるとはいえないという結果です。

　さらに、この研究は、新規株式公開（IPO）やM&Aといったスタートアップ企業の成功とみなされる退出方法との関係について分析を行っています。その結果、創業時点で50歳の創業者がこれらの方法で退出する比率は、30歳の

4）　この研究では売上成長についても同様の分析を行っており、成長率の指標が変わっても結果は大きく変わらないことが示されています。

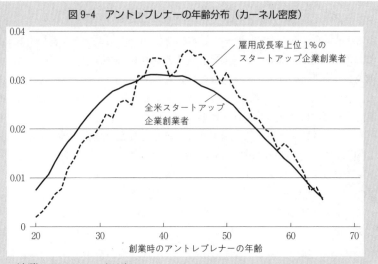

図9-4　アントレプレナーの年齢分布（カーネル密度）

（出所）　Azoulay et al. (2020).

創業者に比べて2倍高かったことが明らかにされています。これは，アントレプレナーが持つ人的資本，社会的資本，金融資本が年齢とともに蓄積され，その結果として経験豊富なアントレプレナーがアドバンテージを持っていることを示唆しています。

2　企業成長の理論

　企業成長は，経済学や経営学の分野において長年研究されてきました。本節では，これまでに提唱されてきたいくつかの重要な企業成長の理論を概観します。

ペンローズの成長理論とダイナミック・ケイパビリティ

　企業成長を説明するうえで，第8章第2節で学んだリソース・ベースド・ビューは最も影響力を持つ理論の1つです。企業は土地・建物，機械のような有形資産だけでなく，技術的な知識やブランド，効率的なマネジメント手法，ルーチン，人的資源，文化といった無形資産を保持しています。E. T. ペンロー

ズによれば，企業はこのような**資源の集合体**（bundle of resources）であり，その資源を活用するためのマネジメント（サービス）こそが企業の独自性を生み出す原動力になります（Penrose, 1995）。企業が成果を得るには，資源を持っているだけではなく，それをいかに活用するかが肝要であることが強調されています。

　ペンローズの企業成長に関する考察では，資源の活用においてはマネジャーが中心的な役割を果たします[5]。企業が成長機会を認識・実行するためには，マネジャーが持つ**企業特殊的**（firm-specific）な経験こそが重要であると説いています。マネジャーが持つ企業特殊的な知識には，従業員，顧客，サプライヤー，流通業者，取引先といったさまざまなステークホルダーに関する知識を含みます。このような知識は，経理の知識のようにどこでも使える知識とは異なり，他社に転職すると使うことができません。また，他社で経験のあるマネジャーを雇用したとしても，企業特殊的な知識を新たに身につけてもらう必要があります。

　マネジャーが経路依存的な経験を通じて，企業が持つ資源や能力の特徴に関する**暗黙知**（tacit knowledge）を持っていれば，企業にとっての成長機会を適切に見極めることができると考えられています。たとえば，マネジャーが企業のコアとなる知識ベースが何かについて経験を通じて理解していることで，それを有効に活用するような研究開発プロジェクトを実行できるかもしれません。ペンローズによれば，企業内部の意思決定や調整は，新しく雇用されたマネジャーが行うには複雑すぎて難しく，時間をかけて企業特殊的な経験を積む必要があります。

　企業が成長するプロセスにおいて，マネジャーが学習を通して徐々に企業内のタスクを効率的に遂行できるようになります。すると，効率性の上昇によってマネジャーに**ゆとり**（slack）が生まれます。言い換えれば，これは**超過資源**（excess resources）あるいは**未利用資源**（unused resources）の発生を意味します。企業はそれを有効活用することを通して成長機会を模索します。したがって，経験を通した企業の効率性上昇による超過資源の発生は，企業成長の機会を生み出すことになります。この効果は，図9-5上の曲線 A で表されています。

5）　ここでのマネジャーとは，トップマネジメントだけでなく，中間管理職などさまざまなレベルのものを含みます。

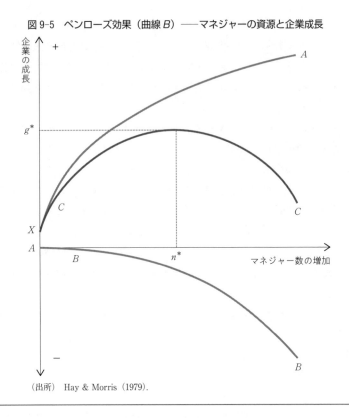

図9-5　ペンローズ効果（曲線 *B*）──マネジャーの資源と企業成長

(出所)　Hay & Morris (1979).

　このように，企業内の超過資源をうまく活用して価値を創出するためには，企業特殊的な経験を持つ人材が必要ですが，他方で，必ずしもそのような人材は簡単に育成できるわけではありません。新たに外部から雇用して育成するには相当な時間とエネルギーを要します。結果として，既存のマネジャーは効率性上昇よりも企業の拡大に伴う作業（新しい人材の育成など）に多くの時間とエネルギーを注ぐようになり，ある水準（最適な成長率）を超えて成長することで運用コスト（operating cost）が上昇します。したがって，企業特殊的な経験を持つ人材が不足する事態に陥れば，企業成長は制約を受けることになると考えられています。このような成長に対する負の効果は図9-5上の曲線 *B* で表されています。このような効果はペンローズ効果（Penrose effect）あるいはペンローズの定理（Penrose theorem）と呼ばれています（Coad, 2009；Kor et al., 2016）。*A* と *B* の効果が合わさった結果として図9-5上の曲線 *C* のように，マ

ネジャーの数が増加するにつれてあるポイント（n^*）までは成長が持続する一方で，そのポイントを超えると成長は低下することになります。

　以上のように，ペンローズの成長理論では，企業成長のためには過去に蓄積してきた資源に着目する一方で，それを効果的にマネジメントできる企業特殊的知識を備えた人材の存在が重要な役割を果たすことが見出されています。企業成長は経路依存的であり，異なる資源を持つ企業間で成長率には大きな差が生まれることを意味しています。

　企業戦略の分野においては，ペンローズの企業成長論をベースとして内部資源の重要性が注目されてきました。リソース・ベースド・ビューに基づく企業戦略論では，価値が高く（valuable），希少性が高く（rare），模倣が困難で（inimitable），代替が困難な（non-substitutable）資源を持っている場合に企業は競争優位を持つことが示されてきました（Eisenhardt & Martin, 2000）。ユニークな資源を持つことは高い成長率につながると考えられています。

　ただし，企業の競争優位は一度獲得したとしても，それが持続するとは限りません。市場の急激な変化によって一度獲得した競争優位が失われることになるかもしれません。特に，企業が特定の資源に極端に依存している場合は，直面する環境が急激に変化することによってその競争優位は揺らぐかもしれません。環境が変化する中で企業が競争優位を持続させるためには，既存資源を手放したり新たに資源を獲得したり，自身の資源ポートフォリオを再構成する能力が求められます。このような環境変化に適応する能力はダイナミック・ケイパビリティ（dynamic capabilities）と呼ばれています（Teece et al., 1997）。企業が持続的な成長を実現するには，このような能力を獲得することが重要であると考えられます。

キーワード 9-2　ペンローズ効果
企業が超過資源を活用して成長を目指すプロセスにおいて，新たに雇用したマネジャーの育成のための運用コストが上昇してしまい，結果としてさらなる成長が妨げられます。このような企業成長に対する負の効果のことをいいます。

キーワード 9-3　ダイナミック・ケイパビリティ
企業が競争優位を持続させるために，自身の資源ポートフォリオを再構成するなどして，環境の変化に対して適応する能力のことをいいます。

経済学のアプローチ

　経済学においては，企業が成長するのは，平均費用が最も低い水準となる規模を達成することを目指すためであると広く認識されてきました（Hart, 2000）。この考えによれば，企業はU字型の費用曲線を有しており，最小効率規模（MES）に達するまで成長することを目指します（図9-6）。U字型の費用曲線においては，企業は最適な規模であるMESを超えてさらに規模を拡大するインセンティブはありません。すべての企業がこの規模を目指すため，時間が経つにつれて企業規模のばらつきは少なくなると考えられます。実際に，この理論はいくつかの研究によって検証され，小さい企業だけがMESを目指して速く成長するという仮説が支持されています（Hart & Oulton, 1996）。

　ところが，実際の企業の費用曲線はU字型ではなく，L字型である可能性があると指摘されています。つまり，企業は最適な規模であるMESよりも大きな規模に拡大したとしても，平均費用に変わりはなく規模の不経済は発生しないかもしれません。したがって，企業は最適な規模まで成長を目指すという仮定が現実的ではない可能性があります。規模を拡大し続けても「最適な規模」が続くからです。

　他方で，企業成長は，費用条件というよりは当該製品の需要条件によって強く影響されるという考えが示されてきました（Hart, 2000）。実際に，多くの企業は複数の事業あるいは製品ラインを有しており，仮に1つの製品やサービスの需要が落ち込んだとしても事業を多角化させることによって成長を続けることは可能なはずです。

　企業成長は，**取引費用理論**（transaction cost theory）の観点からも議論されてきました。この理論によれば，企業は市場での取引を通じて効率的に資源を調達することができれば，組織の垂直的な方向への拡大（成長）を通した内部取引を行う必要はありません。ただし，特定の企業内でのみ効果を発揮する企業特殊的な資産に関しては，市場取引を通して調達することはできません。また，市場取引にはさまざまな取引費用が発生します。したがって，企業は市場取引による取引費用が大きい場合は，組織内部の階層的な組織のもとでの継続的な取引が有利となります。企業は，市場取引での取引費用を考慮したうえで，どこまでの範囲を組織内で行うべきかという企業の境界に関して判断することになります[6]。

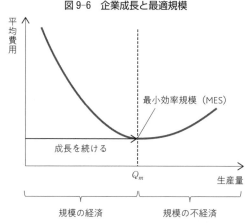

図 9-6　企業成長と最適規模

さらに，企業成長はいったん投資すると回収ができないサンクコストの存在と関連しています（Cabral, 1995）。企業は，創業する時点では，直面する環境が望ましい状況であるかどうか判断できず，サンクコストとなるような投資を大規模に行うことを躊躇するかもしれません。この考えに基づけば，企業は小規模で創業して，その後望ましい状況であると判明した場合に投資を拡大していくため，すでに投資を済ませている大企業と比較して成長率が高くなると考えられます。

企業成長のステージ・モデル

第 1 章でも少し触れましたが，成長のステージ・モデルと呼ばれる企業成長に対するアプローチがあります。ここで取り上げるのは，第 1 章で取り上げたステージ・モデルと基本的な考え方は同じです。このアプローチは，創業後の時間の変化および規模の拡大に伴い，企業が採用するマネジメント・スタイルや直面する課題と解決策を明らかにしています。また，このアプローチでは，企業成長のプロセスが 5 つのフェーズに明確に分けられています。同じ組織であっても創業後時間が経つにつれてマネジメント・スタイルは変化しますし，規模が拡大するにつれて直面する問題や解決策は変わっていきます。さらに，企

6）　この議論については，第 6 章第 3 節のメイク・オア・バイの意思決定についての説明を参照してください。

図9-7　成長の5つのフェーズ

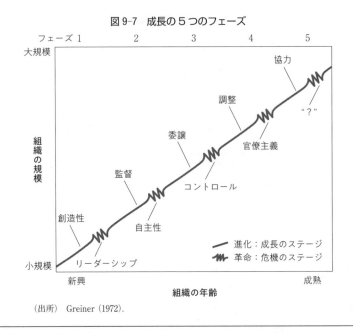

（出所）　Greiner（1972）.

業が創業してから時間が経過し成長していく過程では，いくつかの危機に直面します。企業はそれを乗り越えればまた成長することができるかもしれません。

　第1章（図1-2）で取り上げた企業の5つのステージのモデルにおいては，企業のライフサイクルを5つのステージに分けて，ステージごとの企業が直面する結果が示されていました。図9-7には，これに加えて，各ステージ（フェーズ）における企業のマネジメント・スタイルと直面する課題が示されています。たとえば，この図におけるフェーズ1においては，創業直後の小さい企業が**創造性**（creativity）を通して成長が達成されることが描かれています。創業当初は創業者と従業員は新しいプロダクトを創造および販売することに注力し，頻繁でインフォーマルなコミュニケーションを通して問題解決にあたります。この時期の従業員は低賃金でハードワークですが，株式所有によるベネフィットによって動機づけられています。

　企業が成長するにつれて，従業員や資金の追加的な獲得が必要になり，組織内の監督とそれに伴う責任が増大していきます。組織が拡大した結果として，創業者は望まない管理者としての業務が増え，メンバー間にはコンフリクトが生じます。このような組織の問題を解決して，効率的なマネジメントを追求す

るためには強いリーダーが求められるようになります（「リーダーシップ」の危機）。また，フォーマルなコミュニケーションを通して効率的に従業員を管理できるようになる一方で，多様かつ複雑な組織を管理することは容易でなくなります（**自主性**，**コントロール**，**官僚主義**に関する危機）。

このような危機を乗り越え，企業が成長するに従って，企業内部の組織に階層的で機能別の構造が導入され，中央集権的な組織構造から分権的な構造に進化することで，各部門のマネジャーへの**委譲**（delegation）が進むことになります。そして，ストック・オプションなどの従業員のモチベーションを高めるための制度の整備，経理や在庫管理を含め資源を効率的に配分するためのシステムの確立など，組織内での**調整**（coordination）や**協力**（collaboration）を通して成長を実現していくようになります。

企業成長のためのステージ・モデルは，企業の年齢や規模が変化するに従って異なるマネジメント・スタイルを通して成長が実現できることを示し，各フェーズで直面する組織上の問題や解決のための重要な手がかりを示しています。他方で，このモデルはいくつかの問題が指摘されています。たとえば，スタートアップ企業間の異質性を無視した画一的なモデルであること，あるいは，成長が常に右肩上がりであることの非現実性が批判の対象となっています（Storey & Greene, 2010）。

コラム 9-2　企業成長はどのように測定できるのか

企業の成長はどのように測定できるのでしょうか。まず，企業成長のプロセスは**内部成長**（internal growth）と**外部成長**（external growth）の2つに大別されます。内部成長とは，工場における生産ラインの増設やさらなるマーケティング努力を通した事業の拡大だけでなく，新たな事業への進出によって成長を目指すことが含まれます。他方で，外部成長は主にM&Aなどの外部組織との結合によって事業を拡大させる場合をさします。スタートアップ企業や中小企業は内部成長を志向する傾向にあり，既存企業や大企業の成長は外部成長によって実現する傾向があることが知られています（Davidsson & Delmar, 2006）。

次に，企業成長の指標について考えてみましょう。どの指標が優れているかを判断するのは必ずしも容易ではありませんが，これまでの研究においては**売**

上成長（sales growth）と雇用成長（employment growth）がよく用いられて
きました。アントレプレナーや経営者にとっては，売上成長が企業の成果を反
映している最も重要な指標かもしれません。他方で，スタートアップ企業の成
長に関する研究では，雇用成長が成長指標として好まれる傾向にあります
（Delmar, 1997）。これにはいくつかの理由が指摘されています。まず，資源
の制約が大きいスタートアップ企業にとっては人的資源が最も重要な資産の
1つであるため，雇用成長が望ましい成長指標といえるでしょう（Stam &
Wennberg, 2009）。また，雇用は売上などの財務指標と違って，物価変動を考
慮する必要がありません。さらに，バイオテクノロジー分野のような一部のス
タートアップ企業は開発期間が長いため，売上を実現するまでに数年かかるこ
とがあります。したがって，スタートアップ企業の成長の指標として，売上成
長よりも雇用成長が使用される傾向にあります。

　上記の指標に関して，絶対的（absolute）あるいは相対的（relative）な測
定方法のいずれを用いるかが議論を呼んできました。前者は売上や雇用の変化
を測定しようとします。他方で，後者は売上や雇用の変化率を測定しようとし
ます。たとえば，従業員数を10人から20人に増加した企業Aと同じく100
人から110人に増加した企業Bがあるとしましょう。絶対的な測定方法では
AとB両社ともに10人の増加とみなされます。他方で，相対的な測定方法で
は，企業Aは100％の増加率（あるいは2倍），企業Bは10％の増加率（あ
るいは1.1倍）となり，同じ従業員数の変化であっても企業成長の程度は異な
ります。絶対的な測定方法は大企業の成長を過大評価し，相対的な測定方法は
小企業の成長を過大評価する傾向があることが指摘されています。しかし，ど
ちらの指標が望ましいかは必ずしも明らかではありません。これまで多くの研
究で用いられているのは，相対的な測定方法の中でも企業規模の対数値を用い
る以下の測定方法です（Coad & Hölzl, 2012）。

$$Grow_{it} = \log(S_{it}) - \log(S_{it-1})$$

ここでS_{it}はt期における企業iの規模，S_{it-1}は前期の企業iの規模を表して
います。これらに代わるものとして，絶対的な方法と相対的な方法が組み合わ
された Birch 指標は以下のように定義されます（Birch, 1987）。

$$Grow_{it} = (S_{it} - S_{it-1}) \frac{S_{it}}{S_{it-1}}$$

以上のように，スタートアップ企業の成長はさまざまな方法で捉えることが

できます。スタートアップ企業の成長を議論するときは，どのような指標でどのような方法で測定しているかによって結論が変わりうることに注意しましょう。

3　スタートアップ企業の成長要因

　どのようなスタートアップ企業が成長するのでしょうか。これまでスタートアップ企業の成長要因は多くの研究において取り組まれてきました。第6章（図6-6および表6-2）で取り上げたように，スタートアップ企業が成長するためには「アントレプレナー」「企業」「戦略」の3つのすべての要素がうまく組み合わされることが重要であるといわれています（Storey, 1994）。

　これらの成長要因のうち，国内外の研究において特に注目されてきた企業規模と企業年齢（「企業」に含まれる項目），アントレプレナーの人的資本（「アントレプレナー」の中の学歴，職務経験など），ベンチャー・キャピタル（「戦略」の中の外部エクイティに該当），イノベーション（「戦略」の中の新しいプロダクト，技術洗練度に該当）の4つの観点から詳しく議論していきます。

企 業 規 模

　企業規模と企業成長の関係は長年多くの研究者から注目を浴びてきました。その中でも，**ジブラの法則**（Gibrat's law）は，最も古い企業成長に関する理論として広く知られています（Gibrat, 1931）。**比例効果の法則**（law of proportionate effect）として知られるジブラの法則は，「企業の成長率は，期首の規模に関わらず，産業内のすべての企業に関して同一である」という企業成長に関する仮説です[7]。言い換えれば，企業の成長率は企業規模に依存しないということになります。

　初期の研究の多くは，ジブラの法則をおおむね支持する結果を示しています（Hart & Prais, 1956；Simon & Bonini, 1958）。つまり，企業成長率は期首の企業規模に依存せず，大企業と小企業との間の違いはないというものでした。その後の研究においては，小さい企業は大きい企業と比べて速く成長する傾向があるという結果が示され，ジブラの法則を棄却するものが多くを占めています（Evans, 1987；Dunne & Hughes, 1994）。このような結果の相違は，分析で用

いられたデータの特性によるものであると指摘されています（Santarelli et al., 2006）。

　他方で，大企業の間ではジブラの法則が支持される傾向があることが明らかになっています。イギリスの企業を対象とした研究からは，ある一定の規模（従業員8人以下の企業）までは小さい企業が速く成長する傾向がありますが，その規模より大きくなると規模と成長の間に明確な関係は見られないという結果が示されています（Hart & Oulton, 1996）。

キーワード9-4　ジブラの法則

企業の成長率は，期首の規模に関わらず，産業内のすべての企業に関して同一であるというジブラによって提唱された仮説のことをいいます。

企 業 年 齢

　これまで多くの研究が企業年齢と成長の関係を分析し，若い企業ほど成長する一方で，年齢を重ねるにつれて成長率が低下することを見出してきました。これらの研究の多くにおいて，企業成長の指標として雇用成長が用いられ，雇用創出の担い手がスタートアップ企業であることが明らかにされてきました（第2章第4節を参照）。図9-8（a）で示されているように，売上，利益，生産性の成長として測定された場合でも同じような傾向があります。第2章の図

---

7)　ジブラの法則は以下のように定式化されます（Storey & Greene, 2010, p. 216）。

$$S_{it} = \varepsilon_t S_{it-1} \tag{1}$$

ここで S_{it} は t 期における企業 i の規模，S_{it-1} は前期の企業 i の規模，ε_t は期首の企業規模 S_{it-1} とは独立して分布するランダム変数を表します。ジブラの法則では，企業成長はさまざまな偶発的な要素に依存する確率的現象として捉えられ，その分布はあらゆる規模の企業にとって共通と考えられています。この企業成長率に関する仮説は，これまで多くの関心が寄せられてきました。通常，ジブラの法則の検証は（1）式の両側が対数化された下記の式が用いられます。

$$\log S_{it} = \alpha + \beta \log S_{it-1} + \varepsilon_t$$

ここでは，α は定数項（産業の平均的な成長トレンド）を表します。$\beta=1$ のときは，企業成長率は企業規模に依存せず一定であるためジブラの法則が成立することを意味します。また，$\beta<1$ のときは，小さい規模の企業がより高い成長率を持ち，$\beta>1$ のときは，大きい規模の企業がより高い成長率を持ちます。

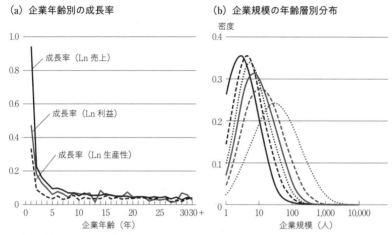

図 9-8　企業年齢ごとの企業成長率および企業規模分布

(a)　企業年齢別の成長率　　(b)　企業規模の年齢層別分布

(注)　(a) はポルトガル製造業，(b) はスペインの製造業を対象としています。(b) の分布のうち，波線が短くなるに従って企業年齢の高いグループ（左から1年以内，2〜4年，5〜9年，10〜19年，20〜29年，30年以上）となっています。

(出所)　(a) Coad et al. (2013) および (b) Cabral & Mata (2003).

2-7 とも共通している傾向として，創業してから5年以内に高い企業成長率が達成され，それ以降は平均成長率が非常に安定して低い水準で推移していることがわかります[8]。

　なぜ企業年齢とともに成長率は低下していくのでしょうか。前章で考えてきたように，企業は年齢を重ねることでルーチンが確立されたり，組織の正統性が高まったりすることで，さまざまなチャネルを通して生存確率が高まります。図 9-8 (b) で示されているように，生存企業については，企業年齢が高くなるに従って，平均的な企業規模は大きくなることが知られています（分散も大きくなります）。つまり，企業年齢と企業規模の間には正の相関があります。前節で議論しましたが，創業時点では企業の多くが小規模であるため，多くの企業にとっては MES を達成して効率的な規模での操業のために急速な成長を目指す理由があります。

　興味深いことに，これまでの企業成長要因に関する実証研究においては，

---

8)　平均的な企業成長率が企業年齢の増加とともに低下することに加えて，企業成長率の分散も年齢とともに小さくなることが知られています（Dahl & Klepper, 2015）。

企業年齢を考慮しない場合は規模と成長に正の関係がある一方で，年齢を考慮した場合は規模と成長には関係が見られなくなることが示されています（Haltiwanger et al., 2013）。「規模が小さいから企業が成長する」のではなく，「小さい企業の中で成長するのは年齢の若い企業である」ことを示唆しています。

アントレプレナーの人的資本

　スタートアップ企業の成長要因として，アントレプレナーの人的資本が重要な役割を果たします。前章でも取り上げたように，資源や経験がないスタートアップ企業にとって，アントレプレナーの人的資本は最も重要な資源と考えられます。リソース・ベースド・ビューに基づけば，さまざまな知識やスキルを持ち，多くの経験をしてきたアントレプレナーは適切な経営判断を下すことができると考えられます。したがって，人的資本の水準が高いアントレプレナーによって設立されたスタートアップ企業は，そうでない企業と比べて相対的に成長スピードが速いと考えられます。

　他方で，資本市場の不完全性と情報の非対称性が存在する状況においては，アントレプレナーの人的資本は，外部の資金提供者を含めたステークホルダーに対して，企業の能力やポテンシャルに関する重要なシグナルを与えます（第5章第3節を参照）。アントレプレナー個人の人的資本の水準が高い企業はシグナリングの結果として資金調達が相対的にスムーズとなると考えられます。その結果として，このようなスタートアップ企業は低いコストで資金調達が可能となります。また，第5章第2節で議論したように，アントレプレナー個人が持つ財産の大きさが資金制約と深く関連しています。これらの点から，アントレプレナーの人的資本は，資金調達に対する影響を通じて，スタートアップ企業のパフォーマンスに間接的に影響を与えると考えられます。

　アントレプレナーの人的資本と企業成長の関係は，実際のデータを用いて分析されてきました。たとえば，イタリアのハイテク分野のスタートアップ企業のデータに基づいて，アントレプレナーの学歴や業界での職務経験は企業成長に対して正の効果を持つことが明らかになっています（Colombo & Grilli, 2005）。この研究においては，アントレプレナーの人的資本は，能力効果を通した直接効果と資金調達への影響を通した間接効果のどちらも確認できると結論づけられています[9]。

ベンチャー・キャピタル

　スタートアップ企業の成長プロセスにおいて，ベンチャー・キャピタル（VC）は非常に重要な役割を果たします。第5章で明らかになったように，創業時の資金調達においては，自己資金を含めた内部金融が重要な位置を占め，外部の資金提供者の中ではエンジェル投資家が鍵を握っています。他方で，創業からある程度時間が経つにつれて，VC の役割の重要性が増してきます。VC 投資はスタートアップ企業の成長に対してどのような影響を与えるのでしょうか。

　VC は，投資先のスタートアップ企業が将来成長して IPO や M&A を通して株式売却を行うことで，投資額と売却額との差額としてキャピタル・ゲインを得ることを目指します。したがって，VC は能力が高く成長ポテンシャルを有する企業をスカウトするために，多くの時間と労力を費やします。このような VC のスカウトの役目は**勝者選抜**（picking winners）と呼ばれることがあります。同時に，VC は投資先企業に対して助言を行うなど，経営に深く関わることで成長企業を育成する役割を果たします。ベンチャー・キャピタリストは投資先スタートアップ企業のアントレプレナーたちと密接な関係を構築して助言や指導を行います[10]。したがって，スタートアップ企業が成長するかどうかは VC の力量に関わっているといっても過言ではありません。このような VC のコーチとしての役目は**勝者育成**（building winners）と呼ばれることがあります。

　VC の勝者選抜と勝者育成の役割はいずれも多くの研究において確認されています。勝者選抜については，スタートアップ企業の人的資本，創業チーム，知的財産といった要素が VC 投資に影響を与えます。また，VC 投資を受けた企業はそれ以外の企業と比較してより大きく成長する傾向があるという勝者育

9)　この他に，たとえば，日本のスタートアップ企業を対象とした研究は，学歴の高いアントレプレナーが経営するスタートアップ企業の成長率が高い傾向にあることを明らかにしています（Honjo, 2004）。スタートアップ企業の成長要因としてのアントレプレナーの人的資本の役割については，幅広い先行研究のサーベイを行っている Unger et al.（2011）や岡室・加藤（2013）を参照してください。

10)　シリコンバレーにおける VC のスタートアップ企業との関わりについては，たとえば Piscione（2013）が参考になります。

成の効果が示されています。たとえば，イタリアのスタートアップ企業を対象とした研究では，アントレプレナーの学歴や経営経験といった人的資本がVC投資に影響を与えるという勝者選別機能が確認されています（Colombo & Grilli, 2010)[11]。同時にこの研究からは，VCから投資を受けたスタートアップ企業は投資を受けていない企業よりも速く成長するという勝者育成効果が支持されています。

イノベーション

　企業が研究開発投資からリターンを得られるかどうかは不確実であることはすでに議論してきました。特に，スタートアップ企業は，研究開発投資のための資金調達で苦労するだけでなく，補完的資産の欠如のためにイノベーションに成功したとしても，そこからの収益化が容易ではありません。

　では，スタートアップ企業のイノベーション活動は成長に対してどのような影響を与えるのでしょうか。ここでは，イノベーションが企業成長に与える影響について分析した国内外の研究成果について紹介します。

　まず，いくつかの研究からは，研究開発型スタートアップ企業は非研究開発型スタートアップ企業に比べて成長率が高い傾向があることが示されてきました（Deeds, 2001）。しかし，研究開発投資はすべての企業において同じ影響を持つのではなく，一部の企業の成長にしか影響を与えないことを見出す研究があります。たとえば，企業成長率分布において上位に位置する高成長企業のみが，研究開発によって成長を実現できることがわかっています（Coad et al., 2016）。また，研究開発活動自体は効果を持たないが，他の企業とのパートナーシップを伴う場合に成長を促進する効果を持つ傾向があります（Stam & Wennberg, 2009）。この結果からは，スタートアップ企業が持たない補完的資産を外部組織とのパートナーシップを通して獲得することで，市場においてイノベーションを企業価値に結びつけることができるといえるでしょう。逆に，企業がパートナーシップの戦略を通して外部知識を内部に吸収してパフォーマンスに結びつけるには，自社で研究開発を実施して自社の持つ吸収能力を高める必要があるという解釈も可能かもしれません。

---

11)　VC投資がスタートアップ企業の成長を促進する役割を果たすという結果は，Engel（2002）がドイツのスタートアップ企業，Peneder（2010）がオーストリアのスタートアップ企業を対象にした研究から同様の傾向があることを見出しています。

　スタートアップ企業がパートナーシップを結ぶ相手は企業だけではありません。医薬品産業をはじめハイテク分野においては，大学とのパートナーシップを通して最先端の技術（スタートアップ企業にとっての補完的資産）にアクセスすることが有効になるかもしれません。実際，大学とのパートナーシップを通してスタートアップ企業が雇用成長を実現する可能性が高まることが明らかにされています（Toole et al., 2015）。この研究からは，スタートアップ企業においてアカデミックな研究の経験を持つ創業メンバーがいるときに，大学とのパートナーシップがより効果を発揮しやすいことが示されています。つまり，大学とのパートナーシップにおいては，スタートアップ企業における「科学的な吸収能力」が鍵を握るといえそうです。

　また，特許取得が企業成長を促進させる効果を持つ傾向があります（Helmers & Rogers, 2011）。さらに，スタートアップ企業を含む中小企業を分析対象とした研究によれば，新製品の導入は企業成長を促進する効果を持ちます（Freel & Robson, 2004）。このように，スタートアップ企業が成長を実現するうえで，イノベーション活動が重要な役割を果たします。

企業成長の研究上の課題

　本節ではスタートアップ企業の成長要因について考えてきました。多くの示唆が得られてきた一方で，企業成長の研究においては，これをすれば必ず成長するという証拠は見つかっていません。古くは企業規模や年齢が成長要因として注目され，その後，アントレプレナーの人的資本，VC，イノベーションの役割が注目されてきました。たしかに，これらの要素は成長に対して影響を与えるでしょう。しかし，第8章第2節で議論したギャンブラーの破産理論に基づけば，企業成長は「運」も大事な要素であることが指摘されています（Coad & Storey, 2021）。また，本章の第1節で明らかになったように，今期成長したとしても次期において成長する企業はほとんどありません。つまり，企業成長は持続しないということです。

　したがって，どのような企業が成長するかを事前に予測するのは非常に難しいといえるでしょう。これまでのデータを用いた要因分析においては，企業成長のうちせいぜい 10% しか説明できていないことが明らかになっています（Coad, 2009）。言い換えれば，現時点での結論としては，企業が高成長を実現するための「特効薬」はないということになります。

コラム 9-3　急激な成長は本当に良いことなのか

　急激な企業成長はスタートアップ企業にとって常に望ましい結果をもたらすのでしょうか。企業成長はポジティブな意味で捉えられる一方で，急激に成長することは一概に望ましいとは言い切れないかもしれません。実際に，適度な成長率が望ましいという結果を示す研究があります。

　企業成長に関する経済理論によれば，いち早く成長して MES において生産することができればコスト優位性を得ることができます。また，成長は企業に組織の正統性を与え，投資家を含めたステークホルダーに対してのポジティブなシグナルとなります（Coad et al., 2020）。たとえば，高い売上成長を実現することは取引履歴の蓄積につながり，資金調達のためのコストを下げることが期待されます。また，企業成長を実現することで，潜在的な従業員に対する信頼性を高めることにもつながります（Dahl & Klepper, 2015）。

　他方で，企業成長においてある水準を超えると，組織の正統性が確立されるため，成長の限界利益は低下することが考えられます（Coad et al., 2020）。また，急激な成長によってコストと収益のバランスを維持することが困難になることが指摘されています。たとえば，曖昧な計画しか持たない状態で企業が設備投資を行ったとしても，その分を補填するための売上増加の見込みがない場合はキャッシュ不足に陥るでしょう。スタートアップ企業の経営者にとっては，いくら製品やサービスにおいて成功したとしても，キャッシュの消費と創出のバランスを適切に維持することは容易なことではありません。新しいビジネスを始めるにはキャッシュが必要ですが，事業を成長させるにはより多くのキャ

図 9-9　企業成長と生存確率

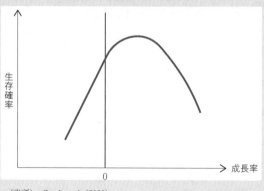

（出所）　Coad et al. (2020).

ッシュが必要になります（Churchill & Mullins, 2001）。

　スタートアップ企業の急激な企業成長は良い結末を招くのでしょうか。初期の研究によれば成長は生存確率を高めるという結果が示されています（Coad et al., 2013）。他方で，近年この問いは多くの研究者によってさらに取り組まれてきました（Zhou & van der Zwan, 2019；Coad & Kato, 2021）。これらの研究に共通する結果は「適度な成長が良い」というものでした。図9-9に示されているように，スタートアップ企業はある水準までは成長することで生存する確率が高まりますが，その点を越えれば一転して生存確率が低下することが明らかになっています。上記で説明した理由により，急激な成長は企業にとって必ずしも良いことではないのかもしれません。

本章のまとめ

1. 高成長を実現できるスタートアップ企業は，全体のほんの一握りであることが知られています。また，高成長スタートアップ企業のほとんどが「一発屋」であり，持続的に成長を続けることは難しいことが示唆されています。

2. これまでに資源ベースの理論（ペンローズの成長理論），経済学のアプローチ，ステージ・モデルなどさまざまな企業成長の理論が提唱され，なぜ企業は成長を目指すのかについての有用な考え方が示されてきました。

3. どのようなスタートアップ企業が成長するのかという問いについては，企業規模や年齢，アントレプレナーの人的資本，ベンチャー・キャピタル，イノベーションと知的財産が重要な役割を果たすことが明らかにされてきました。しかし，これまでの研究からは，成長するための「特効薬」が見つかるまでには至っていません。

ディスカッションのための問題

1. スタートアップ企業はなぜ成長をしようとするのでしょうか。理論的に考えてみましょう。

2. 持続的に成長するために，企業は何をすべきでしょうか。本章で紹介した理論や実証研究の結果を参考に考えてみましょう。

3. いくつかのスタートアップ企業を取り上げて，持続的に成長をしている企業を探してみましょう。このような企業は他の企業と何が違うでしょうか。なお，成長に関しては，雇用，売上，利益など観察できそうな指標を使ってみましょう。

スタートアップの公的支援

第10章

創業に対する「介入」はなぜ必要なのか

本章のテーマ

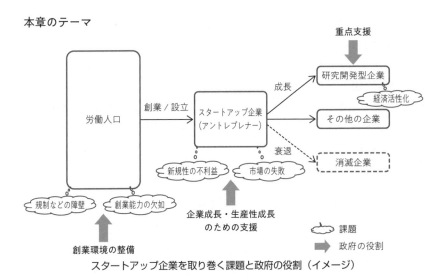

スタートアップ企業を取り巻く課題と政府の役割（イメージ）

1. 公的支援はなぜ正当化できるのか？
2. 政府はどのような公的支援の手段を持っているのか？
3. 日本ではどのような公的支援が行われてきたのか？
4. どのような公的支援が有効なのか？

1 公的支援の正当化

> 戦後の創業期に次ぐ第 2 創業期を実現するため，本年をスタートアップ創出元年として，「スタートアップ 5 ヵ年計画」を設定して，スタートアップ創出に強力に取り組みます。
>
> 令和 4 年 1 月 4 日 岸田内閣総理大臣年頭記者会見（抜粋）

　これまで日本政府は創業を目指すアントレプレナー，および，創業後のスタートアップ企業に対して支援を行ってきました。近年では，2013 年 6 月に閣議決定した第 2 次安倍内閣の経済政策であるアベノミクスの成長戦略において，「新陳代謝とベンチャーの加速」が掲げられました。この成長戦略（日本再興戦略）においては，「開業率が廃業率を上回る状態にし，米国・英国レベルの開・廃業率 10％ 台を目指す」ことが宣言されています（当時の開業率は 5％ 程度）。また，上記で引用したように，2022 年の岸田内閣総理大臣年頭記者会見では，「スタートアップ創出」の目標が大きく掲げられました。なぜ政府はアントレプレナーやスタートアップ企業に対して支援を行うのでしょうか。

新規性の不利益と経済活性化

　これまで本書で繰り返し言及してきたように，スタートアップ企業は，資金，人材などの内部資源を十分に有しておらず，外部情報へのアクセスにおいても困難に直面する傾向にあります。このような新規性の不利益に起因する多くの課題を抱えています。そのため，スタートアップ企業は，さまざまな活動において十分な資源を割り当てることが難しくなります。したがって，スタートアップ企業がイノベーションを創出し，生き残り，成長を実現するのは容易ではありません。

　他方で，第 2 章で明らかになったように，スタートアップ企業は経済活性化における重要な役割が期待されています。スタートアップ企業の誕生は，市場における競争を活発化させ，既存企業の中で非効率な企業の退出を促します。また，スタートアップ企業は自身がイノベーション創出に貢献するだけでなく，それに対抗する既存企業のイノベーション創出のインセンティブを高めることも指摘されています。さらに，スタートアップ企業の成長を通した雇用創出が期待されています。これらの点から，新しい企業の誕生と発展は，経済活性化

の原動力となります。

　これらの点は，創業を目指すアントレプレナーやスタートアップ企業を政府が支援することを正当化するでしょうか。政府による支援に関わる費用は，その国の納税者が負担することになります。したがって，納税者に対する説明として，資源の制約に直面している，あるいは，経済に対して価値をもたらすというだけでは十分説得的ではないかもしれません。公的支援には，他にどのような正当性があるのかについて考えていきます。

市場の失敗

　スタートアップ企業を公的に支援することのより強い根拠は，**市場の失敗**（market failure）にあります。一般的には，社会の効率的な資源配分において市場は有効に機能します。しかし，独占，外部性，公共財，あるいは情報の非対称性などの特徴を持つ市場では，社会的に望ましい水準での取引が行われず，効率的な資源配分が達成できません。このような不完全な市場に対しては，**政府の介入**（governmental intervention）を通して，最適な水準での取引へ近づける措置が求められます。

　市場の失敗を背景に持つ，スタートアップ企業（アントレプレナー）と関連する課題について考えていきます。図 10-1 は，スタートアップ企業を取り巻く市場の失敗の主要なものについて多様な経済主体と関連づけてまとめています。

　第 1 に，独占や寡占のような構造を持ち，参入障壁が高い市場を考えてみましょう。このような市場では，新しい企業の登場は，競争の欠如を改善させるうえで重要な役割を果たす可能性があります。市場における競争が不十分な場合は，企業の参入を促進するための政府の介入は正当性を持つといえるでしょう。市場での競争が促進され，より効率的な資源配分が可能となるからです。

　第 2 に，スタートアップ企業とステークホルダー（取引先企業，資金提供者など）との間に存在する情報の非対称性の問題があげられます（第 5 章第 1 節を参照）。創業間もないスタートアップ企業の事業内容や将来性などの情報は，ステークホルダーにとっては入手しにくいと考えられます。この問題のために，スタートアップ企業は，資金提供者からの融資や出資，取引先の開拓，連携先の探索（研究開発型スタートアップ企業にとっては大学・公的研究機関を含む），労働市場での人材確保などの面で苦労します。

図 10-1　スタートアップ企業を取り巻く「市場の失敗」（□で囲まれた太字部分）

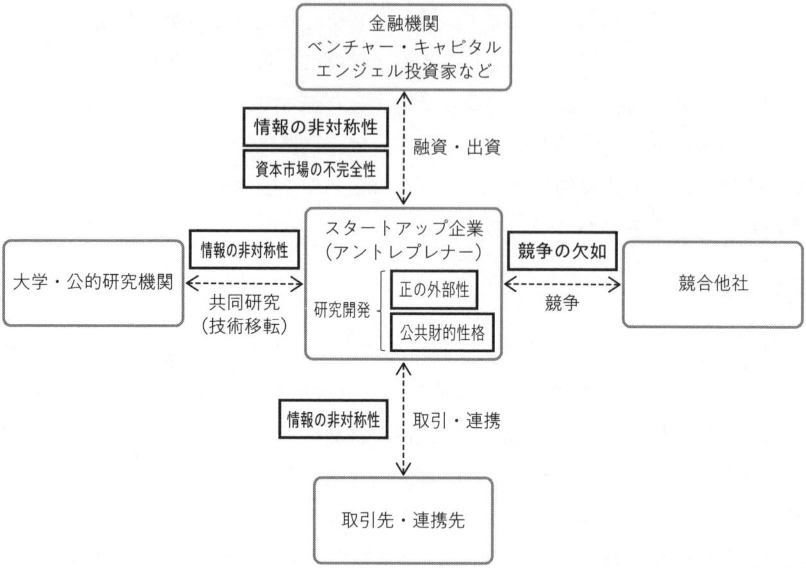

　特に，スタートアップ企業と資金提供者の間に存在する情報の非対称性の問題，および，これに関連する資本市場の不完全性の問題は，創業時には顕著となります。スタートアップ企業が自らの能力や市場の状況を正確に予測して，必要な資金を資金提供者に求めたとしても，資金提供者がそれを十分に理解して，希望するだけの資金を提供してくれるとは限りません。情報の非対称性が引き起こす問題として，逆淘汰やモラル・ハザードがあげられます。その結果として，金融機関による信用割当の問題が起こり，多くのスタートアップ企業は必要な資金を確保できません。情報の非対称性の問題，また，それに起因する資本市場の不完全性の問題は，スタートアップ企業に対する公的支援を正当化するための重要な根拠となります。また，情報の非対称性に起因する資金調達以外の問題（取引先の確保，労働市場での採用活動など）においても，市場に任せていてはうまくいきません。

　第 3 に，スタートアップ企業に対する公的支援は，公共財や外部性という市場の失敗とも関連しています。市場の失敗の中で，競争の欠如と情報の非対称性（および資本市場の不完全性）の問題は，すべてのスタートアップ企業に関連しています。他方で，公共財や外部性の問題は，特に研究開発型スタートアッ

プ企業に関係しています。第7章第2節で詳しく議論したように，イノベーション活動の中核をなす研究開発によって生み出される知識は，非競合性や非排除性といった公共財としての性格を持ちます。そのため，企業の研究開発インセンティブを促進（研究開発への過少投資を防止）するためには，知的財産制度によって研究開発成果（発明）を保護することが重要になります。また，研究開発活動には知識のスピルオーバー（正の外部効果）が存在するため，スタートアップ企業による研究開発を支援することは，他社に対しても良い影響を与えることが期待されます。政府が企業の研究開発に対して補助を与え（外部性の内部化），社会的に望ましい研究開発の水準を実現し，過少投資となることを防ぐ必要があります。このように，競争の欠如，情報の非対称性（および資本市場の不完全性），公共財，外部性といった市場の失敗と密接に関連しているため，研究開発型スタートアップ企業をターゲットにした公的支援は，経済学の観点からは十分な正当性を持つといえるでしょう[1]。

> **キーワード 10-1　市場の失敗**
> 独占，外部性，公共財，情報の非対称性などの特徴を持ち，市場で社会的に望ましい水準での取引が行われず，効率的な資源配分が達成できないことをいいます。

2　公的支援の手段

スタートアップ企業に対する公的支援とは，具体的にどのようなものをさしているのでしょうか。スタートアップ企業に対する公的支援の範囲を明らかにしたうえで，その目標と手段について考えていきます。

アントレプレナーシップ政策と中小企業政策

創業に関連する公的支援は，創業を目指すアントレプレナー個人を主な対象とするアントレプレナーシップ政策（entrepreneurship policy）と創業後のスタ

---

1) ただし，市場の失敗は，スタートアップ企業にとって顕著であるものの，スタートアップ企業だけに起こる問題ではないことに注意してください。

図 10-2　アントレプレナーシップ政策と中小企業政策の境界

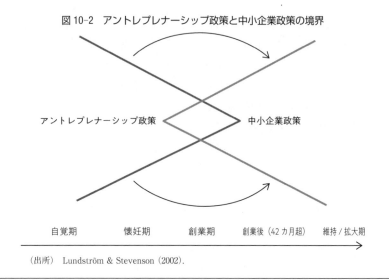

（出所）　Lundström & Stevenson（2002）.

ートアップ企業を対象とする**中小企業政策**（small and medium enterprise policy）
の 2 つに分けられます。図 10-2 は，これらの政策の境界を示しています。前
者は，主にアントレプレナー個人が事業機会を発見する自覚期（awareness
phase）および創業準備に入る懐妊期（nascent phase）のような企業が誕生する
前の期間を含みつつ，企業が誕生する創業期（start-up phase）および創業直後
の時期までカバーします。後者は，主に創業期以降の企業に対する施策をさし
ます。

　表 10-1 で示されているように，アントレプレナーシップ政策のねらいは，
潜在的なアントレプレナー個人に対する創業活動の促進にあります。つまり，
この政策のアウトカムは，創業して企業を設立するアントレプレナーの数の増
加です。そのために，アントレプレナーが創業するうえで望ましい環境と文化
を創出することを通して，より多くの人々による創業を奨励することを目標と
しています。したがって，この政策は，特定のグループやセクターをターゲッ
トとせず，アントレプレナーを目指す個人を一律に支援する取り組みを行う傾
向があります。

　アントレプレナーシップ政策の手段は，大きく 2 つに分けられるでしょう。
まず，参入の手続き，規制，納税面での障壁低減，ロールモデルの紹介などを
通した人々のアントレプレナーシップ意識の醸成，あるいは，**アントレプレナ**

表 10-1　アントレプレナーシップ政策と中小企業政策の比較

	アントレプレナーシップ政策	中小企業政策
アウトカム	アントレプレナーの活動促進（例：事業所有者数および企業数の上昇）	企業成長；生産性成長
基本的目標	「望ましいアントレプレナーのための環境と文化」の創出（例：参入障壁の低減，社会におけるアントレプレナーシップの促進）	「望ましい事業環境」の創出（例：税制；市場の枠組み；官僚主義の縮小）
特定の目標	より多くの人々による創業を奨励，創業プロセスに関する学習および必須スキルの啓発の機会の提供	個別企業の近代化，拡大，競争力の改善の援助
対象	企業より個人を対象	個人より企業を対象
事業サイクルのステージ	自覚期から創業直後までが対象	事業開始後の支援
支援ターゲット	誕生間近および新たに誕生したアントレプレナー：人口全体およびその一部の部門（例：女性，若者）をターゲットとし，特定セクターのターゲットなし	既存企業：高成長セクターあるいは高成長企業をターゲットとする傾向（「勝ち馬」アプローチ）
政策の優先度	事業参入の手続き，規制，納税面での障壁の低減	既存の中小企業における官僚主義の縮小
	小口融資，着手資金，および他の創業資金へのアクセス促進	金融アクセスの改善
	創業のための情報・アドバイスおよび創業ノウハウへのアクセス改善	中小企業の情報アクセスの改善（事業，経済，市場，政府の規制・プログラム情報の提供）
	仲間同士の学習，パートナーシップあるいは対話の促進のためのネットワーキングと交流の促進	中小企業の国内および国際市場へのアクセスの促進（例：関税引き下げ，輸出補助金）
	人々の創業プロセスとスキルの学習機会の増加（例：教育，訓練）；創業支援サービスの質の向上	小企業の競争力改善（例：経営スキル，戦略的コンサルティング）
	現実的な選択肢としてのアントレプレナーシップの意識醸成（例：ロールモデルの紹介，大衆の誘導）	中小企業における研究開発および技術導入の促進（例：技術移転）
主要な政策手段	非金銭的な手段のより活発な活用（創業および着手資金のケースは除く）	特定の中小企業活動の活性化のための金融・財務上のインセンティブ制度の利用（例：研究開発投資，輸出）
成果までの時間	より長期的な視点	より即時的な視点（3〜4年以内での成果を想定）

（出所）Lundström & Stevenson（2010）.

ーシップ**教育**（entrepreneurship education）を含む人々の創業プロセスとスキルの学習機会の増加といった創業環境の整備です。もう 1 つは，創業資金へのアクセス，仲間同士の学習，パートナーシップやネットワーキング，創業のための情報やノウハウへのアクセスなどの面におけるアントレプレナーに対する直接的な支援です。創業資金へのアクセスを除き，アントレプレナーシップ政策の多くは非金銭的な手段を重視する傾向があり，創業環境整備へ向けて，より長期的な視点で実行することになります。

　他方で，表 10-1 で示されているように，中小企業政策の主なねらいは，スタートアップ企業を含む中小規模の企業を対象に，アウトカムとしての企業成長や生産性成長を促進することにあります。中小企業にとっての望ましい事業環境を創出して，近代化，拡大，競争力の改善を図ることを目標としています。また，支援の主なターゲットは，高成長セクターや高成長企業となる傾向があります。

　中小企業政策は，官僚主義の縮小や経営スキルの改善を含む競争力の改善が目標として盛り込まれているように，現状を変革するための施策が中心となっています。アントレプレナーシップ政策と共通する施策として，資金や外部情報へのアクセスの改善があげられます。アントレプレナーシップ政策が非金銭的な手段を重視していたのとは異なり，中小企業政策では，研究開発投資や輸出を含め，特定の中小企業活動の活性化のための金融・財務上のインセンティブ制度の利用が主要な手段となっています。さらに，アントレプレナーシップ政策は長期的な視点で取り組む一方で，中小企業政策は，3 年から 4 年以内という短期的な成果を想定しています。

　政府によるアントレプレナーシップ政策と中小企業政策を通した介入は，市場の失敗による課題を改善するうえで重要な役割を果たすことが期待されています。

キーワード 10-2　アントレプレナーシップ政策と中小企業政策
創業前後の公的支援のうち，アントレプレナー個人に対する創業のための支援はアントレプレナーシップ政策と呼ばれ，創業後のスタートアップ企業に対する支援は中小企業政策と呼ばれ区別されます。

公的支援における課題

これまで議論してきたように，政府による支援として実施されるアントレプレナーシップ政策においては，創業の絶対数を増やすことを目標に掲げる傾向にあります。他方で，スタートアップ企業のうち創業後5年間で生存できるのは半数程度であり，雇用創出に貢献するのは一握りに過ぎません（第1章第2節および第2章第4節を参照）。政府が多くのアントレプレナーの登場を促進することは妥当なのでしょうか。

アントレプレナーの登場を通して経済成長や雇用創出を達成するには，人々がアントレプレナーになることを奨励するのではなく，高成長が期待できる質の高い企業の登場を奨励していく必要があると指摘されています（Shane, 2009）。創業後に生存や成長の可能性が高いスタートアップ企業の特徴が明らかであるならば，それらの企業の創業を促進することに焦点を絞るべきであるという議論です。創業後のスタートアップ企業の支援においても同様で，生存や成長の可能性が高い企業に対して重点的な支援をするという可能性が考えられるでしょう。

第8章や第9章で議論したように，イノベーションを実現したスタートアップ企業は生存確率が高く，雇用成長率が高い傾向があります。また，研究開発型スタートアップ企業に対する公的支援は，イノベーション活動における公共財（知識の公共財的性格）や外部性（知識のスピルオーバー）といった問題を背景に正当化されやすいと考えられます。

さらに，イノベーションに取り組む企業は資金調達において苦労する傾向があります。情報の非対称性や資本市場の不完全性の問題は，研究開発投資のための資金調達において顕著になりがちであることが明らかになっています（第5章と第7章を参照）。したがって，市場に任せていては，イノベーティブな企業へのリスクマネーが供給されないという問題があります。そのため，研究開発に取り組む企業を重点的に支援し，イノベーションを創出する企業の創業や成長を手助けすることが求められています。

ただし，ターゲットを絞った創業支援には課題が残ります。政策担当者が成長ポテンシャルを有する企業を事前に識別することができるかという問題があることはたびたび指摘されています（Menon et al., 2018）。公的支援のターゲットを選別する際の評価側の能力や評価者の人材育成という課題も指摘されてい

ます（Grilli, 2014）。実際に，スタートアップ企業の成長率の決定要因に関する研究によれば，観察可能な特性をすべて考慮してもせいぜい 10% 程度の説明力しか持っていません（Coad, 2009；Coad & Storey, 2021）。言い換えれば，成長ポテンシャルを持つ企業を事前に選別するのは，現実には大変困難であることを示唆しています。今後，たとえばデータベースの拡充や分析ツール（機械学習など）の発展を通して，成長ポテンシャルを持つ企業の選別能力の向上が期待されます。

　第 8 章第 2 節で取り上げたように，アントレプレナーは創業後に自身の能力について学習（受動的あるいは能動的学習）することを通して，事業を拡大するか縮小するかといった調整を行うことになります。ところが，政府の介入を受けて創業したアントレプレナーは，非効率的であるにもかかわらずそれに気づいていない可能性があり，本来行うべき創業後の調整に失敗するかもしれません。そして，このような企業は，公的補助金が切れてしまった後に効率的でないと気づくことになり，次第に退出を迫られるでしょう。

　では，経済活性化に貢献することが期待される能力の高い個人に対しては，創業を支援するための公的補助金を与えるべきなのでしょうか。これもまた市場に歪みをもたらす可能性があります。なぜなら，このようなアントレプレナーは政府が支援しなくてももともと創業することができ，創業後も企業が生存して成長する可能性が高いからです。効率的な企業の学習プロセスにバイアスがかかり，市場機会を過大に評価してしまうかもしれません。したがって，創業支援のための公的補助金の投入の判断は慎重に行われる必要があるでしょう。

　以上のように，アントレプレナーやスタートアップ企業に対して，どのような方法や手段で政府が支援をすべきかについてはいくつかの課題が残ります。

「出口」に向けた政策

　最近の研究からは，スタートアップ企業に対する公的支援に関して，新たな視点が提示されています。入口（創業）ではなく，出口（退出）に目を向ける政策の可能性です。

　学歴，職務経験，あるいは創業経験などの面で人的資本の水準が高いアントレプレナーは，創業後に成功する可能性が高い一方で，このような個人は機会費用が相対的に高いことが明らかになっています（Cassar, 2006）。したがって，このような個人はたとえ創業したとしても，アウトサイド・オプション（より

良い労働機会）を多く持つため，事業が失敗しなくても自主的に退出する可能性が相対的に高いことがわかっています（Kato & Honjo, 2015）。また，能力を持つアントレプレナーが一度失敗したとしても，再度活躍できるチャンスを作る必要があるでしょう。もし，このような機会が少なければ，勤務先を離れて創業することのリスクが高いといえるでしょう。たとえば，倒産・解散手続きの煩雑性の解消による**迅速な再出発**（"fresh and rapid start"）が可能な環境の整備や「失敗」することによる文化的・社会的重圧の軽減を通して，アントレプレナー（特に，能力の高いアントレプレナー）による創業のインセンティブを高めることが重要です（Armour & Cumming, 2006；Grilli, 2014）。

　さらに，事業の売買のための市場が日本では限定的であることにも注目すべきでしょう。たとえば，退出戦略として新規株式公開（IPO）以外にアントレプレナーや投資家が資金を回収できる機会を増やすことを考える必要がありそうです。日本政策投資銀行（DBJ）の報告書によれば，2016 年の日本のスタートアップ企業による IPO の数は 100 件あるのに対して，合併と買収（M&A）による退出は 40 件にとどまっています。他方で，アメリカでは IPO が 40 件であるのに対し，M&A は 680 件となっていて，アメリカと比較して日本において事業売買によって退出する機会が非常に限定的であることがうかがえます。IPO を行うには手続きに時間がかかることから，短期間で資金の回収が可能な M&A 市場の発展が期待されます。

公的支援の施策のまとめ

　図 10-3 は，上記で議論してきたアントレプレナーやスタートアップ企業に対する公的支援の施策について，対象となるグループに対応する形でまとめています。この図で示されているように，アントレプレナーシップ政策と中小企業政策の 2 つの区分があり，さらにアントレプレナーシップ政策を，(1)**アントレプレナーシップの意識醸成および学習機会の増加**，(2)**創業支援**に区別しています。

　アントレプレナーシップ政策として，労働人口のうち自ら創業したい，あるいはアントレプレナーになりたいと思う個人である創業希望者の層を拡大する施策を講じる必要があります。たとえば，創業に必要なスキルを学習できる機会を増やすことで創業希望者の層が拡大することが期待されます。創業準備者に対しては，創業支援の施策を講じていくことになります。

図 10-3　公的支援の対象と施策の対応

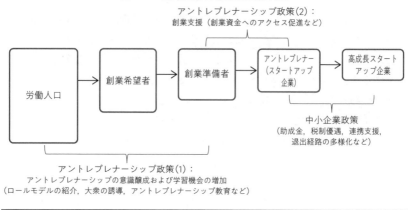

次に，アントレプレナーが創業したスタートアップ企業に対して，成長や生産性成長を実現するためのさまざまな中小企業政策を講じていくことになります。結果として，スタートアップ企業のうち一部が高成長企業となって経済活性化において重要な役割を担うことが期待されています。

3　日本における公的支援

政府は，アントレプレナーの登場，そして新しい企業の誕生と成長に向けてさまざまな施策を講じてきました。本節では，日本における近年の公的支援政策の動向について概観します。

日本におけるアントレプレナーシップ政策

表 10-2 は，日本政府が近年実施したアントレプレナーシップ政策および中小企業政策のうち主要なものを示しています。まず，アントレプレナーシップ政策は，1994 年に通商産業省（当時）産業政策局に創業支援を専門に扱う部署が設立されたことを含め，1990 年代中盤から実施され始めました（石井，2014）。また，1999 年の中小企業基本法の改正によって，「創業の促進」という文言が盛り込まれることで，日本の創業支援に関する政策は大きく前進します（高橋，2021）。この法改正によって，それまで社会的弱者保護という意味合いが強か

表 10-2　日本における主要なアントレプレナーシップ政策および中小企業政策

年	アントレプレナーシップ政策	中小企業政策
1994	通商産業省（METI）産業政策局に新規産業室設立（創業支援を専門に扱う部署設立）	
1995		中小企業の創造的事業活動の促進に関する臨時措置法制定（研究開発型企業への補助金を含めた支援拡充） 新規事業法改正（ストック・オプションの制度化，1997 年の商法改正で全面解禁）
1997		税法改正（「エンジェル税制」導入によるエンジェル投資家による投資促進）
1998		中小企業投資事業有限責任組合法施行（有限責任のファンド組成が可能となる） 大学等技術移転促進法（TLO 法）施行（大学での研究開発成果の産業移転促進，TLO 設立推進）
1999	中小企業基本法改正（「創業の促進」が盛り込まれる）	日本版バイ＝ドール法施行（政府資金による研究開発成果の民間活用の促進）
2000	創業等関連保証制度（信用保証協会）の導入	
2001	開業創造倍増プログラム（平沼プラン）（ベンチャー支援環境の整備，地域における産業クラスターの形成促進など） 大学発ベンチャー 1000 社計画（大学の研究成果の事業化促進） 新創業融資制度（日本政策金融公庫）の導入	「産業クラスター計画」（経済産業省）の開始（地域における産官学のネットワーク形成，インキュベーション機能の強化など）
2003	中小企業挑戦支援法施行（最低資本金規制の緩和）	
2005	有限責任事業組合契約に関する法律施行（合同会社（LLP）制度の創設）	
2006	会社法施行（最低資本金規制の撤廃）	
2008	エンジェル税制改正（設立準備段階の企業に出資したエンジェルに対して所得税控除）	
2009		産業革新機構設立（イノベーション活性化のための投資資金を準備）
2013	日本再興戦略（アベノミクス第三の矢となる成長戦略で「産業の新陳代謝とベンチャーの加速化」を標榜）	日本再興戦略（同左）
2014	日本再興戦略改訂（新事業創出の担い手および目利き・支援人の育成，個人・民間企業によるベンチャー投資促進，個人保証制度の見直し，オープン・イノベーション推進，	日本再興戦略改訂（同左）

	アントレプレナーシップ教育と国民の意識改革など）産業競争力強化法施行（創業支援事業の実施）	
2017		税制改正（中小企業の研究開発投資に対する税制優遇策を拡充）
2018	改正産業競争力強化法（創業支援事業の実施に加えて「創業に関する普及啓発」を盛り込む）	J-Startup（アクセラレーション・プログラム）
2019	「世界に伍するスタートアップ・エコシステム拠点形成戦略」発表	税制改正（スタートアップ企業の研究開発投資や研究開発型スタートアップ企業との連携に対する税制優遇策を拡充）
2021	スタートアップ創出推進室設置	

（出所）　本庄（2010），石井（2014），岡室（2021），高橋（2021），各種ホームページからの情報をもとに筆者作成。

った政策方針から，新しい事業の創出を目指す者が政策対象に加わったことになります。

　その後，2000 年代に入り，開業創造倍増プログラム（平沼プラン）において，ベンチャー支援環境の整備，地域における産業クラスターの形成促進などが目標として掲げられます。このプログラムでは，創業を 5 年間で倍増させることが目標として位置づけられました。また，2003 年には，中小企業挑戦支援法施行によって最低資本金制度が緩和され，2006 年の会社法施行によって撤廃されました。この最低資本金制度撤廃によって，それまでは株式会社を設立するのに資本金が 1000 万円必要だったものが 1 円でも可能になりました。

　2008 年には，エンジェル税制が改正され，設立準備段階の企業に出資したエンジェル投資家に対して所得税控除が行われるようになりました。さらに，2013 年に打ち出された政府の成長戦略（日本再興戦略）では「開業率が廃業率を上回る状態にし，米国・英国レベルの開・廃業率 10% 台を目指す」という目標が掲げられました。翌年改定された方針においても，事業創出の担い手および目利き・支援人の育成，個人のベンチャー投資促進，民間企業によるベンチャー投資促進，個人保証制度の見直しなどの多くの創業支援策が盛り込まれました。このように，近年は創業を促進するための施策が数多く講じられる傾向が見られます。

　日本のアントレプレナーシップ政策における課題の 1 つは，創業希望者の層

の拡大です。しかし，創業に対する個人の態度を短期的に変えるのは容易では
ありません。近年，日本でも 2014 年に改定された日本再興戦略においては，
アントレプレナーシップ教育が盛り込まれました。ここには，小学校や中学校
からのアントレプレナーシップ教育の取り組み，大学・大学院のアントレプレ
ナーシップ教育担当教員のネットワーク形成などの項目が含まれています。

　しかし，日本においてこれだけ創業促進策が講じられてきたにもかかわらず，
開業率は長期的に低迷しています（第 4 章の図 4-1 参照）。近年，開業率は上昇
傾向にあるものの，依然として開業率 5% 前後を推移しており，目標として掲
げられた 10% には程遠い状況が続いています。日本における課題として，創
業を準備している個人に対する支援の前に，創業希望者や創業準備者の数が近
年大きく減少していることに目を向ける必要があるかもしれません。第 3 章の
図 3-5 で示したように，実際に創業したアントレプレナーの数は 2007 年の 18
万人から 17 年の 16 万人へと微減にとどまっているのに対し，創業希望者は同
期間で 101 万人から 73 万人へと大きく低下しています。それどころか，創業
準備者に占める実際に創業したアントレプレナーの割合は，2007 年の 34.7%
から 2017 年の 43.6% へと増加傾向にあります。

　創業の意思を持つ者や創業するための能力や知識を有すると感じている個人
が実際にアントレプレナーになる比率は，アメリカを含めた他国と比べて遜色
はない（あるいは，むしろ高い）という結果を示す研究があります（高橋ほか，
2013 ; Honjo, 2015）。したがって，創業にとりかかっている個人に対する創業支
援というよりは，「自分で事業を起こしたい」と考える創業希望者の数を増や
すことが現在の課題といえるでしょう（高橋，2021）。たとえば，ロールモデル
の紹介を含む大衆におけるアントレプレナーシップ意識の醸成，あるいは，ア
ントレプレナーシップ教育を含む人々の創業プロセスとスキルに関する学習機
会の増加といった創業環境の整備が急務です。

　アントレプレナーシップ政策の手段として近年注目されているのが，第 4 章
で議論した地域レベルでのスタートアップ・エコシステムのアプローチです。
この議論は，アントレプレナーの誕生やその後の活躍が同じ環境下にいる他の
アクター（投資家，金融機関，大学，政策担当者など）との相互作用に依存すると
いう考え方に基づいています。また，さまざまなアクターとファクターを組み
合わせて新しい企業を生み出し，同時にいくつかのアクター間で事業を評価し
てリスクを分散し，事業活動を補完していきます。そこではアントレプレナー

だけでなく，アントレプレナーを支援するアクターの取り組みが重要になります。

　このアプローチをとる施策として，政府は，2019 年に「世界に伍するスタートアップ・エコシステム拠点形成戦略」を発表し，翌年東京をはじめいくつかの都市を拠点都市に選定しています。内閣府を中心に文部科学省や経済産業省などの複数の省庁が連携して，スタートアップ・エコシステムの形成と発展の支援に乗り出しました。

　これまでの研究からは，たとえば，健全なスタートアップ・エコシステムを持つ地域では，アントレプレナーによる活動が地域活性化につながりやすい一方で，脆弱なスタートアップ・エコシステムを持つ地域においては必ずしもアントレプレナーの活動が地域活性化につながらないという結果が示唆されています（Szerb et al., 2019）。したがって，地域レベルでの優れたスタートアップ・エコシステムの構築が経済活性化において鍵を握っているといえるでしょう。

日本における中小企業政策

　次に，日本の中小企業政策について概観していきます。まず，日本の中小企業政策の背景について考えてみましょう。日本の企業全体に占める中小企業の割合は非常に大きいことを認識する必要があります。総務省統計局「平成 28 年経済センサス‐活動調査」によれば，企業常用雇用者規模 5 人未満，10 人未満の企業数は，それぞれ全体の 74%，86% を占めています。他方で，企業常用雇用者規模 300 人以上の企業数は全体の 1% に満たないことが明らかになっています。したがって，スタートアップ企業を含む中小企業が日本経済において果たす役割は非常に大きいといえるでしょう。

　表 10-1 で示したように，中小企業政策の目標は，企業成長や生産性成長を促進することにあります。したがって，中小企業の研究開発や資金調達の支援などを通して，競争力の改善に向けた施策が講じられてきました。近年講じられた施策は表 10-2 で示されています。たとえば，1995 年には，中小企業の創造的事業活動の促進に関する臨時措置法が制定され，研究開発型企業への補助金を含めた支援が拡充されました。また，新規事業法が改正され，企業の経営陣のインセンティブを高めるためのストック・オプションが制度化されています。1997 年には，税法改正を通して，エンジェル投資家によるスタートアップ企業への投資促進を図るためのエンジェル税制が導入されました。

　特に近年，政府は，スタートアップ企業を含む中小企業における研究開発を支援する取り組みを試みてきました。経済における中小企業の高いプレゼンスを考慮すれば，彼らのイノベーションへの貢献を促進することは重要な政策課題となっています。その一方で，文部科学省科学技術・学術政策研究所「全国イノベーション調査 2020 年調査統計報告」によれば，大規模企業（従業者数250 人以上）のイノベーション活動実行企業率が69％であるのに対し，小規模企業（従業者数 10 人以上 49 人以下）は 46％にとどまっています。中小企業のイノベーション活動は，大企業と比較して，組織内に有する内部資源が乏しいだけでなく，外部知識へのアクセスにおいて制約があるなど多くの課題を抱えています。その結果として，中小企業のイノベーションにおける貢献度は，全企業に占める割合と比較して相対的に小さいものとなっていることが知られています。

　そこで，上記で言及した研究開発型企業への支援拡充に加えて，2009 年に産業革新機構を設立してイノベーション活性化のための投資を推進してきました。しかし，スタートアップ企業を含めた中小企業は，自社のみで研究開発に取り組むことは資源の制約から容易ではありません。そこで，政府は「外部性」を生かした施策を打ち出します。まず，1998 年の**大学等技術移転促進法**（いわゆる TLO 法）施行により，大学における技術移転を仲介する**技術移転機関**（Technology License Organization：TLO）の設立とその活動の支援を行うことになります。また，政府は，1999 年の産業活力再生特別措置法（日本版バイ＝ドール法）の施行を通して，大学側の企業との共同研究へのインセンティブを高め，研究開発成果の産業移転を促進する施策を講じました（Kato & Odagiri, 2012）。

　さらに，2001 年に経済産業省が打ち出した「産業クラスター計画」によって，地理的に近接する企業，大学・研究機関，産業支援機関などの間での相互作用を通した技術・ノウハウの移転やインキュベーション機能の強化を行い，産業競争力の向上を推進しました。

　近年，政府は，企業の研究開発の促進，イノベーション創出の推進の一環として，スタートアップ企業を含む中小企業による**研究開発投資に対する税制優遇策**（R&D tax credit）を拡充しています。加えて，表 10-2 で示されているように，スタートアップ企業以外の中小企業について，2017 年度税制改正では，法人税から控除できる試験研究費（研究開発投資額）総額の一定割合が最大 17

％ に引き上げられました。スタートアップ企業については，2019 年度税制改正で，法人税からの試験研究費（研究開発投資額）の控除率が 25％ から 40％ に引き上げられています。2019 年度税制改革では，新しい知識にアクセスする手段としての外部組織（他企業や大学等）とのパートナーシップを促進するため，共同研究や研究委託，あるいはライセンシングの相手が研究開発型スタートアップ企業である場合に要した費用に対する控除率を 25％（従来は 20％）に引き上げました。

　政府によるソフトな支援（資金面以外の支援）も拡充されています。2018 年には，「J-Startup」（www.j-startup.go.jp）という政府（経済産業省など）が民間（VC，大企業，アクセラレーター）と協力して，高成長を実現するスタートアップ企業を創出しようというアクセラレーション・プログラムの運営が始まりました。このプログラムでは，スタートアップ企業が自社の製品やサービスについて投資家の前で売り込みをするピッチの機会の提供，研究開発や知的財産に関する支援，事業連携の支援など，官民一体となったスタートアップ企業支援が行われています[2]。ただし，スタートアップ企業がこのプログラムにおいて支援を受けるには，関係する組織からの推薦に基づき，スタートアップ企業支援の経験のある委員による新規性や将来的な成長性などに関する審査を通過しなければなりません。このプログラムは，政策担当者，VC，大企業といった多様なアクターを巻き込んでおり，これまで議論したようなスタートアップ・エコシステムの考え方に沿う施策といえるでしょう。

コラム 10-1　大学発スタートアップを創出するには何をすべきか

　大学を起源とした知識（研究成果）を活用するために創出される企業は，**大学発スタートアップ**（university start-up）と呼ばれています。他方で，広義の大学発スタートアップには，大学で生み出された研究成果に基づかない事業だが教職員・学生が設立者となる企業が含まれます。経済活性化を支えるうえでこのような企業の存在の重要性は広く認識されています（Shane, 2004）。

　日本では，2001 年に経済産業省によって「大学発の特許取得件数を 10 年間

---

2)　近年，特許庁は，知的財産の専門家を有していないことが多いスタートアップ企業に対して重点的なアドバイスを行っています。詳しくは特許庁によるスタートアップ企業の知的財産支援のポータルサイトである IP BASE（ipbase.go.jp）を参照してください。

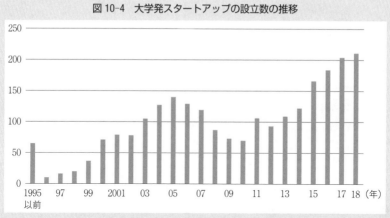

図10-4　大学発スタートアップの設立数の推移

（注）　関係する教職員等を設立者とする広義の大学発スタートアップの数を表しています。
（出所）　2019年度「産業技術調査事業（大学発ベンチャー実態等調査）報告書」（経済産業省委託，株式会社日本総合研究所実施）。

で10倍，大学発スタートアップの数を3年間で1000社にすること」を目標とする，大学発ベンチャー1000社計画が発表されました。TLO法（1998年）や日本版バイ＝ドール法（1999年）が施行された後，大学から産業への技術移転は促進されましたが，この計画によってさらに推進されたことになります。図10-4に示されているように，1990年代後半から大学発スタートアップの設立数は大幅に上昇する傾向があります。

　大学発スタートアップの創出にはどのような要素が影響を与えるのでしょうか。ここでは2つの研究を紹介しましょう。まず，アメリカを対象にした研究では，大学が立地する地域のVCの数や大学内のインキュベーション施設の有無といった要素は影響を持たない一方で，大学の知的卓越性（研究者の質や大学の名声や評判の高さ）やTLOによる株式投資の有無などが大学発スタートアップ創出において重要な役割を果たすことが示されています（Di Gregorio & Shane, 2003）。

　また，イタリアの大学発スタートアップに関する研究によれば，ビジネスプラン・コンテストや大学の技術移転オフィスの有無といった大学のサポートサービスの重要性が低い一方で，実験室などの大学のインフラへのアクセスの重要性が高いことが示されています（Fini et al., 2009）。興味深いことに，この研究からは，さらなる研究費や設備の獲得といった大学におけるベネフィットの付与，および，個人の貯蓄，名声や評判，新たな研究上の刺激やアイデアと

いった個人的なベネフィットが大学発スタートアップ創出の重要なインセンティブとなっていることが明らかにされています。大学発スタートアップの創出においては，アントレプレナーシップが原動力になっているというよりは，研究活動をサポートするための金銭的および非金銭的ベネフィットが重要な要素となることを示唆しています。大学発スタートアップの創出を推進するためには，研究者に対するこのような研究活動のサポートの充実を図ることが求められているといえるでしょう。

4　公的支援の効果

　創業を目指すアントレプレナーや創業後のスタートアップ企業に対する公的支援は，どのような効果があるのでしょうか。公的支援の効果を検証することによって，今後政府がどのような施策を講じるべきかに関して検討するための手がかりが得られます。いくつかのトピックに絞って，これまで行われた公的支援の効果に関するエビデンスを紹介していきます。

参入に関する規制緩和

　アントレプレナーシップ政策として，創業の絶対数を増やすことを目指す施策が講じられてきました。世界各国で行われてきた参入規制の緩和に関する研究においては，創業のハードルを下げることによって，新しい企業の数が増加するという結果が示されています。たとえば，メキシコを対象とした研究においては，法人登記手続きの簡略化によって登録数が増加したことが報告されており，創業しやすい環境を整備することの重要性が示唆されています（Bruhn, 2011）。

　他方で，上記と同様のメキシコの事例を分析した別の研究は，この規制緩和によって法人登記数は増加したものの，その効果は規制緩和直後の一時的なものであったことを指摘しています（Kaplan et al., 2011）。また，ポルトガルを対象にした研究は，法人登記手続きの簡素化や低費用化の施策によって，法人登記数が増加して，新たな雇用が生み出されたことを示しています（Branstetter et al., 2014）。しかし，この研究における重要なポイントは，当施策施行後に新

たに誕生した企業は主にローテク産業に属し，小規模であり，生存確率は低く，経営者の人的資本の水準が低いという傾向があったことです。つまり，この規制緩和によって，施策前と比較して，回転ドア企業と呼ばれるような質の低い企業が誕生したことを示唆しています。

　創業のハードルを下げることで，効率的でないアントレプレナーの参入を促進することになるため，市場における淘汰メカニズムを歪める可能性が高いことが指摘されています（Santarelli & Vivarelli, 2002）。創業の絶対数を増やすことを目指す施策は慎重に実施されるべきでしょう。

アントレプレナーシップ教育

　アントレプレナーシップ教育にはどのような効果が期待できるのでしょうか。まず，アントレプレナーシップ教育が必ずしも創業に対して正の効果を持つとは限らないという結果を示した研究を 2 つ紹介しましょう。まず，ドイツのミュンヘン大学（LMU）経営学部におけるアントレプレナーシップ教育としての「事業計画」（当学部の必修科目）という授業の効果を分析した研究があります（von Graevenitz et al., 2010）。この研究では，当科目を受講した学生は，自身の創業能力の有無を適切に判断できるようになり，結果として創業しようとする学生の数が減ったことが示されています。この結果の解釈について，著者たちは，アントレプレナーシップ教育が負の効果を持つということではなく，労働市場でのマッチングの質を上げる意味で正の効果を持つと捉えるべきだと指摘しています。

　また，オランダの大学におけるアントレプレナー教育プログラムを対象とした研究では，当プログラムが履修学生の創業意図に対して負の影響を与えたことが示されています（Oosterbeek et al., 2010）。この研究では，当プログラムによって受講生に対してアントレプレナーとしての適性がないことを自覚させることにも意味があるため，創業意図に対する当プログラムの負の効果は消極的に受け止めるべきではないと結論づけられています。

　他方で，アントレプレナーシップ教育が創業を促進する可能性があることを示唆する研究を 2 つ紹介しましょう。スウェーデンの高校におけるアントレプレナーシップ教育プログラムの長期的な効果を分析した研究は，長期的に見れば当プログラムが受講者の創業確率を増加させたことを示しています（Elert et al., 2015）。同時に，設立された企業の生存確率には効果がない一方で，創業後

の所得を増加させることを明らかにしています。また，オランダの大学（エラスムス大学）の大学院修士課程の学生を対象としたアントレプレナーシップ教育の効果を分析した研究があります（Rauch & Hulsink, 2015）。この研究からは，アントレプレナーシップ教育は効果的であり，履修した学生の創業態度を改善し，創業意図を高めることが明らかになっています。

　最近の研究動向からは，アントレプレナーシップ教育の効果について，明確な結果は得られていないといってよいでしょう。アントレプレナーシップ教育を受ける対象や教育内容の違い，あるいは分析の方法によって大きく結果が異なる可能性があります。また，アントレプレナーシップに対する国民の意識が国によって大きく異なるため，他国のデータを用いた結果が日本にどの程度当てはまるのかについては慎重に判断されなければならないでしょう。アントレプレナーシップ教育がどのような効果を持つのか，そして，どのような方法で実施するのがより効果的であるのかについて，さらなる研究の蓄積が求められています。

政府による資金援助

　これまでの国内外の研究では，スタートアップ企業に対する公的な資金援助の効果について定量的な検証が行われてきました。ここでは，① 政府による融資，② 補助金，③ 政府系ベンチャー・キャピタル（VC）による投資の 3 点に分けて概観します。

　第 1 に，政府によるスタートアップ企業に対する融資の効果について，ヨーロッパのスタートアップ企業を対象とした研究では，融資を受けた企業は，受けていない企業と比べて雇用や売上を伸ばしていることが明らかにされています（Bertoni et al., 2019；Hottenrott & Richstein, 2020）。また，アメリカ・ミシガン州が実施した研究開発型スタートアップ企業に対する研究開発資金の融資プログラムは，選定されたスタートアップ企業の生存確率と VC からの投資確率を高めたことが示されています（Zhao & Ziedonis, 2020）。

　第 2 に，政府による補助金の効果はどうでしょうか。スタートアップ企業に対する公的補助金投入は，その後の VC 投資を受ける確率を高める効果を持つことが明らかにされています（Islam et al., 2018；Berger & Hottenrott, 2021）。また，アメリカの研究開発型スタートアップ企業への補助金を盛り込んだ Small Business Innovation Research（SBIR）プログラムの効果について，プログラ

ムに選定された企業は非選定企業と比べてパフォーマンスが改善する傾向にあったことが明らかにされています（Lerner, 1999；Howell, 2017）。また，助成前後を比較してみると，選定企業は助成を受けた後にVC投資を受ける確率が大きく高まり，非選定企業との差が顕著になったことが見出されています。さらに興味深いことに，VC投資が多い地域やハイテク産業においてこの効果が顕著であることが明らかになっています。

　政府による支援を受けたという事実が，VCを含めた外部の資金提供者などに対する支援先企業の「質」のシグナルとして働き，企業が外部資金へアクセスしやすくなると考えられます。すなわち，公的支援が，企業と外部の資金提供者との間の情報の非対称性を緩和させることにつながり，**認証効果**（certification effect）の役割を果たしていることが示唆されています。VCなどから投資を受けたスタートアップ企業は，資金制約が緩和され，かつ，投資家からさまざまなアドバイスを受けることによって事業活動が改善する可能性があります。結果として，政府による支援を受けた企業はパフォーマンスが向上すると考えられます。ただし，複数回助成を受けてもパフォーマンスに対する効果は高まらないことが明らかにされています（Lerner, 1999）。したがって，補助金の対象企業の選定プロセスにおいては課題が残っていることが示唆されています。

　第3に，政府系ベンチャー・キャピタル（GVC）によるスタートアップ企業への投資について，いくつかの興味深い示唆が得られています[3]。たとえば，世界各国のVC投資に関するデータを用いた研究によれば，GVCを通して資金調達を行った企業は，VC投資を受けていない企業と比べるとさらなる資金調達を行う傾向があります（Brander et al., 2015）。他方で，GVCが民間のVCシンジケーション（複数のVCによる協力投資）を組む場合，GVCがリーダーである場合よりも，民間のVCがリーダーである場合の方が投資先企業のパフォーマンスが向上することが明らかになっています。この研究からは，スタートアップ企業にとって，GVCからの資金調達は，民間のVCによる資金調達を置き換えるものではなく，むしろ補完する役割を果たしていることが示唆されています。

　また，ヨーロッパのVC市場を対象にした研究によれば，GVCによるスタ

3）　VC市場（VC投資の仕組みやVC投資家のタイプごとの特徴など）については第5章
　　第2節およびコラム5-1を参照してください。

図 10-5　政府によるスタートアップ企業に対する支援の効果

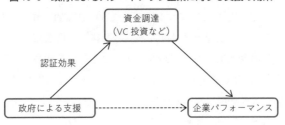

ートアップ企業に対する直接関与が企業の成長にプラスになるのは，VC シンジケーションにおいて GVC がリーダーとならない場合のみであることが明らかにされています（Grilli & Murtinu, 2014）[4]。この研究からは，GVC 投資家が単独で投資先企業の株式資本に参加していても，独立系 VC の参加に先行していても，GVC の参加はヨーロッパのハイテク・スタートアップ企業の売上高と従業員の成長に影響を与えていないことが示されています。さらに，ヨーロッパの VC 市場を対象にした別の研究からは，GVC は民間 VC へのアクセスを促進させる効果を持つことが示唆されています（Guerini & Quas, 2016）。先に触れた認証効果といえるでしょう。

　ここで紹介した政府による公的支援の企業パフォーマンスに対する効果については，図 10-5 のようにまとめることができるでしょう。政府による認証効果は，補助金に限らずさまざまな形で支援を受けることによって発揮される可能性があります。たとえば，この図における「資金調達」は，外部の資金提供者からの資金調達以外の取引やパートナーシップに置き換えても類似した効果があるかもしれません。要するに，情報の非対称性が大きな状況では，政府による「お墨付き」が重要な役割を果たすことを意味しています。

　これらの一連の研究からは，政府が VC 市場に直接関与してスタートアップ企業を支援することにはやや否定的な見解が示されているといえるかもしれません。他方で，もしスタートアップ企業が政府の支援を必要とするならば，政府による介入は直接関与するハンズオン・アプローチよりも，間接的な形で民間のスタートアップ企業の取り組みに有利な環境を作り出す施策の方が望まし

---

4)　GVC による投資が投資先のスタートアップ企業の成長に対して直接効果を持たないのは，資金不足が原因ではなく，スキル不足にも起因している可能性があることが指摘されています（Grilli & Murtinu, 2014）。

いかもしれません（Grilli & Murtinu, 2014）。

　他方で，公的支援の設計の違いによって，研究開発型スタートアップ企業に
与える効果が異なってくる可能性が指摘されています。イタリアにおけるハイ
テク・スタートアップ企業を対象にした研究によれば，公的支援の効果は，そ
の支援対象企業の選抜方法に依存すること，具体的には対象企業を競争的なメ
カニズムで選抜して支援した場合にのみ企業パフォーマンスを向上させること
が明らかにされています（Colombo et al., 2011, 2013）。すなわち，公的支援の対
象を選抜しない公的支援（希望する企業に対する一律支援）では，企業パフォー
マンスを向上させる効果はないことが示されているのです。この研究は，政府
による公的支援をより効果的なものとするためには，競争的なメカニズムを通
した支援対象の選抜が求められる一方で，評価者としての政府の目利き能力が
鍵を握ることを示唆しています。

キーワード 10-3　認証効果

情報の非対称性が存在する状況において，政府による公的支援を受けることが
支援先企業の「質」のシグナルとなり，資金提供者などの外部の関係者に対し
て好影響を与えることをいいます。

「ソフトな支援」の効果

　政府による資金面での公的支援はハードな支援と呼ばれる一方で，アドバイ
ス，パートナーシップの奨励や支援，インキュベーション，アクセラレーショ
ン，クラスター政策といった資金面以外の支援は総じて**ソフトな支援**（soft
support）と呼ばれています（Wren, 2001）。

　スタートアップ企業に対して事業のサポートを行う組織である**インキュベー
ター**（incubator）の役割について，これまで多くの研究が取り組んできました。
インキュベーターは，スタートアップ企業に対して施設の提供や経営上のアド
バイスを行うことを含めて，創業に関するさまざまな課題の解決や事業成長の
支援を行います。欧州委員会のインキュベーターに関する報告書によると，1
人の雇用を生み出すのに4000ユーロ（日本円で約50万円）の費用がかかる程度
で，1年あたり3万人の雇用を創出しており，費用対効果の高い手段であると
指摘されています（Lukeš et al., 2019）。インキュベーターによって創業支援や
ネットワーキング支援を受けた企業は，そうでない企業に比べてパフォーマン

スが改善する傾向にあることが示されています（Colombo & Delmastro, 2002；Soetanto & Jack, 2016）。

　スタートアップ企業にとっては外部組織とのパートナーシップは重要な戦略となりますが，情報の非対称性の問題を背景に，適切なパートナーを探索することは容易ではありません。スタートアップ企業を含む中小企業にとってのパートナーシップの主な障壁は，適切なパートナーの探索にかかる費用（サーチ・コスト）であることが知られています（岡室，2009）。したがって，政府が適切なパートナーの探索を支援することが重要な政策課題であるといえるでしょう。特に，日本では多くの産業集積地域において中小企業が重要な役割を担っているため，中小企業政策としても有効な施策であると考えられます。本章第 3 節で言及した「産業クラスター計画」（産官学のネットワーク形成やインキュベーション機能の強化）の効果を分析した研究によれば，クラスターに参加した中小企業は参加していない企業と比べて成長率や生産性が高まったことが示されています（Nishimura & Okamuro, 2011a, 2011b）。したがって，企業に対する金銭的な支援だけでなく，パートナーシップ支援を通した技術移転推進がスタートアップ企業を含めた中小企業に対する施策として有効であることを示唆しています。

コラム 10-2　危機に際して政府は何ができるのか

　2020 年初めから世界で起こった新型コロナウイルスの感染拡大（以下，新型コロナ禍）は，国内外における企業活動には多大な影響を与えました。とりわけ新型コロナ禍による将来見通しの不確実性が資金調達の足かせとなっています。ここでは，スタートアップ企業が危機によってどのような影響を受けるのか，そして，それに対して政府はどのような支援をしてきたのかについて概観します。

金融危機が資金調達に与えた影響

　2007 年から 2008 年にかけて世界中で起こった金融危機（リーマン・ショック）において，スタートアップ企業の資金調達が受けた影響については，いくつかの研究が行われてきています。これらの研究からは，総じてスタートアップ企業を含めた中小企業の金融危機下における資金調達は，より困難な状況に

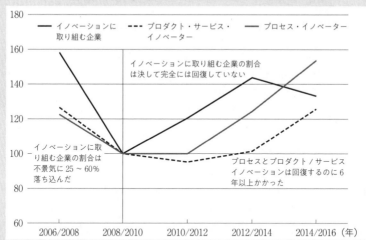

図 10-6　イギリスにおいてイノベーションを実現あるいは投資を
行っている企業の割合（2008/2010 を 100 とした場合）

（注）　イギリス・イノベーション調査（2009 年, 2011 年, 2013 年, 2015 年, 2017 年）に基づい
て集計されています。
（出所）　Roper & Turner（2020）.

陥るという結果が示されています。

　たとえば，金融危機において，アメリカのインターネット業におけるスター
トアップ企業の VC からの資金調達が 20％ 程度減ったことを明らかにしてい
る研究があります（Block & Sandner, 2009）。この研究によれば，資金調達の
初期段階の企業ではなく，後期段階の企業ほど影響を受けていることが示され
ています。特に，このような企業は，IPO 市場の低迷によって悪影響を受ける
可能性が高く，危機によってスタートアップ企業の成長やイノベーションが停
滞する可能性があることが示唆されています。

　また，イギリスの小規模企業を対象にした別の研究においては，金融危機が
企業の研究開発やイノベーションに対して与えた影響について分析されていま
す（Roper & Turner, 2020）。図 10-6 で示されているように，金融危機におい
ては，イノベーションに取り組む企業の数は危機前と比べて激減しています。
また，この研究においては，企業が保有する現金の制約によって，小規模企業
の研究開発に大きな影響が及んだことが明らかにされています。驚くべきこと
に，図 10-6 で示されているように，金融危機後によって減ったイノベーショ
ンに取り組む企業の割合が金融危機前の水準に戻るのに，実に 6 年もかかった

ことが示されています。他方で，研究開発投資を維持した企業は，金融危機後に優れたパフォーマンスを実現したことが報告されています。

新型コロナ禍が資金調達に与えた影響

　2020 年初めから感染拡大が始まった新型コロナ禍の影響に関して，スタートアップ企業の資金調達がどのような影響を受けたかについて国内外でいくつかの研究が行われてきました。2020 年のイギリスのスタートアップ企業を対象とした研究によれば，エクイティ（株主資本）による資金調達は，新型コロナ禍が広がった直後の第 2 四半期に大きく減少しました（Brown et al., 2020）。特に，創業間もないシード・アーリー期の資金調達における落ち込みが顕著だったことが明らかになっています。

　日本でも新型コロナ禍はスタートアップ企業の資金調達に影響を与えました。日本のスタートアップ企業のデータベースを運営するフォースタートアップス株式会社による *STARTUP DB* の収録企業のデータを用いて，2019 年と 2020 年の四半期ごとの資金調達状況を調べた研究があります（加藤・本庄，2021）。この研究によれば，2020 年は前年同期と比べ資金調達の件数，金額ともに減少したことが明らかになっています。特に，2020 年後半になるにつれて，前年同期と比べた減少幅が大きく，新型コロナ禍が企業の資金調達に影響を及ぼしたと見られます。また，資金調達には企業間で違いが見られます。図 10-7 で示されているように，企業の設立から 5 年目まで，6〜10 年目，11 年目以降の 3 つのグループのうち，最も若い 5 年目までの企業の資金調達額の減少幅が大きく，スタートアップ企業を取り巻く環境が厳しいことが示されています。さらに，この研究からは，研究開発型スタートアップ企業の資金調達額の減少幅がとりわけ大きいことも示されています。一部のスタートアップ企業は研究開発投資で多額の資金を必要としますが，必ずしも資本市場から資金を調達できるわけではありません。新型コロナ禍の影響を受け，経済全体の不確実性が高まることで，投資家や金融機関はリスクの高い投資にいっそう慎重になった結果といえるでしょう。

危機に対する公的支援

　危機に直面したスタートアップ企業に対して，政府はどのような対応をすべきなのでしょうか。新型コロナ禍におけるスタートアップ企業に関するOECD の報告書は，政府は短期的な視点と長期的な視点の双方を持つべきこ

図 10-7 日本におけるスタートアップ企業による第三者公募増資
実施企業の比率（資金調達企業数/全企業数）

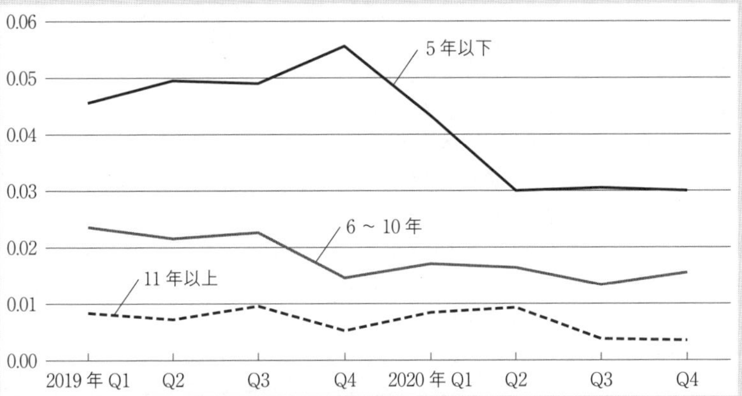

（注） フォースタートアップス株式会社による *STARTUP DB* に基づいています。
（出所） 加藤・本庄（2021）。

とを推奨しています（Calvino et al., 2020）。まず，短期的には，既存のスタートアップ企業の短期的な資金需要を支援（融資保証，直接融資，助成金，補助金など）することで，従業員の雇用と収入の確保を行うべきことが指摘されています。同時に，スタートアップ企業向けの公的な施策についての認知度を高めることの重要性が議論されています。他方で，長期的には，個人の創業へのインセンティブを高め，アントレプレナーの潜在能力を高めることによって，新型コロナ禍によって停滞した創業による雇用やイノベーションに対する影響を最小限にとどめるような政策を目指すべきことが指摘されています。

新型コロナ禍に対応する各国の政策動向を調査した研究によれば，スタートアップ企業を対象に何らかの政策手段を講じた国は調査対象の 3 割弱である一方で，中国など一部の国では研究開発型スタートアップ企業をターゲットとした政策がとられていることが明らかにされています（Kuckertz et al., 2020）。たとえば，カナダのケベック州は 2021 年 2 月，シード・アーリー期の研究開発型スタートアップ企業の支援のため，VC に対し 6500 万ドルの投資計画を発表しています。

当面は新型コロナ禍で混乱した経済の安定を優先するとしても，将来の成長や市場への波及効果を考えると，ポストコロナに向けイノベーションや雇用創出を期待できるスタートアップ企業を支援する政策の立案は重要だといえるでしょう。

本章のまとめ

1. アントレプレナーやスタートアップ企業に対して公的支援を行うことの正当化の根拠として、「新規性の不利益」や「経済活性化に対する貢献」に加えて、情報の非対称性や外部性などの「市場の失敗」が重要であると考えられます。
2. 創業に対する公的支援には、創業を目指すアントレプレナーを支援する「アントレプレナーシップ政策」と創業後のスタートアップ企業に対する「中小企業政策」があります。これらの政策においては、ターゲットを絞った支援や「迅速な再出発」に向けた環境整備も課題として残ります。
3. 日本における公的支援として多様な手段が講じられてきました。最低資本金制度の撤廃などのアントレプレナーシップ政策、技術移転のための法整備を含めた中小企業政策が講じられてきました。
4. 創業の絶対数を増やすような施策に対しては、懐疑的な見解が示される傾向にあります。また、政府による支援は、VC など資金提供者に対する「認証効果」を通して、企業パフォーマンスを間接的に向上させる効果を持ちます。さらに、「ソフトな支援」は費用対効果の高い手段と考えられています。

ディスカッションのための問題

1. 政府がアントレプレナーやスタートアップ企業を支援するのはなぜでしょうか。
2. 政府が創業の絶対数を増やすような施策を講じることは常に正しいのでしょうか。
3. 政府系の金融機関や VC はどのような役割を果たしているのでしょうか。
4. 政府によるスタートアップ企業に対する支援として、具体的にどのようなものがあるでしょうか。

付　録

「スタートアップの経済学」のための学習ガイド

1　最新トレンドのキャッチアップ

　「スタートアップの経済学」をさらに学習するにはどうすればよいのでしょうか。ここでは，本書をきっかけに「スタートアップ企業」あるいは「スタートアップ企業研究」に関心を持ったという方を念頭に，どのように情報にアクセスできるかという視点で話を進めていきます。

「スタートアップ企業」のトレンド

　まずは，実際のスタートアップ企業について詳しく調べてみましょう。スタートアップ企業の動向については，さまざまな媒体によって情報が提供されています。まずは，「伝統的」な媒体を紹介します。いくつかの「白書」が出版されています。最も容易にアクセスできるのが中小企業庁によって毎年発行されている『中小企業白書』（中小企業庁）です。紙媒体で購入することもできますし，中小企業庁のホームページから無料で全文がダウンロードできます。毎年，扱われているトピックは多少異なりますが，開業率などスタートアップ企業に関連する情報が豊富であり，日本の中小企業の動向を知るには最も便利な媒体の1つといえるでしょう。

　また，『新規開業白書』（日本政策金融公庫総合研究所）や『ベンチャー白書』（ベンチャーエンタープライズセンター）が毎年刊行されており，多くの統計調査の結果が示されています。前者では，日本政策金融公庫が毎年実施している「新規開業実態調査」やその他の調査の結果が掲載されています。『中小企業白書』とは違ってスタートアップ企業だけが対象になっています。『新規開業白書』は，事例編として10社程度を対象に創業者に対するインタビュー記事も掲載しており，個々の企業の実態や課題を知るにはとても有用です。後者の『ベンチャー白書』は，主にベンチャー・キャピタル（VC）などから資金調達を実施しているいわゆるベンチャー企業を主な対象とした調査の結果が掲載されており，投資家側の情報も豊富に掲載されています。当白書には，国際的なVC投資の動向が多く含まれています。

　これらの伝統的な媒体に加えて，最近は新たな情報源がオンライン上で次々に登場しています。たとえば，フォースタートアップス株式会社が運営する *STARTUP DB MAGAZINE*（https://startup-db.com）においては，国内スタートアップ投資動向レポートなど多くの最新情報が入手できます。また，類似した媒体として，株式会社ユーザーベースからは *Japan Startup Finance*（https://initial.inc/enterprise/resources）と

いう資金調達動向に関するレポートが半期ごとに発行され，オンライン上で閲覧できます。スタートアップ企業の国際的な動向は，*Global Entrepreneurship Monitor*（GEM）調査のグローバルレポート（www.gemconsortium.org）において国レベルのスタートアップ企業の活動水準や課題などについて知ることができます。

　このような媒体を通して情報を入手するだけでなく，実際にアントレプレナー，投資家，政策担当者などスタートアップ企業に直接関わる人たちの話を聞くのもよいかもしれません。たとえば，2021 年から始まったフォースタートアップスと CIC Tokyo が共同で主催している「成長産業コンファレンス FUSE（フューズ）」では，上記のようなさまざまなプレイヤーが登壇して多様なトピックに関する発表セッションが設けられています。このコンファレンスは誰でも登録すれば無料で聴講ができ，スタートアップ企業の最前線に触れることができます。

「スタートアップ企業研究」のトレンド

　読者の皆さんからすれば，アカデミックな研究動向をタイムリーにキャッチアップすることは容易ではないかもしれません。「スタートアップ企業研究」は，「スタートアップ企業」同様に移り変わりが非常に速いといえるでしょう。実際に，本書で取り上げた文献には，最近 10 年の間で出版されたものが多く含まれています。十数年前に出版された国内外のテキストでは，本書で扱ったトピックの一部（たとえば，クラウドファンディング）は含まれておらず，その後に行われた研究によって新たに発見されたことが多数存在します。新型コロナ禍によって，危機におけるマネジメントや公的支援の問題も注目を浴びるようになってきました。いうまでもなく，本書で取り上げたもの以外にも多数のトピックがあり，執筆中にも数多くの研究が次々に発表され，アカデミックな知見は日々蓄積されています。

　まず，スタートアップ企業に関する研究を含め，アントレプレナーシップ分野の世界的な研究動向を概観します。表 A1 は，スタートアップ企業に関する研究を含め，アントレプレナーシップや中小企業に関する学術誌（ジャーナル）である *Small Business Economics* において，最近 10 年間に組まれた特集号のテーマをまとめたものです。この 10 年間のうち前半は，「アントレプレナーシップの知識スピルオーバー理論」（2013 年 12 月），「企業の成長とイノベーション」（2014 年 10 月），「中小企業，イノベーション，アントレプレナーシップ」（2014 年 4 月，2016 年 8 月），「アントレプレナーシップとイノベーション・ネットワーク」（2014 年 8 月），「アントレプレナーシップ，イノベーション，エンタープライズ・ダイナミクス」（2017 年 2 月）といったイノベーション関連のテーマで特集号が多数組まれました。

　近年は，新しいアプローチが注目されています。特に，「スタートアップ・エコシステム」（2017 年 6 月），「スタートアップ・エコシステムのガバナンス」（2019 年 2 月），「エコシステムにおける女性アントレプレナー」（2019 年 8 月），「持続可能なスタート

表 A1　*Small Business Economics* における特集号の変遷（2012〜2022 年）

番号	発行年月	特集号タイトル
1	2022 年 2 月	COVID-19 パンデミックのアントレプレナーシップと中小企業への経済効果
2		女性によるアントレプレナーシップと文化
3		ラディカル・イノベーション，アントレプレナーシップと（地域の）成長
4	2021 年 8 月	アート＆カルチャー・アントレプレナーシップ
5		現代のワーキングライフにおける中小企業——アントレプレナーシップを健康にするためには？
6		アントレプレナーシップ・ファイナンスの展開——クラウドファンディング，ブロックチェーン，ICO
7	2021 年 2 月	難民のアントレプレナーシップ
8		持続可能なスタートアップ・エコシステム——地域のエコシステムにおける持続可能な創業活動は，文脈的要因によってどのように支えられ，制約されるのか？
9		デジタル・アントレプレナーシップの時代
10	2021 年 2 月	アントレプレナーシップ研究における知識のフロンティアと境界
11		多様性，イノベーション，アントレプレナーシップ - 地域，都市，国内，国際の視点から
12	2020 年 10 月	アントレプレナーシップ（リサーチ）プロセスの再考——ビッグデータと人工知能がもたらすアントレプレナーシップ研究の可能性と課題
13		グローバル化時代の中小企業とアントレプレナーシップ——レビュー，フレームワーク，モデル
14	2020 年 8 月	女性のアントレプレナーシップ
15		アントレプレナーシップと中小企業におけるフリーランサーの役割
16	2020 年 3 月	エフェクチュエーションとアントレプレナーシップ理論——エフェクチュエーションがアントレプレナーシップの他の概念，モデル，理論とどのように関連するか
17	2020 年 2 月	アントレプレナーシップと失敗——起業と失敗：同じコインの裏表？
18		進化理論における知識の特徴的な役割——地域変革とアントレプレナーシップ研究の帰結
19	2019 年 8 月	中小企業経営者と健康
20		エコシステムにおける女性アントレプレナー
21	2019 年 4 月	生まれながらのグリーン企業——グリーンスタートアップの経済学と経営学
22	2019 年 3 月	中国のアントレプレナーシップ
23	2019 年 2 月	アントレプレナーシップの現状
24		スタートアップ・エコシステムのガバナンス
25	2018 年 8 月	アントレプレナー社会のための金融・制度改革
26	2018 年 4 月	アントレプレナーネットワークのガバナンスと戦略
27	2018 年 3 月	21 世紀アメリカのマイノリティ・アントレプレナーシップ
28		カウフマン企業サーベイによるアントレプレナーシップ研究の新展開
29	2018 年 2 月	アントレプレナー金融の新潮流
30	2017 年 6 月	スタートアップ・エコシステム
31	2017 年 2 月	アントレプレナーシップ，イノベーション，エンタープライズ・ダイナミクス
32	2016 年 10 月	アントレプレナーシップにあふれた大学——新しい社会・経済環境における新たなモデル
33		ファミリー企業における経営プロセスと戦略実行——"What" から "How" へ
34	2016 年 8 月	中小企業，イノベーション，アントレプレナーシップ
35	2016 年 4 月	アントレプレナーシップの国家システム
36	2015 年 8 月	グローバル経済の中でのコーポレート・アントレプレナーシップ

37	2014 年 10 月	企業の成長とイノベーション
38	2014 年 8 月	スピンオフ・アントレプレナーシップ
39		アントレプレナーシップとイノベーション・ネットワーク
40	2014 年 4 月	中小企業，イノベーション，アントレプレナーシップ
41	2014 年 3 月	グローバル・アントレプレナーシップと制度
42	2013 年 12 月	アントレプレナーシップの知識スピルオーバー理論
43	2013 年 4 月	プライベート・エクイティにおける投資家と投資先企業の関係の再評価
44		ソーシャル・アントレプレナーシップ
45	2012 年 10 月	創業活動と地域の競争力
46		事業創造に関するパネル調査
47	2012 年 4 月	非営利組織における創業活動
48	2012 年 1 月	アントレプレナー・ファミリー

アップ・エコシステム──地域のエコシステムにおける持続可能な創業活動は，文脈的要因によってどのように支えられ，制約されるのか？」（2021 年 2 月）といったスタートアップ・エコシステム関連の特集号がたびたび組まれています。スタートアップ・エコシステムは，アントレプレナーシップ分野における最もホットなテーマといってよいでしょう。また，女性活躍を含む多様性が注目されている現在の社会を反映して，マイノリティ，女性，多様性，難民などのキーワードがテーマに含まれる特集号が多く組まれています。

　最近注目されているもう 1 つのテーマとして，アントレプレナーを含む経営者の健康問題があげられます。「中小企業経営者と健康」（2019 年 8 月），「現代のワーキングライフにおける中小企業──アントレプレナーシップを健康にするためには？」（2021 年 8 月）というテーマで特集号が組まれています。近年，当分野において，アントレプレナーの健康について研究が進んでいます。たとえば，アントレプレナーの健康状態が企業パフォーマンスとどのように関連しているのかというテーマに着目したものもあれば（Hatak & Zhou, 2021），アントレプレナーになることの健康への影響を分析したものもあります（Nikolova, 2019）。

　さらに，デジタル化の波はアントレプレナーシップにも大きな影響をもたらしており，表 A1 で示されているように「アントレプレナーシップ（リサーチ）プロセスの再考──ビッグデータと人工知能がもたらすアントレプレナーシップ研究の可能性と課題」（2020 年 10 月），「デジタル・アントレプレナーシップの時代」（2021 年 2 月），「アントレプレナーシップ・ファイナンスの展開──クラウドファンディング，ブロックチェーン，ICO」（2021 年 8 月）といったデジタル化関連のテーマで特集が組まれています。

　直近では，新型コロナ禍のスタートアップ企業を含めた中小企業への影響について大きな注目が集まっています。「COVID-19 パンデミックのアントレプレナーシップと中小企業への経済効果」のテーマで，2022 年 2 月号に特集号が組まれています。近年の特集号のテーマからは，アントレプレナーシップ分野の扱う範囲が非常に広く，さらに

拡大さえしている様子がうかがえます。

世界の研究最前線のキャッチアップ

　今後，読者の皆さんがスタートアップ企業の研究の最前線をキャッチアップするには
どのような方法があるのでしょうか。最も確実な方法は，スタートアップ企業を多く扱
うアントレプレナーシップや中小企業の研究分野における国際的な学術誌にアクセスす
ることです[1]。学生の皆さんをはじめ大学関係者にとっては，これらのジャーナルにア
クセスすることは比較的容易です。多くの場合（所属大学が契約している場合），大学
内からであれば論文全文が閲覧できるはずです。他方で，そのほかの皆さんにとっては，
論文を閲覧するためには利用料金を支払う必要があるでしょう。しかし，幸いなことに，
近年はこれらのジャーナルのうち多くの論文がオープンアクセスとなっており，オンラ
イン上で誰でも無償でアクセス，閲覧できるようになっています。英語の論文を読むの
はハードルが高いと思われる方でも，DeepL などの高性能な翻訳サービスを使えば容
易に読解することが可能な時代になってきました。

　そこで，アントレプレナーシップや中小企業の研究分野に関連する主要なジャーナル
を紹介します。表 A2 には，この分野の主要なジャーナル（アルファベット順）の一覧
が掲載されています。まず，スタートアップ企業に関する経済学のアプローチをとるト
ップジャーナルは，*Small Business Economics*（SBE）です。*Journal of Business Ven-
turing*（JBV）および *Entrepreneurship Theory and Practice*（ETP）は，どちらもマネ
ジメントのアプローチをとる当分野のトップジャーナルといえるでしょう。これらの雑
誌以外にも当分野の研究論文が掲載されることはありますが，ある程度の「質」が保証
され，幅広い読者層を持ち，引用される頻度の高い論文がこれら 3 誌に掲載されていま
す。当該分野における研究動向を把握したい場合は，これらのジャーナルにあたるとよ
いでしょう。

　上記のジャーナルに次ぐ有力なジャーナルをいくつか紹介しておきます。純粋な経済
学系の学術雑誌ではありませんが，エディターの多くを経済学者が占めている *Journal
of Small Business Management*（JSBM）は，International Council for Small Business
（ICSB）という国際組織の機関誌であり，1963 年創刊の伝統ある有力ジャーナルとい
えるでしょう。この雑誌には，経済学およびマネジメントのアプローチをとる論文が多
く掲載されていて，読者層が研究者に加えて実務家にまで広く及んでいて，発展途上国
からの投稿が多いことが特徴の 1 つといえるでしょう。同様に，*International Small
Business Journal*（ISBJ）はマネジメント系の当分野における有力ジャーナルの 1 つで，
ヨーロッパの研究者を中心にインパクトの高い論文が多く掲載されています。これらの

---

1)　スタートアップ企業の研究に関連する日本語の学術誌もいくつかあります。たとえば，『企業
　　家研究』（年 2 回発行，有斐閣刊）は，企業家研究フォーラムという学際的な学会によって編集
　　されています。

表A2 アントレプレナーシップや中小企業に関する主要学術誌

雑誌名	出版社	特徴
Entrepreneurship Theory & Practice (ETP)	Sage Publications	JBV と並び，主にマネジメントのアプローチをとるアントレプレナーシップ分野のトップジャーナル
International Small Business Journal (ISBJ)	Sage Publications	アプローチを問わず，イギリスなどのヨーロッパの研究者による論文が多く掲載されているアントレプレナーシップ分野の有力ジャーナル
Journal of Business Venturing (JBV)	Elsevier	ETP と並び，主にマネジメントのアプローチをとるアントレプレナーシップ分野のトップジャーナル
Journal of Small Business Management (JSBM)	Taylor & Francis	International Council for Small Business (ICSB) の機関誌であり，中小企業経営学分野の有力ジャーナル
Small Business Economics (SBE)	Springer	主に経済学のアプローチをとるアントレプレナーシップ分野のトップジャーナル
Strategic Entrepreneurship Journal (SEJ)	John Wiley & Sons	経営戦略分野の国際学会である Strategic Management Society (SMS) の機関誌の1つであり，戦略的アントレプレナーシップ分野のトップジャーナル

2誌はその名のとおり，アントレプレナーシップ分野というよりは「中小企業研究」の学術誌です。最後に，*Strategic Entrepreneurship Journal*（SEJ）は，アメリカの経営戦略学会（Strategic Management Society）の機関誌の1つで，2011年に創刊された比較的新しい学術誌です。

　スタートアップ企業に関心を持った方は，ぜひこれらのジャーナルに掲載されている論文を読んでみてください。

2　さらなる学習のためのテキスト紹介

　本書は，スタートアップ企業に関する主要なトピックをカバーしている一方で，各トピックについては必ずしも深く掘り下げているわけではありません。したがって，本書をきっかけにスタートアップ企業や関連するテーマに関心を持った読者の皆さんのために，日本語（翻訳書含む）および英語による関連文献を紹介しておきたいと思います。

日本語文献ガイド

　まずは，スタートアップ企業全般に関するテキストを紹介しましょう。以下の5冊は，いずれも本書と補完的な内容となっており，本書と並行しながら，あるいは，本書での学習前後に手に取る価値があるはずです。

〈スタートアップ全般〉

1. 本庄裕司（2010）『アントレプレナーシップの経済学』同友館
2. 安田武彦編（2021）『中小企業論——組織のライフサイクルとエコシステム』同友館
3. 清水洋（2022）『アントレプレナーシップ』有斐閣
4. シェーン，S. A.（谷口功一・中野剛志・柴山桂太訳）（2011）『〈起業〉という幻想——アメリカン・ドリームの現実』白水社
5. ストーリー，D. J.（忽那憲治・安田武彦・高橋徳行訳）（2004）『アントレプレナーシップ入門』有斐閣

　これらの文献のうち，本書と扱う内容やアプローチが最も近いのは，1番のテキストでアントレプレナーシップ分野の基本理論を中心とする一方で，日本におけるアントレプレナーシップの現状について詳しく取り扱われています。また，日本の創業政策の課題や進むべき方向性にまで議論が及ぶ幅広い内容となっています。

　2番のテキストは，スタートアップ企業やアントレプレナーシップのテキストというよりは，一般的な中小企業を広く扱った内容となっています。中小企業の経営者の引退や企業間連携に関するトピックが扱われており，中小企業論のテキストとして完成度が高い1冊となっています。

　3番は最新のアントレプレナーシップの優れたテキストです。本書が経済学をベースとした内容であるのに対して，このテキストはどちらかというと経営学の観点からの考察が多いといえるかもしれません。また，このテキストが対象としているのはスタートアップ企業だけではありません。既存企業内のアントレプレナーシップ（コーポレート・アントレプレナーシップ）など，アントレプレナーシップのテーマを幅広く扱っています。このテキストは初めてアントレプレナーシップを学ぶ方を対象として，平易な言葉で書かれています。本書の内容が難しいと感じた方は，まずこのテキストを読むことをお勧めします。

　4番と5番の文献はいずれも翻訳書であり，それぞれアメリカとヨーロッパに関するスタートアップ企業を中心とした中小企業に関して，どちらかというと一般向けに書かれたエビデンスに基づく定評のある文献です。これらの翻訳書2冊はいずれもこの分野の第一線の研究者によるものであり，今後学習や研究を続ける方にとっては必携といえ

るでしょう。

　次に，本書の扱った各章のトピックに関心を持った方に向けて，それぞれについて詳しく扱った文献をいくつかあげておきます。

〈スタートアップ関連のトピック〉

1. ワッサーマン，N.（小川育男訳）（2014）『起業家はどこで選択を誤るのか——スタートアップが必ず陥る9つのジレンマ』英治出版
2. 一橋大学イノベーション研究センター編（2017）『イノベーション・マネジメント入門（第2版）』日本経済新聞出版社
3. 清水洋（2022）『イノベーション』有斐閣
4. 牧兼充（2022）『イノベーターのためのサイエンスとテクノロジーの経営学』東洋経済新報社
5. 入山章栄（2015）『ビジネススクールでは学べない世界最先端の経営学』日経BP社
6. 琴坂将広（2018）『経営戦略原論』東洋経済新報社
7. スミス，R.L.，スミス，J.K.（山本一彦総監訳，岸本光永・忽那憲治監訳）（2004）『MBA最新テキスト アントレプレナー・ファイナンス——ベンチャー企業の価値評価とディール・ストラクチャー』中央経済社
8. 小川周哉・竹内信紀編著（2019）『スタートアップ投資ガイドブック』日経BP社

　まず，上記1番は，アントレプレナーによる創業チームの組織デザインについて，著者自身の研究成果に基づいた研究書に近いビジネス書です。創業チームの構成，創業チームメンバーの役割分担，報酬の決定，採用，経営者の交代といったトピックを扱っており，本書の第6章（第1〜2節）に関心を持つ読者の方にはお勧めの1冊です。

　2番は，本書の第2章や第7章で取り上げたイノベーション関連のトピックが多く含まれており，このテキストでは「イノベーションとアントレプレナーシップ」という章も設けられています。オープン・イノベーションやイノベーションに関する制度や公的支援といったトピックも扱われており，イノベーションに関心のある読者の方にはお勧めのテキストです。

　3番は，イノベーションに関する優れた最新のテキストです。最新の知見が広範囲に網羅されているため，大学で学ぶ学生だけでなく，イノベーションに関心のあるビジネスパーソンを含め一般の方が学ぶにも大変有用な内容です。2番のテキストよりも平易に書かれた入門書といえるでしょう。

　4番は，イノベーションやアントレプレナーシップ分野に関心を持つ一般の方向けにお勧めの1冊です。どちらかというと専門職大学院（ビジネススクール）の学生をはじめビジネスパーソン向けで，これまで大きなインパクトを与えてきた国際学術誌掲載の

論文に基づいて，アカデミックな研究からの実務的な示唆を中心に解説しています。これまでにない新しいスタイルのテキストといってよいでしょう。

5番は，世界的な経営学者による最新トピックに関する一般向け書物で，スタートアップ関連のトピックも含まれています。特に本書の第6章（第3節）の戦略や第7章のイノベーションに関連するいくつかのトピックが扱われています。

6番は，経営戦略論の定番テキストの1つであり，第10章で「新興企業の経営戦略」というスタートアップ企業の戦略的観点から解説した章が含まれています。本書の第6章（第3節）と関連するトピックですが，経営戦略の観点からのより実践的な内容となっています。

7番と8番は，スタートアップ企業のファイナンスに関する文献です。7番の文献は，この分野における第一人者によって執筆されたものであり，この分野の決定版のテキストといってよいでしょう。他方で，8番の文献は，スタートアップ企業関連の業務を扱う弁護士らよって執筆されたもので，アカデミックな文献ではありませんが，VC投資を中心にファイナンスの観点からのスタートアップ企業の実情を理解するには非常に有益な文献です。

英語文献ガイド

次に，大学でスタートアップ企業を研究する大学生，大学院生，および研究者を念頭に，さらに知識を深めるためのいくつかのテキストをあげておきたいと思います。

〈スタートアップ全般〉

1. Storey, D. J., & Greene, F. J. (2010). *Small Business and Entrepreneurship*. Pearson.
2. Parker, S. C. (2018). *The Economics of Entrepreneurship* (2nd Edition). Cambridge: Cambrige University Press.
3. Shane, S. A. (2003). *A General Theory of Entrepreneurship: The Individual-Opportunity Nexus*. Cheltenham, UK: Edward Elgar Publishing.
4. Aldrich, H., Ruef, M., & Lippmann, S. (2020). *Organizations Evolving* (3rd Edition). Cheltenham, UK: Edward Elgar Publishing.

これらのテキストのうち，1番と2番はスタートアップ企業に対して主に経済学のアプローチを用いた内容となっています。1番は，アントレプレナーシップ研究の第一人者によって執筆されたもので，豊富な事例や実証研究の紹介が含まれていて，海外におけるアントレプレナーシップに関する定番テキストです。ただし，10年以上前に出版されたテキストであるため，やや内容が古くなっている印象は否めません。2番は，研究者を目指す大学院生あるいは研究者向けに書かれた，経済学のアプローチによるテキ

ストの決定版です。このテキストは，アントレプレナーシップに関連するトピックを網羅的に扱っており，実証研究も多く紹介されていますが，理論的な観点からの記述が中心となっています。内容と分量ともにハードな1冊といえるでしょう。

　3番と4番は，スタートアップ企業に関するマネジメント分野のアプローチによる定番テキストです。いずれのテキストも，第一線の研究者によって執筆されたものであり，海外の大学では広く普及しています。3番のテキストは，本書の第2章と第3章と深く関連するトピックが中心となっており，アントレプレナーによる創業機会の発見や活用に関して，個人要因と環境要因に分けて詳細に検討しています。4番のテキストは，スタートアップ企業の組織の問題を主として扱っており，創業時の組織デザインからその後の環境変化に応じた組織の進化の戦略について詳しく議論しています。

　また，本章で扱った各章のトピックについて，さらに学習を進めるためにいくつかの文献をあげておきます。

〈スタートアップ関連のトピック〉

1. Lundström, A., & Stevenson, L. (2010). *Entrepreneurship Policy: Theory and Practice*, New York: Springer.

2. Lerner, J. (2009). *Boulevard of Broken Dreams*. New Jersey: Princeton University Press.

3. Coad, A. (2009). *The Growth of Firms: A Survey of Theories and Empirical Evidence*. Cheltenham, UK: Edward Elgar.

4. O'Connor, A., Stam, E., Sussan, F., & Audretsch, D. B. (ed.) (2018). *Entrepreneurial Ecosystems. Place-Based Transformations and Transitions*. Cham, Switzerland: Springer.

　上記のうち，1番と2番は本章の第10章で扱ったスタートアップに対する公的支援の問題と密接に関連した内容の文献です。1番は，本書でも多く引用している文献で，アントレプレナーシップ政策と中小企業政策について，その背景，目的，手段，政策評価といった幅広い問題を扱っていて，このテーマに関する重要文献として知られています。2番は，アメリカにおけるスタートアップ企業に対する公的支援の経験をもとに，政府によるスタートアップ企業やVCに対する公的支援における課題と解決策について指摘しています。これらの2冊は，政策担当者にとっては必読の書といってよいでしょう。

　3番は，本書の第9章と関連していて，企業成長に関する膨大な研究についてサーベイしている研究書です。この文献では，ジブラの法則をはじめ企業成長のさまざまな理論について詳細に扱われています。また，企業成長に関する実証研究のサーベイも網羅的に行っており，このテーマに関心のある大学院生や研究者にとっては大変有益な文献

です。

　最後にあげている4番目の文献は，近年注目を集めているスタートアップ・エコシステムに関する最新研究について，このトピックについての第一人者たちによる論文集です。このテーマについて研究をしたい方にとっては必読の1冊です。

3　スタートアップ企業の「実証研究」の実践

　スタートアップ企業に関する研究は，国内外で社会的に広く関心を持たれています。この分野の研究者も世界的には多く存在します。他方で，スタートアップ企業を実証的に研究することは容易ではありません。その理由の1つが，データの入手が困難なことにあります（Shane & Venkataraman, 2000）。しかし，幸いなことに，近年スタートアップ企業を含むデータベースが整備されてきました。ここでは，今後この分野での研究を始める学生や研究者の方向けに，これらのデータベースおよびそれらの簡単な特徴について紹介します。

産業・地域レベルのデータ

　まず，スタートアップ企業関連の研究で利用可能な統計調査の中で，一般に公開されているものについていくつか紹介しましょう。日本のデータに関しては，総務省による「経済センサス」（旧「事業所・企業統計調査」）は，事業所・企業の基本的構造を明らかにする「経済センサス‐基礎調査」と事業所・企業の経済活動の状況を明らかにする「経済センサス‐活動調査」の2つから成り立っています。この調査をもとに，産業あるいは地域ごとの新設事業所や廃業事業所の数が集計されて公開されています。これらの調査は5年ごとに実施されていますので，毎年の変化を把握することはできませんが，産業や地域ごとの新陳代謝（参入と退出）を把握するには大変重要な統計です。電子媒体を通してデータを入手するには，総務省統計局のホームページあるいは政府統計のポータルサイトである e-Stat（www.e-stat.go.jp）にアクセスしてみてください。海外のデータに関しては，U.S. Census Bureau による *Business Dynamics Statistics*（www.census.gov）からはアメリカにおける新設事業所や廃業事業所の数のデータが毎年利用可能となっています。産業や地域だけでなく，事業所の規模や年齢ごとのデータがオンライン上で電子媒体を通して入手可能です。ヨーロッパの同様のデータは European Commission による *Eurostat*（ec.europa.eu/eurostat）から入手できます。

スタートアップ企業のデータ

　次に，企業あるいは個人レベルで利用可能なスタートアップ企業関連のデータベースについて紹介しましょう。表A3に一覧が示されています。まず，日本のスタートアップ企業を収録しているデータベースについて，フォースタートアップス株式会社が運営

表A3　スタートアップ企業関連のデータ

名前	発行元	特徴
（日本企業のデータベース）		
1　*STARTUP DB*	フォースタートアップス	スタートアップ企業の概要，資金調達情報などが無料で閲覧可能（詳細情報は有償）
2　*INITIAL*	ユーザベース	スタートアップ企業の概要が無料で閲覧可能（詳細情報は有償）
3　新規開業パネル調査	日本政策金融公庫総合研究所	慶應義塾大学パネルデータ設計・解析センターを通して，非営利・学術目的に限り個票データが利用可能（ただし，学部生の利用不可）
4　企業情報データベース	帝国データバンク	信用調査に基づく企業情報（企業概要，財務情報，倒産情報，経営者情報など）が有償で利用可能
5　企業情報ファイル	東京商工リサーチ	信用調査に基づく企業情報（企業概要，財務情報，倒産情報，経営者情報など）が有償で利用可能
（グローバル企業データベース）		
6　*Global Entrepreneurship Monitor*	Global Entrepreneurship Research Association, London Business School	1999年以降に世界各国で実施されている個人や専門家を対象とする創業活動の調査であり，各国の創業活動指数などの集計データだけでなく個人レベルの個票データが公式ホームページで無償で入手可能
7　*Orbis*	Bureau van Dijk	世界の上場・非上場企業の財務情報（最新10年のヒストリカルデータ）が有償で利用可能
8　*Crunchbase*	Crunchbase	世界のスタートアップ企業の概要，資金調達情報などが有償で利用可能（日本のデータは *STARTUP DB* が提供）
9　*Zephyr*	Bureau van Dijk	世界のM&A，IPO，プライベート・エクイティ，VC投資などの取引情報（20年以上のヒストリカルデータ）が有償で利用可能
10　*CB Insights*	CB Information Services	世界の上場・非上場企業の財務情報，パートナー企業，M&A，IPO，プライベート・エクイティ，VC投資などの情報が有償で利用可能

する *STARTUP DB*（startup-db.com）は，1 万 3000 社を超える日本のベンチャー・スタートアップ企業の情報を収録しています。企業概要や資金調達の履歴をはじめ，多くの情報が無料で閲覧可能（詳細情報は有償）となっています。類似したデータベースとして，株式会社ユーザベースによる *INITIAL*（initial.inc）があげられます。*STARTUP DB* と *INITIAL* はプレスリリースをはじめ企業の公開情報あるいは VC などの投資家からの情報をもとにデータベースを構築しています。

　他方で，日本政策金融公庫総合研究所による「新規開業パネル調査」には，アントレプレナー個人の属性をはじめ，数多くの独自の調査項目が含まれています。この調査は，同一の調査対象に対して何年かにわたって追跡調査を実施しているため，属性や活動内容の変化が把握できるようになっています。現在，過去に実施された当調査について，慶應義塾大学パネルデータ設計・解析センター（www.pdrc.keio.ac.jp）を通して，非営利・学術目的に限り個票データが利用可能となっています。

　その他のデータとして，信用調査会社である帝国データバンクや東京商工リサーチによる調査データには多くのスタートアップ企業が含まれています。企業概要，財務情報だけでなく，倒産情報，経営者情報など大変有益な情報が収集されていて，これまで多くの研究に使われてきました（たとえば，Honjo, 2000；Honjo, 2004；Kato & Honjo, 2015；Coad & Kato, 2021；Kato et al., 2021；Honjo & Kato, 2021）。ただし，最大の問題は，このようなデータにアクセスするには一般的には高額の使用料が必要になることです。

　次に，日本を含むグローバル企業データベースに関して，スタートアップ企業に関連するものをあげておきましょう。まず，代表的なものとして，本付録第 1 節で言及した GEM グローバルレポートのもとになっている GEM 調査（www.gemconsortium.org）と呼ばれる世界的な調査があります。1999 年以降にヨーロッパの研究者が中心となって実施している創業活動に関する大規模な調査で，アントレプレナーシップに関するデータベースとして最もよく知られています。集計データだけでなく個人レベルの個票データは，公式ホームページ上において無償で入手可能となっています。これまで数多くの研究において利用されてきました。以前の GEM 調査やそれをもとにした研究については，たとえば，Reynolds et al. (2005), Amorós et al. (2013) が参考になります。

　その他にも，Bureau van Dijk 社による *Orbis* は世界の上場および非上場企業を幅広くカバーしており，スタートアップ企業も多く収録されています。ただし，このデータベースは主要な項目（従業員数，売上高，利益など）を除き最新時点のデータが収録されているため，研究において利用する際には注意が必要かもしれません。これまで国内外の研究者によって幅広く利用されています（たとえば，Colombelli et al., 2021；Iino et al., 2021）。*Crunchbase*（www.crunchbase.com）は，世界のスタートアップ企業をカバーするデータベースとして近年の研究においてよく使われています（たとえば，Block & Sandner, 2009；Cumming et al., 2019）。さらに，スタートアップ企業に対す

る VC 投資をはじめ，取引データに関しては，*Zephyr* や *CB Insights* といったデータベースがよく知られています。これらのデータはすべて有償であるため，所属大学で契約している場合や自身で契約する場合に限って利用できます。

　これらのデータベースを利用すれば，スタートアップ企業に関する多くのトピックについて研究が可能となるでしょう。しかし，テーマによってさらなる情報を必要とするかもしれません。たとえば，スタートアップ企業のイノベーション活動を把握するためには，各国の特許庁が公開している特許情報を参照するか，その他の活動について独自にアンケート調査を実施して企業に対して直接尋ねるしかありません。実際に，スタートアップ企業の実証研究は，研究者自身による独自のアンケート調査によってデータを収集することで行われることがあります。調査には多大な費用と労力がかかることから，一般的には，既存の研究チームに加入するなどして実施可能な研究体制を構築することから始めるしかありません。

　日本においてはスタートアップ企業に関するアカデミックな研究はあまり進んでいません。もちろん，本書で扱った多くの問題は世界各国で共通した課題であり，日本のスタートアップ企業に直接的に適用することができるでしょう。しかし，政府の公的支援の観点からすれば，日本のスタートアップ企業が直面する課題と解決策を検討するうえで十分な証拠が揃っていないことを意味しています。本書を通してスタートアップ企業の研究に関心を持った読者の皆さんは，ぜひこの分野の研究に取り組んでみてください。

参 考 文 献

淺羽茂（2004）『経営戦略の経済学』日本評論社

淺羽茂・牛島辰男（2010）『経営戦略をつかむ』有斐閣

石井芳明（2014）「ベンチャー政策の新しい展開」『一橋ビジネスレビュー』*62*（2），74-89

伊藤恵子・松浦寿幸（2010）「政府統計ミクロ・データによる生産性分析」RIETI Policy Discussion Paper Series 10-P-010，経済産業研究所（RIETI）

岡室博之（2009）『技術連携の経済分析——中小企業の企業間共同研究開発と産学官連携』同友館

岡室博之（2021）「中小企業の研究開発と創業の政策支援：定量的評価と展望」『商工金融』*71*（6），5-25

岡室博之・加藤雅俊（2013）「スタートアップ企業における雇用の成長と構成変化の決定要因——研究開発型企業とそれ以外の企業の比較分析」『フィナンシャル・レビュー』*112*（1），8-25

小田切宏之（2001）『新しい産業組織論——理論・実証・政策』有斐閣

小田切宏之（2010）『企業経済学（第2版）』東洋経済新報社

小田切宏之（2019）『産業組織論——理論・戦略・政策を学ぶ』有斐閣

小田切宏之・本庄裕司（1995）「新規企業の市場参入——工業統計表による計量分析」『通産研究レビュー』*6*，76-92

加藤雅俊・長岡貞男（2012）「日本の石油産業における組織再編とパフォーマンス——輸入自由化による競争条件の変化の影響」TCER Working Paper Series J-6，東京経済研究センター

加藤雅俊・本庄裕司（2021）「新型コロナウイルス禍におけるスタートアップ企業の資金調達——*STARTUP DB* を用いた調査」RECENT Discussion Paper Series No. 1，関西学院大学アントレプレナーシップ研究センター（RECENT）

川口大司（2019）「エビデンスに基づく政策形成と経済学」『日本労働研究雑誌』*705*，8-12

金榮愨・權赫旭・深尾京司（2007）「企業・事業所の参入・退出と産業レベルの生産性」RIETI Discussion Paper Series 07-J-022，経済産業研究所（RIETI）

後藤晃・永田晃也（1997）「イノベーションの専有可能性と技術機会——サーベイデータによる日米比較研究」NISTEP Report No. 048，科学技術庁科学技術政策研究所

權赫旭・金榮愨・深尾京司（2008）「日本の TFP 上昇率はなぜ回復したのか——『企業活動基本調査』に基づく実証分析」RIETI Discussion Paper Series 08-J-050，経済産業研究所（RIETI）

高橋徳行（2021）「創業支援における基本法改正の効果とその限界」『商工金融』*71*（7），5-20

高橋徳行・磯辺剛彦・本庄裕司・安田武彦・鈴木正明（2013）「起業活動に影響を与える要因の国際比較分析」RIETI Discussion Paper Series 13-J-015，経済産業研究所（RIETI）

土井教之（1993）「研究開発と企業規模——日本の製造業」『経済学論究』*46*（4），1-30

特許庁・工業所有権情報・研修館（2019）『産業財産権標準テキスト　総合編（第5版）』発明推進協会

深尾京司・權赫旭（2011）「日本経済成長の源泉はどこにあるのか——ミクロデータによる実証分析」RIETI Discussion Paper Series 11-J-045，経済産業研究所（RIETI）

本庄裕司（2002）「新規参入と退出の計量分析」『日本経済研究』*44*（3），106-121

本庄裕司（2010）『アントレプレナーシップの経済学』同友館

本庄裕司（2015）「スタートアップ企業の資本構成」『組織科学』*49*（1），4-18

本庄裕司・長岡貞男・中村健太・清水由美（2013）「バイオベンチャーの成長に向けての課題——科学的源泉に注目して」IIR Working Paper Series No. 13-03，一橋大学イノベーション研究センター

森川正之（2017）「『エビデンスに基づく政策形成』に関するエビデンス」RIETI Policy Discussion Paper Series 17-P-008，経済産業研究所（RIETI）

森川正之（2018）『生産性——誤解と真実』日本経済新聞出版社

Acosta, M., Coronado, D., & Flores, E. (2011). University spillovers and new business location in high-technology sectors: Spanish evidence. *Small Business Economics, 36* (3), 365-376.

Acs, Z. J., & Audretsch, D. B. (1987). Innovation, market structure, and firm size. *Review of Economics and Statistics, 69* (4), 567-574.

Acs, Z. J., Audretsch, D. B., Braunerhjelm, P., & Carlsson, B. (2004). The missing link: The knowledge filter and entrepreneurship in endogenous growth. Discussion Paper No. 4783, Center for Economic Policy Research.

Acs, Z. J., & Mueller, P. (2008). Employment effects of business dynamics: Mice, Gazelles and Elephants. *Small Business Economics, 30* (1), 85-100.

Agarwal, R., & Gort, M. (1996). The evolution of markets and entry, exit and survival of firms. *Review of Economics and Statistics, 78* (3), 489-498.

Aghion, P., Blundell, R., Griffith, R., Howitt, P., & Prantl, S. (2009). The effects of entry on incumbent innovation and productivity. *Review of Economics and Statistics, 91* (1), 20-32.

Ahlers, G. K. C., Cumming, D., Günther, C., & Schweizer, D. (2015). Signaling in equity crowdfunding. *Entrepreneurship Theory and Practice, 39* (4), 955-980.

Ahuja, G. (2000). Collaboration networks, structural holes, and innovation: A longitudinal study. *Administrative Science Quarterly, 45* (3), 425-455.

Aldrich, H. E., Ruef, M., & Lippmann, S. (2020). *Organizations Evolving.* 3rd Edition. Cheltenham, UK: Edward Elgar.

Amit, R., Muller, E., & Cockburn, I. (1995). Opportunity costs and entrepreneurial activity. *Journal of Business Venturing, 10* (2), 95-106.

Amorós, J. E., Bosma, N., & Levie, J. (2013). Ten years of global entrepreneurship monitor: Accomplishments and prospects. *International Journal of Entrepreneurial Venturing, 5* (2), 120-152.

Armington, C., & Acs, Z. J. (2002). The determinants of regional variation in new firm formation. *Regional Studies, 36* (1), 33-45.

Armour, J., & Cumming, D. (2006). The legislative road to Silicon Valley. *Oxford Economic Papers, 58* (4), 596-635.

Arora, A., & Nandkumar, A. (2011). Cash-out or flameout! Opportunity cost and entrepreneurial strategy: Theory, and evidence from the information security industry. *Management Science, 57* (10), 1844-1860.

Artz, G. M., Kim, Y., & Orazem, P. F. (2016). Does agglomeration matter everywhere? New firm location decisions in rural and urban markets. *Journal of Regional Science, 56* (1), 72-95.

Arundel, A., & Kabla, I. (1998). What percentage of innovations are patented? Empirical estimates for European firms. *Research Policy, 27* (2), 127-141.

Arundel, A., & Smith, K. (2013). History of the community innovation survey. In Gault, F. (ed.), *Handbook of Innovation Indicators and Measurement.* Cheltenham, UK: Edward Elgar, 60-87.

Åstebro, T., & Bernhardt, I. (2005). The winner's curse of human capital. *Small Business Economics, 24* (1), 63-78.

Åstebro, T., & Serrano, C. J. (2015). Business partners: Complementary assets, financing, and invention commercialization. *Journal of Economics & Management Strategy, 24* (2), 228-252.

Audretsch, D. B. (1995). *Innovation and Industry Evolution.* Cambridge, MA: MIT press.

Audretsch, D. B., & Acs, Z. J. (1994). New-firm startups, technology, and. macroeconomic fluctuations. *Small Business Economics, 6* (6), 439-449.

Audretsch, D. B., Houweling, P., & Thurik, A. R. (2000). Firm survival in the Netherlands. *Review of Industrial Organization, 16* (1), 1-11.

Audretsch, D. B., & Lehmann, E. E. (2005). Does the knowledge spillover theory of entrepreneur-ship hold for regions? *Research Policy, 34* (8), 1191-1202.

Audretsch, D. B., & Mahmood, T. (1994). The rate of hazard confronting new firms and plants in U.S. manufacturing. *Review of Industrial Organization, 9* (1), 41-56.

Audretsch, D. B., & Thurik, A. R. (2000). Capitalism and democracy in the 21st century: From the managed to the entrepreneurial economy. *Journal of Evolutionary Economics, 10* (1), 17-34.

Audretsch, D. B., & Vivarelli, M. (1996). Determinants of new-firm startups in Italy. *Empirica, 23* (1), 91-105.

Autio, E. (2011). High-aspiration entrepreneurship. In Minniti, M. (ed.), *The Dynamics of Entrepreneurship: Evidence from the Global Entrepreneurship Monitor Data*, Oxford: Oxford University Press, 251-275.

Azoulay, P., Jones, B. F., Kim, J. D., & Miranda, J. (2020). Age and high-growth entrepreneurship. *American Economic Review: Insights, 2* (1), 65-82.

Backes-Gellner, U., & Werner, A. (2007). Entrepreneurial signaling via education: A success factor in innovative start-ups. *Small Business Economics, 29* (1-2), 173-190.

Balasubramanian, N., & Lee, J. (2008). Firm age and innovation. *Industrial and Corporate Change, 17* (5), 1019-1047.

Balkin, D., & Swift, M. (2006). Top management team compensation in high-growth technology ventures. *Human Resource Management Review, 16* (1), 1-11.

Bandura, A. (1997). *Self-Efficacy: The Exercise of Control*. New York: W. H Freeman.

Baptista, R., & Preto, M. T. (2011). New firm formation and employment growth: Regional and business dynamics. *Small Business Economics, 36* (4), 419-442.

Barba Navaretti, G., Castellani, D., & Pieri, F. (2022). CEO age, shareholder monitoring, and the or-ganic growth of European firms. *Small Business Economics, 59* (1), 361-382.

Barber, A. E., Wesson, M. J., Roberson, Q. M., & Taylor, M. S. (1999). A tale of two job markets: Organizational size and its effects on hiring practices and job search behavior. *Per-sonnel Psychology, 52* (4), 841-868.

Barney, J. (1991). Firm resources and sustained competitive advantage. *Journal of Management, 17* (1), 99-120.

Bartelsman, E. J., & Doms, M. (2000). Understanding productivity: Lessons from longitudinal mi-crodata. *Journal of Economic Literature, 38* (3), 569-594.

Bartelsman, E., Scarpetta, S., & Schivardi, F. (2005). Comparative analysis of firm demographics and survival: Evidence from micro-level sources in OECD countries. *Industrial and Corporate Change, 14* (3), 365-391.

Bates, T. (1990). Entrepreneur human capital inputs and small business longevity. *Review of Eco-nomics and Statistics, 72* (4), 551-559.

Baumol, W. J. (1996). Entrepreneurship: Productive, unproductive, and destructive. *Journal of Business Venturing, 11* (1), 3-22.

Becker, M. C. (2004). Organizational routines: A review of the literature. *Industrial and Corporate Change, 13* (4), 643-678.

Beckman, C. M. (2006). The influence of founding team company affiliations on firm behavior. *Academy of Management Journal, 49* (4), 741-758.

Berger, A. N., & Udell, G. F. (1998). The economics of small business finance: The roles of private equity and debt markets in the financial growth cycle. *Journal of Banking & Finance, 22* (6-8), 613-673.

Berger, M., & Hottenrott, H. (2021). Start-up subsidies and the sources of venture capital. *Journal of Business Venturing Insights, 16*, e00272.

Bertoni, F., Colombo, M. G., & Grilli, L. (2013). Venture capital investor type and the growth mode of new technology-based firms. *Small Business Economics, 40* (3), 527-552.

Bertoni, F., Colombo, M. G., & Quas, A. (2015). The patterns of venture capital investment in Europe. *Small Business Economics, 45* (3), 543-560.

Bertoni, F., Martí, J., & Reverte, C. (2019). The impact of government-supported participative loans on the growth of entrepreneurial ventures. *Research Policy, 48* (1), 371-384.

Besanko, D., Dranove, D., Shanley, M., & Schaefer, S. (2010). *Economics of Strategy.* 5th Edition. New York: John Wiley & Sons.

Birch, D. G. (1987). *Job Creation in America: How Our Smallest Companies Put the Most People to Work.* New York: Free Press.

Birch, D., Haggerty, A., & Parsons, W. (1995). *Who's Creating Jobs?* Cambridge, MA: Cognetics.

Birch, D. L. (1981). Who creates jobs? *The Public Interest, 65,* 3-14.

Blanchflower, D. G., & Oswald, A. J. (1998). What makes an entrepreneur? *Journal of Labor Economics, 16* (1), 26-60.

Blaseg, D., Cumming, D., & Koetter, M. (2021). Equity crowdfunding: High-quality or low-quality entrepreneurs? *Entrepreneurship Theory and Practice, 45* (3), 505-530.

Block, J. H., De Vries, G., Schumann, J. H., & Sandner, P. (2014). Trademarks and venture capital valuation. *Journal of Business Venturing, 29* (4), 525-542.

Block, J., Fisch, C., Ikeuchi, K., & Kato, M. (2022). Trademarks as an indicator of regional innovation: Evidence from Japanese prefectures. *Regional Studies, 56* (2), 190-209.

Block, J. H., Groh, A., Hornuf, L., Vanacker, T., & Vismara, S. (2021). The entrepreneurial finance markets of the future: A comparison of crowdfunding and initial coin offerings. *Small Business Economics, 57* (2), 865-882.

Block, J., & Sandner, P. (2009). What is the effect of the financial crisis on venture capital financing? Empirical evidence from US Internet start-ups. *Venture Capital, 11* (4), 295-309.

Block, J. H., Thurik, R., & Zhou, H. (2013). What turns knowledge into innovative products? The role of entrepreneurship and knowledge spillovers. *Journal of Evolutionary Economics, 23* (4), 693-718.

Block, J. H., & Wagner, M. (2010). Necessity and opportunity entrepreneurs in Germany: Characteristics and earnings differentials. *Schmalenbach Business Review, 62* (2), 154-174.

Boeker, W., & Karichalil, R. (2002). Entrepreneurial transitions: Factors influencing founder departure. *Academy of Management Journal, 45* (4), 818-826.

Bonaccorsi, A., Colombo, M. G., Guerini, M., & Rossi-Lamastra, C. (2013). University specialization and new firm creation across industries. *Small Business Economics, 41* (4), 837-863.

Bosma, N., van Praag, M., Thurik, R., & de Wit, G. (2004). The value of human and social capital investments for the business performance of startups. *Small Business Economics, 23* (3), 227-236.

Bosma, N., van Stel, A., & Suddle, K. (2008). The geography of new firm formation: Evidence from independent start-ups and new subsidiaries in the Netherlands. *International Entrepreneurship and Management Journal, 4* (2), 129-146.

Bottazzi, L., Da Rin, M., & Hellmann, T. (2008). Who are the active investors?: Evidence from venture capital. *Journal of Financial Economics, 89* (3), 488-512.

Bradburd, R. M., & Ross, D. R. (1989). Can small firms find and defend strategic niches? A test of the Porter hypothesis. *Review of Economics and Statistics, 71* (2), 258-262.

Brander, J. A., Du, Q., & Hellmann, T. (2015). The effects of government-sponsored venture capital: International evidence. *Review of Finance, 19* (2), 571-618.

Branstetter, L., Lima, F., Taylor, L. J., & Venâncio, A. (2014). Do entry regulations deter entrepreneurship and job creation? Evidence from recent reforms in Portugal. *Economic Journal, 124* (577), 805-832.

Brass, D. (1995). A social network perspective on human resources personnel. *Research in Personnel and Human Resources Management, 13*, Greenwich, CT: JAI Press, 39-79.

Brouwer, E., & Kleinknecht, A. (1999). Innovative output, and a firm's propensity to patent.: An exploration of CIS micro data. *Research Policy, 28* (6), 615-624.

Brown, R., Rocha, A., & Cowling, M. (2020). Financing entrepreneurship in times of crisis: Exploring the impact of COVID-19 on the market for entrepreneurial finance in the United Kingdom. *International Small Business Journal, 38* (5), 380-390.

Brown, S., Dietrich, M., Ortiz-Nuñez, A., & Taylor, K. (2011). Self-employment and attitudes towards risk: Timing and unobserved heterogeneity. *Journal of Economic Psychology, 32* (3), 425-433.

Brüderl, J., & Preisendörfer, P. (2000). Fast-growing businesses: Empirical evidence from a German study. *International Journal of Sociology, 30* (3), 45-70.

Bruhn, M. (2011). License to sell: The effect of business registration reform on entrepreneurial activity in Mexico. *Review of Economics and Statistics, 93* (1), 382-386.

Burton, R. M., Håkonsson, D. D., Nickerson, J., Puranam, P., Workiewicz, M., & Zenger, T. (2017). GitHub: Exploring the space between boss-less and hierarchical forms of organizing. *Journal of Organization Design, 6* (1), 1-19.

Busenitz, L. W., & Barney, J. B. (1997). Differences between entrepreneurs and managers in large organizations: Biases and heuristics in strategic decision-making. *Journal of Business Venturing, 12* (1), 9-30.

Bygrave, W. D., & Hofer, C. W. (1992). Theorizing about entrepreneurship. *Entrepreneurship Theory and Practice, 16* (2), 13-22.

Caballero, R. J., Hoshi, T., & Kashyap, A. K. (2008). Zombie lending and depressed restructuring in Japan. *American Economic Review, 98* (5), 1943-1977.

Cabral, L. (1995). Sunk costs, firm size and firm growth. *Journal of Industrial Economics, 43* (2), 161-172.

Cabral, L. M. B., & Mata, J. (2003). On the evolution of the firm size distribution: Facts and theory. *American Economic Review, 93* (4), 1075-1090.

Calvino, F., Criscuolo, C., & Verlhac, R, (2020). Start-ups in the time of COVID-19: Facing the challenges, seizing the opportunities. OECD Policy Responses to Coronavirus (COVID-19), Organisation for Economic Co-operation and Development (OECD).

Cardon, M. S., & Stevens, C. E. (2004). Managing human resources in small organizations: What do we know? *Human Resource Management Review, 14* (3), 295-323.

Carlsson, B., Acs, Z. J., Audretsch, D. B., & Braunerhjelm, P. (2009). Knowledge creation, entrepreneurship, and economic growth: A historical review. *Industrial and Corporate Change, 18* (6), 1193-1229.

Carreira, C., Teixeira, P., & Nieto-Carrillo, E. (2021). Recovery and exit of zombie firms in Portugal. *Small Business Economics*, forthcoming.

Carroll, M., Marchington, M., Earnshaw, J., & Taylor, S. (1999). Recruitment in small firms: Processes, methods and problems. *Employee Relations, 21* (3), 236-250.

Cassar, G. (2006). Entrepreneur opportunity costs and intended venture growth. *Journal of Business Venturing, 21* (5), 610-632.

Cassar, G., & Friedman, H. (2009). Does self-efficacy affect entrepreneurial investment? *Strategic Entrepreneurship Journal, 3* (3), 241-260.

Casson, M. (1982). *The Entrepreneur: An Economic Theory.* New Jersey: Rowman & Littlefield.

Caves, R. E., & Porter, M. E. (1977). From entry barriers to mobility barriers: Conjectural decisions and contrived deterrence to new competition. *Quarterly Journal of Economics, 91* (2), 241–261.

Cefis, E., & Marsili, O. (2005). A matter of life and death: Innovation and firm survival. *Industrial and Corporate Change, 14* (6), 1167–1192.

Cefis, E., & Marsili, O. (2011). Born to flip: Exit decisions of entrepreneurial firms in high-tech and low-tech industries. *Journal of Evolutionary Economics, 21* (3), 473–498.

Certo, S. T., Covin, J. G., Daily, C. M., & Dalton, D. R. (2001). Wealth and the effects of founder management among IPO-stage new ventures. *Strategic Management Journal, 22* (6–7), 641–658.

Chan, C. R., & Parhankangas, A. (2017). Crowdfunding innovative ideas: How incremental and radical innovativeness influence funding outcomes. *Entrepreneurship Theory and Practice, 41* (2), 237–263.

Chemmanur, T. J., Krishnan, K., & Nandy, D. K. (2011). How does venture capital financing improve efficiency in private firms? A look beneath the surface. *Review of Financial Studies, 24* (12), 4037–4090.

Chemmanur, T. J., Loutskina, E., & Tian, X. (2014). Corporate venture capital, value creation, and innovation. *Review of Financial Studies, 27* (8), 2434–2473.

Chen, C. C., Greene, P. G., & Crick, A. (1998). Does entrepreneurial self-efficacy distinguish entrepreneurs from managers? *Journal of Business Venturing, 13* (4), 295–316.

Chesbrough, H. (2003). The logic of open innovation: Managing intellectual property. *California Management Review, 45* (3), 33–58.

Christensen, C. M. (1997). *The Innovator's Dilemma: When New Technologies Cause Great Firms to Fail.* Boston, MA: Harvard Business School Press.

Churchill, N. C., & Mullins, J. W. (2001). How fast can your company afford to grow? *Harvard Business Review, 79* (5), 135–143.

Coad, A. (2009). *The Growth of Firms: A Survey of Theories and Empirical Evidence.* Cheltenham, UK: Edward Elgar.

Coad, A. (2010). Exploring the processes of firm growth: Evidence from a vector auto-regression. *Industrial and Corporate Change, 19* (6), 1677–1703.

Coad, A. (2014). Understanding firm growth - some recent results and some challenges ahead. presentation material, Nice.

Coad, A. (2018). Firm age: A survey. *Journal of Evolutionary Economics, 28* (1), 13–43.

Coad, A., Daunfeldt, S.-O., Hölzl, W., Johansson, D., & Nightingale, P. (2014). High-growth firms: Introduction to the special section. *Industrial and Corporate Change, 23* (1), 91–112.

Coad, A., Frankish, J., Roberts, R. G., & Storey, D. J. (2013). Growth paths and survival chances: An application of Gambler's Ruin theory. *Journal of Business Venturing, 28* (5), 615–632.

Coad, A., Frankish, J. S., & Storey, D. J. (2020). Too fast to live? Effects of growth on survival across the growth distribution. *Journal of Small Business Management, 58* (3), 544–571.

Coad, A., & Hölzl, W. (2012). Firm growth: Empirical analysis. In Dietrich, M., & Kraft, J. (eds.), *Handbook on the Economics and Theory of the Firm. Cheltenham*, UK: Edward Elgar, 324–338.

Coad, A., & Kato, M. (2021). Growth paths and routes to exit: 'Shadow of death' effects for new firms in Japan. *Small Business Economics, 57* (3), 1145–1173.

Coad, A., Nielsen, K., & Timmermans, B. (2017). My first employee: An empirical investigation. *Small Business Economics, 48* (1), 25–45.

Coad, A., Segarra, A., & Teruel, M. (2013). Like milk or wine: Does firm performance improve with age? *Structural Change and Economic Dynamics, 24,* 173–189.

Coad, A., Segarra, A., & Teruel, M. (2016). Innovation and firm growth: Does firm age play a role?

Research Policy, 45 (2), 387-400.

Coad, A., & Storey, D. J. (2021). Taking the entrepreneur out of entrepreneurship. *International Journal of Management Reviews, 23* (4), 541-548.

Coakley, J., Lazos, A., & Liñares-Zegarra, J. M. (2022). Equity crowdfunding founder teams: Campaign success and venture failure. *British Journal of Management, 33* (1), 286-305.

Cohen, W. M. (2010). Fifty years of empirical studies of innovative activity and performance. In Hall, B. H., & Rosenberg, N. (eds.), *Handbook of the Economics of Innovation,* Amsterdam: North-Holland, 129-213.

Cohen, W. M., Goto, A., Nagata, A., Nelson, R. R., & Walsh, J. P. (2002). R&D spillovers, patents and the incentives to innovate in Japan and the United States. *Research Policy, 31* (8-9), 1349-1367.

Cohen, W. M., & Levinthal, D. A. (1989). Innovation and learning: The two faces of R&D. *Economic Journal, 99* (397), 569-596.

Cohen, W. M., & Levinthal, D. A. (1990). Absorptive capacity: A new perspective on learning and innovation. *Administrative Science Quarterly, 35* (1), 128-152.

Coleman, S., & Robb, A. (2009). A comparison of new firm financing by gender: Evidence from the Kauffman Firm Survey data. *Small Business Economics, 33* (4), 397-411.

Colombelli, A., Krafft, J., & Quatraro, F. (2021). Firms' growth, green gazelles and eco-innovation: Evidence from a sample of European firms. *Small Business Economics, 56* (4), 1721-1738.

Colombelli, A., Krafft, J., & Vivarelli, M. (2016). To be born is not enough: The key role of innovative start-ups. *Small Business Economics, 47* (2), 277-291.

Colombo, M. G., Cumming, D. J., & Vismara, S. (2016). Governmental venture capital for innovative young firms. *Journal of Technology Transfer, 41* (1), 10-24.

Colombo, M. G., d'Adda, D., & Quas, A. (2019). The geography of venture capital and entrepreneurial ventures' demand for external equity. *Research Policy, 48* (5), 1150-1170.

Colombo, M. G., & Delmastro, M. (2002). How effective are technology incubators?: Evidence from Italy. *Research Policy, 31* (7), 1103-1122.

Colombo, M. G., Giannangeli, S., & Grilli, L. (2013). Public subsidies and the employment growth of high-tech start-ups: Assessing the impact of selective and automatic support schemes. *Industrial and Corporate Change, 22* (5), 1273-1314.

Colombo, M. G., & Grilli, L. (2005). Founders' human capital and the growth of new technology-based firms: A competence-based view. *Research Policy, 34* (6), 795-816.

Colombo, M. G., & Grilli, L. (2007). Funding gaps? Access to bank loans by high-tech start-ups. *Small Business Economics, 29* (1-2), 25-46.

Colombo, M. G., & Grilli, L. (2010). On growth drivers of high-tech start-ups: Exploring the role of founders' human capital and venture capital. *Journal of Business Venturing, 25* (6), 610-626.

Colombo, M. G., & Grilli, L. (2013). The creation of a middle-management level by entrepreneurial ventures: Testing economic theories of organizational design. *Journal of Economics & Management Strategy, 22* (2), 390-422.

Colombo, M. G., Grilli, L., & Murtinu, S. (2011). R&D subsidies and the performance of high-tech start-ups. *Economics Letters, 112* (1), 97-99.

Colombo, M. G., Grilli, L., & Piva, E. (2006). In search of complementary assets: The determinants of alliance formation of high-tech start-ups. *Research Policy, 35* (8), 1166-1199.

Colombo, M. G., & Murtinu, S. (2017). Venture capital investments in Europe and portfolio firms' economic performance: Independent versus corporate investors. *Journal of Economics & Management Strategy, 26* (1), 35-66.

Cordova, A., Dolci, J., & Gianfrate, G. (2015). The determinants of crowdfunding success: Evidence from technology projects. *Procedia-Social and Behavioral Sciences, 181* (11), 115-124.

Cramer, J. S., Hartog, J., Jonker, N., & Van Praag, C. M. (2002). Low risk aversion encourages the choice for entrepreneurship: An empirical test of a truism. *Journal of Economic Behavior & Organization, 48* (1), 29-36.

Cumming, D. (2008). Contracts and exits in venture capital finance. *Review of Financial Studies, 21* (5), 1947-1982.

Cumming, D., & Johan, S. (2008). Information asymmetries, agency costs and venture capital exit outcomes. *Venture Capital, 10* (3), 197-231.

Cumming, D., Meoli, M., & Vismara, S. (2021). Does equity crowdfunding democratize entrepreneurial finance? *Small Business Economics, 56* (2), 533-552.

Cumming, D., Werth, J. C., & Zhang, Y. (2019). Governance in entrepreneurial ecosystems: Venture capitalists vs. technology parks. *Small Business Economics, 52* (2), 455-484.

Cunningham, C., Ederer, F., & Ma, S. (2021). Killer acquisitions. *Journal of Political Economy, 129* (3), 649-702.

Dahl, M. S., & Klepper, S. (2015). Whom do new firms hire? *Industrial and Corporate Change, 24* (4), 819-836.

Daunfeldt, S.-O., & Halvarsson, D. (2015). Are high-growth firms one-hit wonders? Evidence from Sweden. *Small Business Economics, 44* (2), 361-383.

Davidsson, P., & Delmar, F. (2006). High-growth firms and their contribution to employment: The case of Sweden 1987-96. In Davidsson, P., Delmar, F., & Wiklund, J. (eds.), *Entrepreneurship and the Growth of Firms.* Cheltenham, UK: Edward Elgar, 156-178.

Davidsson, P., & Honig, B. (2003). The role of social and human capital among nascent entrepreneurs. *Journal of Business Venturing, 18* (3), 301-331.

Davis, J. H., Schoorman, F. D., & Donaldson, L. (1997). Toward a stewardship theory of management. *Academy of Management Review, 22* (1), 20-47.

Debrulle, J., Maes, J., & Sels, L. (2014). Start-up absorptive capacity: Does the owner's human and social capital matter? *International Small Business Journal, 32* (7), 777-801.

Deeds, D. L. (2001). The role of R&D intensity, technical development and absorptive capacity in creating entrepreneurial wealth in high technology start-ups. *Journal of Engineering and Technology Management, 18* (1), 29-47.

Delmar, F. (1997). Measuring growth: Methodological considerations and empirical results. In Donckels, R., & Miettinen, A. (eds.), *Entrepreneurship and SME Research: On Its Way to the Next Millennium.* Hants, UK: Ashgate, 199-215.

Delmar, F., & Shane, S. (2006). Does experience matter? The effect of founding team experience on the survival and sales of newly founded ventures. *Strategic Organization, 4* (3), 215-247.

Di Gregorio, D., & Shane, S. (2003). Why do some universities generate more start-ups than others? *Research Policy, 32* (2), 209-227.

Dixon, S., & Stillman, S. (2009). The impact of firm closure on workers' future labour market outcomes. unpublished paper: Statistics New Zealand.

Djankov, S., Hart, O., McLiesh, C., & Shleifer, A. (2008). Debt enforcement around the world. *Journal of Political Economy, 116* (6), 1105-1149.

Dunne, P., & Hughes, A. (1994). Age, size, growth and survival: UK companies in the 1980s. *Journal of Industrial Economics,* 115-140.

Dunne, T., Roberts, M. J., & Samuelson, L. (1989). The growth and failure of U.S. manufacturing plants. *Quarterly Journal of Economics, 104* (4), 671-698.

Duranton, G., & Puga, D. (2001). Nursery cities: Urban diversity, process innovation, and the life cycle of products. *American Economic Review, 91* (5), 1454-1477.

Dushnitsky, G., & Lenox, M. J. (2006). When does corporate venture capital investment create firm value? *Journal of Business Venturing, 21* (6), 753-772.

Eisenhardt, K. M. (1989). Agency theory: An assessment and review. *Academy of Management Review, 14* (1), 57-74.

Eisenhardt, K. M., & Martin, J. A. (2000). Dynamic capabilities: What are they? *Strategic Management Journal, 21* (10-11), 1105-1121.

Eisenhardt, K. M., & Schoonhoven, C. B. (1990). Organizational growth: Linking founding team, strategy, environment, and growth among U.S. semiconductor ventures, 1978-1988. *Administrative Science Quarterly, 35* (3), 504-529.

Ejermo, O., & Xiao, J. (2014). Entrepreneurship and survival over the business cycle: How do new technology-based firms differ? *Small Business Economics, 43* (2), 411-426.

Elert, N., Andersson, F. W., & Wennberg, K. (2015). The impact of entrepreneurship education in high school on long-term entrepreneurial performance. *Journal of Economic Behavior & Organization, 111*, 209-223.

Engel, D. (2002). The impact of venture capital on firm growth: An empirical investigation. ZEW Discussion Paper No. 02-02, Centre for European Economic Research (ZEW).

Ensley, M. D., Pearson, A. W., & Amason, A. C. (2002). Understanding the dynamics of new venture top management teams: Cohesion, conflict, and new venture performance. *Journal of Business Venturing, 17* (4), 365-386.

Ericson, R., & Pakes, A. (1995). Markov-perfect industry dynamics: A framework for empirical work. *Review of Economic Studies, 62* (1), 53-82.

Esteve-Pérez, S., & Mañez-Castillejo, J. A. (2008). The resource-based theory of the firm and firm survival. *Small Business Economics, 30* (3), 231-249.

Estrin, S., Korosteleva, J., & Mickiewicz, T. (2013). Which institutions encourage entrepreneurial growth aspirations? *Journal of Business Venturing, 28* (4), 564-580.

Evans, D. S. (1987). Tests of alternative theories of firm growth. *Journal of Political Economy, 95* (4), 657-674.

Evans, D. S., & Jovanovic, B. (1989). An estimated model of entrepreneurial choice under liquidity constraints. *Journal of Political Economy, 97* (4), 808-827.

Fagerberg, J. (2005). Innovation: A guide to the literature. In Fagerberg, J., Mowery, D. C., & Nelson, R. R. (eds.), *The Oxford Handbook of Innovation*, Oxford: Oxford University Press, 1-26.

Falk, A., Becker, A., Dohmen, T., Enke, B., Huffman, D., & Sunde, U. (2018). Global evidence on economic preferences. *Quarterly Journal of Economics, 133* (4), 1645-1692.

Fazzari, S., Hubbard, R. G., & Petersen, B. (1988). Investment, financing decisions, and tax policy. *American Economic Review, 78* (2), 200-205.

Feldman, M. P., & Audretsch, D. B. (1999). Innovation in cities: Science-based diversity, specialization and localized competition. *European Economic Review, 43* (2), 409-429.

Figueiredo, O., Guimaraes, P., & Woodward, D. (2002). Home-field advantage: Location decisions of Portuguese entrepreneurs. *Journal of Urban Economics, 52* (2), 341-361.

Fini, R., Grimaldi, R., & Sobrero, M. (2009). Factors fostering academics to start up new ventures: An assessment of Italian founders' incentives. *Journal of Technology Transfer, 34* (4), 380-402.

Flikkema, M., De Man, A. P., & Castaldi, C. (2014). Are trademark counts a valid indicator of innovation? Results of an in-depth study of new benelux trademarks filed by SMEs. *Industry and Innovation, 21* (4), 310-331.

Forbes, D. P. (2005). Are some entrepreneurs more overconfident than others? *Journal of Business*

Venturing, 20 (5), 623-640.

Fotopoulos, G., & Louri, H. (2000). Location and survival of new entry. *Small Business Economics, 14* (4), 311-321.

Freel, M. S., & Robson, P. J. (2004). Small firm innovation, growth and performance: Evidence from Scotland and Northern England. *International Small Business Journal, 22* (6), 561-575.

Fritsch, M., & Mueller, P. (2004). Effects of new business formation on regional development over time. *Regional Studies, 38* (8), 961-975.

Fukao, K., & Kwon, H. U. (2006). Why did Japan's TFP growth slow down in the lost decade? An empirical analysis based on firm-level data of manufacturing firms. *Japanese Economic Review, 57* (2), 195-228.

Fukui, Y., & Ushijima, T. (2011). What drives the profitability of Japanese multi-business corporations? A variance components analysis. *Journal of the Japanese and International Economies, 25* (2), 1-11.

Gafni, H., Marom, D., Robb, A., & Sade, O. (2021). Gender dynamics in crowdfunding (Kickstarter): Evidence on entrepreneurs, backers, and taste-based discrimination. *Review of Finance, 25* (2), 235-274.

Gans, J. S., Hsu, D. H., & Stern, S. (2002). When does start-up innovation spur the gale of creative destruction? *RAND Journal of Economics, 33* (4), 571-586.

Gans, J. S., & Stern, S. (2003). The product market and the market for "ideas": Commercialization strategies for technology entrepreneurs. *Research Policy, 32* (2), 333-350.

Gao, N., & Jain, B. A. (2011). Founder CEO management and the long-run investment performance of IPO firms. *Journal of Banking & Finance, 35* (7), 1669-1682.

Gao, N., & Jain, B. A. (2012). Founder management and the market for corporate control for IPO firms: The moderating effect of the power structure of the firm. *Journal of Business Venturing, 27* (1), 112-126.

Garnsey, E., Stam, E., & Heffernan, P. (2006). New firm growth: Exploring processes and paths. *Industry and Innovation, 13* (1), 1-20.

Geroski, P. A. (1995). What do we know about entry? *International Journal of Industrial Organization, 13* (4), 421-440.

Geroski, P. A., Mata, J., & Portugal, P. (2010). Founding conditions and the survival of new firms. *Strategic Management Journal, 31* (5), 510-529.

Gibrat, R. (1931). *Les Inégalités Économiques*, Paris, Librairie du Recueil Sirey.

Gilbert, C. G. (2005). Unbundling the structure of inertia: Resource versus routine rigidity. *Academy of Management Journal, 48* (5), 741-763.

Glaeser, E. L., & Kerr, W. R. (2009). Local industrial conditions and entrepreneurship: How much of the spatial distribution can we explain? *Journal of Economics & Management Strategy, 18* (3), 623-663.

Gompers, P. A. (1995). Optimal investment, monitoring, and the staging of venture capital. *Journal of Finance, 50* (5), 1461-1489.

Gompers, P. A., Lerner, J. (1999). *The Venture Capital Cycle.* Cambridge, MA: MIT Press.

Goodstein, J., & O'Reilly, C. (1988). It's what's up top that counts: The role of executive team demography and team dynamics in determining firm success and failure. unpublished paper. Berkeley: University of California.

Gounopoulos, D., & Pham, H. (2018). Specialist CEOs and IPO survival. *Journal of Corporate Finance, 48*, 217-243.

Graham, S. J., Merges, R. P., Samuelson, P., & Sichelman, T. (2009). High technology entrepreneurs and the patent system: Results of the 2008 Berkeley patent survey. *Berkeley Technology Law*

Journal, 24 (4), 1255-1327.

Greenberg, J., & Mollick, E. (2017). Activist choice homophily and the crowdfunding of female founders. *Administrative Science Quarterly, 62* (2), 341-374.

Greenberg, J., & Mollick, E. R. (2018). Sole survivors: solo ventures versus founding teams. Available at SSRN. https://doi.org/10.2139/ssrn.3107898

Greiner, L. E. (1972). Evolution and revolution as organizations grow. *Harvard Business Review, 50* (4), 37-46.

Grilli, L. (2014). High-tech entrepreneurship in Europe: A heuristic firm growth model and three "(un-) easy pieces" for policy-making. *Industry and Innovation, 21* (4), 267-284.

Grilli, L., & Murtinu, S. (2014). Government, venture capital and the growth of European high-tech entrepreneurial firms. *Research Policy, 43* (9), 1523-1543.

Grilli, L., & Murtinu, S. (2015). New technology-based firms in Europe: Market penetration, public venture capital, and timing of investment. *Industrial and Corporate Change, 24* (5), 1109-1148.

Griliches, Z. (1998). *R&D and Productivity: The Econometric Evidence.* Chicago: University of Chicago Press.

Grimpe, C., Murmann, M., & Sofka, W. (2019). Organizational design choices of high-tech startups: How middle management drives innovation performance. *Strategic Entrepreneurship Journal, 13* (3), 359-378.

Guerini, M., & Quas, A. (2016). Governmental venture capital in Europe: Screening and certification. *Journal of Business Venturing, 31* (2), 175-195.

Guiso, L. (1998). High-tech firms and credit rationing. *Journal of Economic Behavior & Organization, 35* (1), 39-59.

Haltiwanger, J., Jarmin, R. S., & Miranda, J. (2013). Who creates jobs? Small versus large versus young. *Review of Economics and Statistics, 95* (2), 347-361.

Hambrick, D. C. (2007). Upper echelons theory: An update. *Academy of Management Review, 32* (2), 334-343.

Hambrick, D. C., & Mason, P. A. (1984). Upper echelons: The organization as a reflection of its top managers. *Academy of Management Review, 9* (2), 193-206.

Hamilton, B. H. (2000). Does entrepreneurship pay? An empirical analysis of the returns to self-employment. *Journal of Political Economy, 108* (3), 604-631.

Hamilton, R. T. (1989). Unemployment and business formation rates: Reconciling time-series and cross-section evidence. *Environment and Planning A, 21* (2), 249-255.

Hansemark, O. C. (2003). Need for achievement, locus of control and the prediction of business start-ups: A longitudinal study. *Journal of Economic Psychology, 24* (3), 301-319.

Harada, N. (2007). Which firms exit and why? An analysis of small firm exits in Japan. *Small Business Economics, 29* (4), 401-414.

Hazama, M., & Uesugi, I. (2017). Measuring the systemic risk in interfirm transaction networks. *Journal of Economic Behavior & Organization, 137*, 259-281.

Harris, C., & Wu, C. (2014). Using tri-reference point theory to evaluate risk attitude and the effects of financial incentives in a gamified crowdsourcing task. *Journal of Business Economics, 84* (3), 281-302.

Hart, P. E. (2000). Theories of firms' growth and the generation of jobs. *Review of Industrial Organization, 17* (3), 229-248.

Hart, P. E., & Oulton, N. (1996). Growth and size of firms. *Economic Journal, 106* (438), 1242-1252.

Hart, P. E., & Prais, S. J. (1956). The analysis of business concentration: A statistical approach. *Journal of the Royal Statistical Society. Series A (General), 119* (2), 150-191.

Hatak, I., & Zhou, H. (2021). Health as human capital in entrepreneurship: Individual, extension, and substitution effects on entrepreneurial success. *Entrepreneurship Theory and Practice, 45* (1), 18-42.

Hay, D. A., & Morris, D. J. (1979). *Industrial Economics: Theory and Evidence.* New York: Oxford University Press.

He, L. (2008). Do founders matter? A study of executive compensation, governance structure and firm performance. *Journal of Business Venturing, 23* (3), 257-279.

Helfat, C. E., & Lieberman, M. B. (2002). The birth of capabilities: Market entry and the importance of pre-history. *Industrial and Corporate Change, 11* (4), 725-760.

Hellmann, T., Lindsey, L., & Puri, M. (2008). Building relationships early: Banks in venture capital. *Review of Financial Studies, 21* (2), 513-541.

Hellmann, T., & Wasserman, N. (2017). The first deal: The division of founder equity in new ventures. *Management Science, 63* (8), 2647-2666.

Helmers, C., & Rogers, M. (2011). Does patenting help high-tech start-ups? *Research Policy, 40* (7), 1016-1027.

Henderson, R. M., & Clark, K. B. (1990). Architectural innovation: The reconfiguration of existing product technologies and the failure of established firms. *Administrative Science Quarterly, 35* (1), 9-30.

Henderson, R., Jaffe, A. B., & Trajtenberg, M. (1998). Universities as a source of commercial technology: A detailed analysis of university patenting, 1965-1988. *Review of Economics and Statistics, 80* (1), 119-127.

Henrekson, M., & Johansson, D. (2010). Gazelles as job creators: A survey and interpretation of the evidence. *Small Business Economics, 35* (2), 227-244.

Himmelberg, C. P., & Petersen, B. C. (1994). R&D and internal finance: A panel study of small firms in high-tech industries. *Review of Economics and Statistics, 76* (1), 38-51.

Hoenen, S., Kolympiris, C., Schoenmakers, W., & Kalaitzandonakes, N. (2014). The diminishing signaling value of patents between early rounds of venture capital financing. *Research Policy, 43* (6), 956-989.

Hoenig, D., & Henkel, J. (2015). Quality signals? The role of patents, alliances, and team experience in venture capital financing. *Research Policy, 44* (5), 1049-1064.

Holgersson, M. (2013). Patent management in entrepreneurial SMEs: A literature review and an empirical study of innovation appropriation, patent propensity, and motives. *R&D Management, 43* (1), 21-36.

Holl, A. (2004). Start-ups and relocations: Manufacturing plant location in Portugal. *Papers in Regional Science, 83* (4), 649-668.

Holtz-Eakin, D., Joulfaian, D., & Rosen, H. S. (1994). Entrepreneurial decisions and liquidity constraints. *RAND Journal of Economics, 25* (2), 334-347.

Honjo, Y. (2000). Business failure of new firms: An empirical analysis using a multiplicative hazards model. *International Journal of Industrial Organization, 18* (4), 557-574.

Honjo, Y. (2004). Growth of new start-up firms: Evidence from the Japanese manufacturing industry. *Applied Economics, 36* (4), 343-355.

Honjo, Y. (2015). Why are entrepreneurship levels so low in Japan? *Japan and the World Economy, 36,* 88-101.

Honjo, Y., & Kato, M. (2019). Do initial financial conditions determine the exit routes of start-up firms? *Journal of Evolutionary Economics, 29* (3), 1119-1147.

Honjo, Y., & Kato, M. (2021). Are founder-CEOs resilient to crises? The impact of founder-CEO succession on new firm survival. *International Small Business Journal, 40* (2), 205-235.

Honjo, Y., Kato, M., & Okamuro, H. (2014). R&D investment of start-up firms: Does founders' human capital matter? *Small Business Economics, 42* (2), 207-220.

Hoshi, T. (2006). Economics of the living dead. *Japanese Economic Review, 57* (1), 30-49.

Hottenrott, H., & Richstein, R. (2020). Start-up subsidies: Does the policy instrument matter? *Research Policy, 49* (1), 103888.

Howell, S. T. (2017). Financing innovation: Evidence from R&D grants. *American Economic Review, 107* (4), 1136-1164.

Hsu, D. H. (2004). What do entrepreneurs pay for venture capital affiliation? *Journal of Finance, 59* (4), 1805-1844.

Hsu, D. H. (2006). Venture capitalists and cooperative start-up commercialization strategy. *Management Science, 52* (2), 204-219.

Hsu, D. H., & Ziedonis, R. H. (2013). Resources as dual sources of advantage: Implications for valuing entrepreneurial-firm patents. *Strategic Management Journal, 34* (7), 761-781.

Hussinger, K., & Wastyn, A. (2016). In search for the not-invented-here syndrome: The role of knowledge sources and firm success. *R&D Management, 46* (S3), 945-957.

Huynh, K. P., Petrunia, R. J., & Voia, M. (2010). The impact of initial financial state on firm duration across entry cohorts. *Journal of Industrial Economics, 58* (3), 661-689.

Igami, M. (2011). Does big drive out small? *Review of Industrial Organization, 38* (1), 1-21.

Iino, T., Inoue, H., Saito, Y. U., & Todo, Y. (2021). How does the global network of research collaboration affect the quality of innovation? *Japanese Economic Review, 72* (1), 5-48.

Islam, M., Fremeth, A., & Marcus, A. (2018). Signaling by early stage startups: US government research grants and venture capital funding. *Journal of Business Venturing, 33* (1), 35-51.

Ito, K., & Kato, M. (2016). Does new entry drive out incumbents? The varying roles of establishment size across sectors. *Small Business Economics, 46* (1), 57-78.

Ivanov, V. I., & Xie, F. (2010). Do corporate venture capitalists add value to start-up firms? Evidence from IPOs and acquisitions of VC-backed companies. *Financial Management, 39* (1), 129-152.

Jacobs, J. (1969). *The Economy of Cities*. New York: Random House.

Jain, B. A., & Tabak, F. (2008). Factors influencing the choice between founder versus non-founder CEOs for IPO firms. *Journal of Business Venturing, 23* (1), 21-45.

Jia, P. (2008). What happens when Wal-Mart comes to town: An empirical analysis of the discount retailing industry. *Econometrica, 76* (6), 1263-1316.

Jofre-Monseny, J., Marín-López, R., & Viladecans-Marsal, E. (2014). The determinants of localization and urbanization economies: Evidence from the location of new firms in Spain. *Journal of Regional Science, 54* (2), 313-337.

Jovanovic, B. (1982). Selection and the evolution of industry. *Econometrica, 50* (3), 649-670.

Kamien, M. I., & Schwartz, N. L. (1978). Self-Financing of an R&D Project. *American Economic Review, 68* (3), 252-261.

Kamm, J. B., Shuman, J. C., Seeger, J. A., & Nurick, A. J. (1990). Entrepreneurial teams in new venture creation: A research agenda. *Entrepreneurship Theory and Practice, 14* (4), 7-17.

Kaplan, D. S., Piedra, E., & Seira, E. (2011). Entry regulation and business start-ups: Evidence from Mexico. *Journal of Public Economics, 95* (11-12), 1501-1515.

Kato, M. (2020). Founders' human capital and external knowledge sourcing: Exploring the absorptive capacity of start-up firms. *Economics of Innovation and New Technology, 29* (2), 184-205.

Kato, M., & Honjo, Y. (2009). The persistence of market leadership: Evidence from Japan. *Industrial and Corporate Change, 18* (6), 1107-1133.

Kato, M., & Honjo, Y. (2015). Entrepreneurial human capital and the survival of new firms in high- and low-tech sectors. *Journal of Evolutionary Economics, 25* (5), 925-957.

Kato, M., & Odagiri, H. (2012). Development of university life-science programs and university-industry joint research in Japan. *Research Policy, 41* (5), 939-952.

Kato, M., Okamuro, H., & Honjo, Y. (2015). Does founders' human capital matter for innovation? Evidence from Japanese start-ups. *Journal of Small Business Management, 53* (1), 114-128.

Kato, M., Onishi, K., & Honjo, Y. (2021). Does patenting always help new firm survival? Understanding heterogeneity among exit routes. *Small Business Economics*, forthcoming.

Kato, M., & Zhou, H. (2018). Numerical labor flexibility and innovation outcomes of start-up firms: A panel data analysis. *Technovation, 69*, 15-27.

Katz, R., & Allen, T. J. (1982). Investigating the Not Invented Here (NIH) syndrome: A look at the performance, tenure, and communication patterns of 50 R&D Project Groups. *R&D Management, 12* (1), 7-20.

Kawai, H., & Urata, S. (2002). Entry of small and medium enterprises and economic dynamism in Japan. *Small Business Economics, 18* (1-3), 41-51.

Kihlstrom, R. E., & Laffont, J.-J. (1979). A general equilibrium entrepreneurial theory of firm formation based on risk aversion. *Journal of Political Economy, 87* (4), 719-748.

Kim, D. S. (2017). The dependence on the new venture on CVC and IVC, and its likelihood of exit through IPO. *Academy of Management Proceedings, 2017* (1), 15948, Academy of Management.

Kitagawa, F. (2005). Regionalization of innovation policies: The case of Japan. *European Planning Studies, 13* (4), 601-618.

Kitagawa, F. (2007). The regionalization of science and innovation governance in Japan? *Regional Studies, 41* (8), 1099-1114.

Klapper, L., Laeven, L., & Rajan, R. (2006). Entry regulation as a barrier to entrepreneurship. *Journal of Financial Economics, 82* (3), 591-629.

Klapper, L., & Love, I. (2011). The impact of the financial crisis on new firm registration. *Economics Letters, 113* (1), 1-4.

Kleemann, F., Voß, G. G., & Rieder, K. (2008). Un (der) paid innovators: The commercial utilization of consumer work through crowdsourcing. *Science, Technology & Innovation Studies, 4* (1), 5-26.

Kleinknecht, A., van Montfort, K., & Brouwer, E. (2002). The non-trivial choice between innovation indicators. *Economics of Innovation and New Technology, 11* (2), 109-121.

Klepper, S. (2002). The capabilities of new firms and the evolution of the US automobile industry. *Industrial and Corporate Change, 11* (4), 645-666.

Klepper, S., & Graddy, E. (1990). The evolution of new industries and the determinants of market structure. *RAND Journal of Economics*, 27-44.

Knight, F. H. (1921). *Risk, Uncertainty and Profit*. Boston and New York: Houghton Mifflin Company.

Knight, F. H. (1942). Profit and entrepreneurial functions. *Journal of Economic History, 2* (S1), 126-132.

Knott, A. M., & Posen, H. E. (2005). Is failure good? *Strategic Management Journal, 26* (7), 617-641.

Koellinger, P. (2008). Why are some entrepreneurs more innovative than others? *Small Business Economics, 31* (1), 21-37.

Koellinger, P. D., & Thurik, A. R. (2012). Entrepreneurship and the business cycle. *Review of Economics and Statistics, 94* (4), 1143-1156.

Kor, Y. Y., Mahoney, J. T., Siemsen, E., & Tan, D. (2016). Penrose's *The Theory of the Growth of the Firm*: An exemplar of engaged scholarship. *Production and Operations Management, 25* (10), 1727-1744.

Krugman, P. (1991). Increasing returns and economic geography. *Journal of Political Economy, 99* (3), 483-499.

Kuckertz, A., Brändle, L., Gaudig, A., Hinderer, S., Reyes, C. A. M., Prochotta, A., Steinbrink, K. M., & Berger, E. S. C. (2020). Startups in times of crisis-A rapid response to the COVID-19 pandemic. *Journal of Business Venturing Insights, 13*, e00169.

Lafontaine, F., & Shaw, K. (2016). Serial entrepreneurship: Learning by doing? *Journal of Labor Economics, 34* (S2), S217-S254.

Lanjouw, J. O., & Schankerman, M. (2004). Protecting intellectual property rights: Are small firms handicapped? *Journal of Law and Economics, 47* (1), 45-74.

Laursen, K. (2012). Keep searching and you'll find: What do we know about variety creation through firms' search activities for innovation? *Industrial and Corporate Change, 21* (5), 1181-1220.

Lazear, E. P. (2005). Entrepreneurship. *Journal of Labor Economics, 23* (4), 649-680.

Lechner, C., & Dowling, M. (2003). Firm networks: External relationships as sources for the growth and competitiveness of entrepreneurial firms. *Entrepreneurship & Regional Development, 15* (1), 1-26.

Lee, I. H. I. (2022a). Startups, relocation, and firm performance: A transaction cost economics perspective. *Small Business Economics, 58* (1), 205-224.

Lee, J. M., Yoon, D., & Boivie, S. (2020). Founder CEO succession: The role of CEO organizational identification. *Academy of Management Journal, 63* (1), 224-245.

Lee, S. (2022b). The myth of the flat start-up: Reconsidering the organizational structure of startups. *Strategic Management Journal, 43* (1), 58-92.

Lee, S.-H., Yamakawa, Y., Peng, M. W., & Barney, J. B. (2011). How do bankruptcy laws affect entrepreneurship development around the world? *Journal of Business Venturing, 26* (5), 505-520.

Lerner, J. (1999). The Government as Venture Capitalist: The Long-Run Impact of the SBIR Program. *Journal of Business, 72* (3), 285-318.

Leung, A. (2003). Different ties for different needs: Recruitment practices of entrepreneurial firms at different developmental phases. *Human Resource Management, 42* (4), 303-320.

Levin, R. C., Klevorick, A. K., Nelson, R. R., Winter, S. G., Gilbert, R., & Griliches, Z. (1987). Appropriating the returns from industrial research and development. *Brookings Papers on Economic Activity, 1987* (3), 783-831.

Levinthal, D. A. (1991). Random walks and organizational mortality. *Administrative Science Quarterly, 36* (3), 397-420.

Li, X., Low, A., & Makhija, A. K. (2017). Career concerns and the busy life of the young CEO. *Journal of Corporate Finance, 47*, 88-109.

Lieberman, M. B., & Montgomery, D. B. (1988). First-mover advantages. *Strategic Management Journal, 9* (S1), 41-58.

Lieberman, M. B., & Montgomery, D. B. (1998). First-mover (dis) advantages: Retrospective and link with the resource-based view. *Strategic Management Journal, 19* (12), 1111-1125.

Litwin, A. S., & Phan, P. H. (2013). Quality over quantity: Reexamining the link between entrepreneurship and job creation. *ILR Review, 66* (4), 833-873.

Lucas Jr., R. E. (1978). On the size distribution of business firms. *Bell Journal of Economics, 9* (2), 508-523.

Lukeš, M., Longo, M. C., & Zouhar, J. (2019). Do business incubators really enhance entrepreneurial growth? Evidence from a large sample of innovative Italian start-ups. *Technovation, 82*, 25-34.

Lundström, A., & Stevenson, L. (2002). *On the Road to Entrepreneurship Policy*. Stockholm:

Swedish Foundation for Small Business Research.

Lundström, A., & Stevenson, L. (2010). *Entrepreneurship Policy: Theory and Practice*. New York: Springer.

Lyons, B. R. (1995). Specific investment, economies of scale, and the make-or-buy decision: A test of transaction cost theory. *Journal of Economic Behavior & Organization, 26* (3), 431-443.

Maier II, J. B., & Walker, D. A. (1987). The role of venture capital in financing small business. *Journal of Business Venturing, 2* (3), 207-214.

Malerba, F., & Orsenigo, L. (1997). Technological regimes and sectoral patterns of innovative activities. *Industrial and Corporate Change, 6* (1), 83-118.

Mansfield, E. (1964). Industrial research and development expenditures: Determinants, prospects, and relation to size of firm and inventive output. *Journal of Political Economy, 72* (4), 319-340.

March, J. G. (1991). Exploration and exploitation in organizational learning. *Organization Science, 2* (1), 71-87.

Marshall, A. (1890). *Principles of Economics*. London, UK: Macmillan.

Mazzucato, M. (2011). *The Entrepreneurial State: Debunking Public vs. Private Sector Myths*. London, UK: Anthem Press.

McGahan, A. M., & Porter, M. E. (1997). How much does industry matter, really? *Strategic Management Journal, 18* (S1), 15-30.

McGahan, A. M., & Porter, M. E. (2002). What do we know about variance in accounting profitability? *Management Science, 48* (7), 834-851.

McGee, J. E., Peterson, M., Mueller, S. L., & Sequeira, J. M. (2009). Entrepreneurial self-efficacy: Refining the measure. *Entrepreneurship Theory and Practice, 33* (4), 965-988.

Menon, C., et al. (2018), "The evaluation of the Italian "Start-up Act"", OECD Science, Technology and Industry Policy Papers, No. 54, Paris: OECD.

Mickiewicz, T., Nyakudya, F. W., Theodorakopoulos, N., & Hart, M. (2017). Resource endowment and opportunity cost effects along the stages of entrepreneurship. *Small Business Economics, 48* (4), 953-976.

Mollick, E., & Robb, A. (2016). Democratizing innovation and capital access: The role of crowdfunding. *California Management Review, 58* (2), 72-87.

Motohashi, K. (2005). University-industry collaborations in Japan: The role of new technology-based firms in transforming the National Innovation System. *Research Policy, 34* (5), 583-594.

Mueller, D. C. (1986). *Profits in the Long Run*. New York: Cambridge University Press.

Muscio, A. (2007). The impact of absorptive capacity on SMEs' collaboration. *Economics of Innovation and New Technology, 16* (8), 653-668.

Nagaoka, S., & Kimura, F. (1999). The competitive impact of international trade: The case of import liberalization of the Japanese oil product market. *Journal of the Japanese and International Economies, 13* (4), 397-423.

Nagaoka, S., Motohashi, K., & Goto, A. (2010). Patent statistics as an innovation indicator. In Hall, B. H., & Rosenberg, N. (eds.), *Handbook of the Economics of Innovation*. Amsterdam: North-Holland, 1083-1127.

Nelson, T. (2003). The persistence of founder influence: Management, ownership, and performance effects at initial public offering. *Strategic Management Journal, 24* (8), 707-724.

NESTA (2009), *The Vital 6 Per Cent*. London, UK: NESTA.

Nikolova, M. (2019). Switching to self-employment can be good for your health. *Journal of Business Venturing, 34* (4), 664-691.

Nishimura, K. G., Nakajima, T., & Kiyota, K. (2005). Does the natural selection mechanism still work in severe recessions? Examination of the Japanese economy in the 1990s. *Journal of Eco-*

nomic Behavior & Organization, 58 (1), 53-78.

Nishimura, J., & Okamuro, H. (2011a). Subsidy and networking: The effects of direct and indirect support programs of the cluster policy. *Research Policy, 40* (5), 714-727.

Nishimura, J., & Okamuro, H. (2011b). R&D productivity and the organization of cluster policy: An empirical evaluation of the Industrial Cluster Project in Japan. *Journal of Technology Transfer, 36* (2), 117-144.

OECD (2008) *Measuring Entrepreneurship: A Digest of Indicators.* Paris: OECD.

Okamuro, H., Kato, M., & Honjo, Y. (2011). Determinants of R&D cooperation in Japanese start-ups. *Research Policy, 40* (5), 728-738.

Oosterbeek, H., van Praag, M., & Ijsselstein, A. (2010). The impact of entrepreneurship education on entrepreneurship skills and motivation. *European Economic Review, 54* (3), 442-454.

Organisation for Economic Co-operation and Development (OECD). (2009). *Measuring Entrepreneurship: A Collection of Indicators 2009 Edition.* Paris: OECD.

Orlando, M. J. (2004). Measuring spillovers from industrial R&D: On the importance of geographic and technological proximity. *RAND Journal of Economics, 35* (4), 777-786.

Parker, S. C. (2018). *The Economics of Entrepreneurship,* 2nd Edition. Cambridge: Cambridge University Press.

Pe'er, A., Vertinsky, I., & Keil, T. (2016). Growth and survival: The moderating effects of local agglomeration and local market structure. *Strategic Management Journal, 37* (3), 541-564.

Peneder, M. (2010). The impact of venture capital on innovation behaviour and firm growth. *Venture Capital, 12* (2), 83-107.

Penrose, E. T. (1995). *The Theory of the Growth of the Firm,* 3rd Edition. New York: Oxford University Press.

Piscione, D. P. (2013). *Secrets of Silicon Valley: What Everyone Else Can Learn from the Innovation Capital of the World.* New York: Palgrave Macmillan.

Porter, M. E. (1980). *Competitive Strategy: Techniques for Analyzing Industries and Competitors.* New York: Free Press.

Putnam, R. D. (2000). *Bowling Alone: The Collapse and Revival of American Community.* New York: Simon and Schuster.

Qian, H., Acs, Z. J., & Stough, R. R. (2013). Regional systems of. entrepreneurship: The nexus of human capital, knowledge and new firm formation. *Journal of Economic Geography, 13* (4), 559-587.

Ratzinger, D., Amess, K., Greenman, A., & Mosey, S. (2018). The impact of digital start-up founders' higher education on reaching equity investment milestones. *Journal of Technology Transfer, 43* (3), 760-778.

Rauch, A., & Hulsink, W. (2015). Putting entrepreneurship education where the intention to act lies: An investigation into the impact of entrepreneurship education on entrepreneurial behavior. *Academy of Management Learning & Education, 14* (2), 187-204.

Reichstein, T., & Salter, A. (2006). Investigating the sources of process innovation among UK manufacturing firms. *Industrial and Corporate Change, 15* (4), 653-682.

Reynolds, P., Bosma, N., Autio, E., Hunt, S., De Bono, N., Servais, I., & Chin, N. (2005). Global entrepreneurship monitor: Data collection design and implementation 1998-2003. *Small Business Economics, 24* (3), 205-231.

Robb, A. M., & Robinson, D. T. (2014). The capital structure decisions of new firms. *Review of Financial Studies, 27* (1), 153-179.

Robson, S., & Haigh, G. (2008). First findings from the UK Innovation Survey 2007. *Economic & Labour Market Review, 2* (4), 47-53.

Rong, Z., Broadstock, D. C., & Peng, Y. (2018). Initial submarket positioning and firm survival: evidence from the British automobile industry, 1895-1970. *Small Business Economics, 51* (4), 965-993.

Roper, S., & Turner, J. (2020). R&D and innovation after COVID-19: What can we expect? A review of prior research and data trends after the great financial crisis. *International Small Business Journal, 38* (6), 504-514.

Rosenbaum, D. I., & Lamort, F. (1992). Entry, barriers, exit, and sunk costs: An analysis. *Applied Economics, 24* (3), 297-304.

Rosenbusch, N., Brinckmann, J., & Bausch, A. (2011). Is innovation always beneficial? A meta-analysis of the relationship between innovation and performance in SMEs. *Journal of Business Venturing, 26* (4), 441-457.

Rosenthal, S. S., & Strange, W. C. (2003). Geography, industrial organization, and agglomeration. *Review of Economics and Statistics, 85* (2), 377-393.

Rothaermel, F. T. (2002). Technological discontinuities and interfirm cooperation: What determines a startup's attractiveness as alliance partner?. *IEEE Transactions on Engineering Management, 49* (4), 388-397.

Rothwell, R. (1992). Successful industrial innovation: critical factors for the 1990s. *R&D Management, 22* (3), 221-240.

Rotter, J. B. (1966). Generalized expectancies for internal versus external control of reinforcement. *Psychological Monographs: General and Applied, 80* (1), 1-28.

Ruef, M., Aldrich, H. E., & Carter, N. M. (2003). The structure of founding teams: Homophily, strong ties, and isolation among U.S. entrepreneurs. *American Sociological Review, 68* (2), 195-222.

Santarelli, E., Klomp, L., & Thurik, A. R. (2006). Gibrat's Law: An overview of the empirical literature. In Santarelli, E. (ed.), *Entrepreneurship, Growth, and Innovation: The Dynamics of Firms and Industries.* Boston, MA: Springer, 41-73.

Santarelli, E., & Vivarelli, M. (2002). Is subsidizing entry an optimal policy? *Industrial and Corporate Change, 11* (1), 39-52.

Santarelli, E., & Vivarelli, M. (2007). Entrepreneurship and the process of firms' entry, survival and growth. *Industrial and Corporate Change, 16* (3), 455-488.

Santoro, G., Bertoldi, B., Giachino, C., & Candelo, E. (2020). Exploring the relationship between entrepreneurial resilience and success: The moderating role of stakeholders' engagement. *Journal of Business Research, 119*, 142-150.

Sapienza, H. J. (1992). When do venture capitalists add value? *Journal of Business Venturing, 7* (1), 9-27.

Saridakis, G., Frankish, J., & Storey, D. J. (2021). Unpacking new firm exit. *British Journal of Management*, forthcoming.

Sauermann, H. (2018). Fire in the belly? Employee motives and innovative performance in start-ups versus established firms. *Strategic Entrepreneurship Journal, 12* (4), 423-454.

Saxenian, A. (1994). *Regional Advantage: Culture and Competition in Silicon Valley and Route 128.* Cambridge, MA: Harvard University Press.

Scherer, F. M., & Harhoff, D. (2000). Technology policy for a world of skew-distributed outcomes. *Research Policy, 29* (4-5), 559-566.

Schumpeter, J. A. (1934). *The Theory of Economic Development: An Inquiry into Profits, Capital, Credit, Interest, and the Business Cycle.* Cambridge, MA: Harvard University Press.

Schumpeter, J. A. (1942). *Capitalism, Socialism and Democracy.* New York: Harper & Row.

Scott, M., & Bruce, R. (1987). Five stages of growth in small business. *Long Range Planning, 20*

(3), 45-52.

Seip, M., Castaldi, C., Flikkema, M., & De Man, A. P. (2018). The timing of trademark application in innovation processes. *Technovation, 72-73*, 34-45.

Serfling, M. A. (2014). CEO age and the riskiness of corporate policies. *Journal of Corporate Finance, 25*, 251-273.

Shane, S. (2000). Prior knowledge and the discovery of entrepreneurial opportunities. *Organization Science, 11* (4), 448-469.

Shane, S. (2003). *A General Theory of Entrepreneurship: The Individual-Opportunity Nexus*. Cheltenham, UK: Edward Elgar.

Shane, S. (2004) *Academic Entrepreneurship: University Spinoffs and Wealth Creation*. Cheltenham, UK: Edward Elgar Publishing

Shane, S. (2009). Why encouraging more people to become entrepreneurs is bad public policy. *Small Business Economics, 33* (2), 141-149.

Shane, S., & Cable, D. (2002). Network ties, reputation, and the financing of new ventures. *Management Science, 48* (3), 364-381.

Shane, S., & Venkataraman, S. (2000). The promise of entrepreneurship as a field of research. *Academy of Management Review, 25* (1), 217-226.

Simon, H. A., & Bonini, C. P. (1958). The size distribution of business firms. *American Economic Review, 48* (4), 607-617.

Simons, K. L., & Åstebro, T. (2010). Entrepreneurs seeking gains: Profit motives and risk aversion in inventors' commercialization decisions. *Journal of Economics & Management Strategy, 19* (4), 863-888.

Smiley, R. (1988). Empirical evidence on strategic entry deterrence. *International Journal of Industrial Organization, 6* (2), 167-180.

Smith, J. K., & Smith, R. L. (2019). *Entrepreneurial Finance: Venture Capital, Deal Structure & Valuation*. Stanford, CA: Stanford University Press.

Smith, S., & Hunt, M. (2019). Killer acquisitions and PayPal/iZettle. *Competition Law Journal, 18* (4), 162-166.

Soetanto, D., & Jack, S. (2016). The impact of university-based incubation support on the innovation strategy of academic spin-offs. *Technovation, 50*, 25-40.

Sørensen, J. B., & Stuart, T. E. (2000). Aging, obsolescence, and organizational innovation. *Administrative Science Quarterly, 45* (1), 81-112.

Stam, E. (2015). Entrepreneurial ecosystems and regional policy: A sympathetic critique. *European Planning Studies, 23* (9), 1759-1769.

Stam, E. (2018) Measuring entrepreneurial ecosystems. In O'Connor, A., Stam, E., Sussan, F., Audretsch, D. (eds.), *Entrepreneurial Ecosystems: Place-Based Transformations and Transitions*. Cham, Switzerland: Springer, 173-197.

Stam, E., Audretsch, D., & Meijaard, J. (2008). Renascent entrepreneurship. *Journal of Evolutionary Economics, 18* (3), 493-507.

Stam, E., & Schutjens, V. (2005). The fragile success of team start-ups. Papers on Entrepreneurship, Growth and Public Policy No. 1705, Max Planck Institute for Research into Economic Systems.

Stam, E., & Wennberg, K. (2009). The roles of R&D in new firm growth. *Small Business Economics, 33* (1), 77-89.

Stevenson, R. M., Kuratko, D. F., & Eutsler, J. (2019). Unleashing main street entrepreneurship: Crowdfunding, venture capital, and the democratization of new venture investments. *Small Business Economics, 52* (2), 375-393.

Stiglitz, J. E., & Weiss, A. (1981). Credit rationing in markets with imperfect information. *American Economic Review, 71* (3), 393-410.

Stinchcombe, A. (1965). Social structure and organizations. In March, J. G, (ed.), *Handbook of Organizations*. Chicago: Rand McNally, 142-193.

Storey, D. J. (1994). *Understanding the Small Business Sector*. London, UK: Routledge.

Storey, D. J., & Greene, F. J. (2010). *Small Business and Entrepreneurship*. London, UK: Pearson Education.

Strotmann, H. (2007). Entrepreneurial survival. *Small Business Economics, 28* (1), 87-104.

Stuart, T. E., & Podolny, J. M. (1996). Local search and the evolution of technological capabilities. *Strategic Management Journal, 17* (S1), 21-38.

Sun, Y., Uchida, K., & Matsumoto, M. (2013). The dark side of independent venture capitalists: Evidence from Japan. *Pacific-Basin Finance Journal, 24*, 279-300.

Symeonidis, G. (1996). Innovation, firm size and market structure: Schumpeterian hypotheses and some new themes. OECD Economics Department Working Papers, No. 161, Organisation for Economic Co-operation and Development (OECD).

Szerb, L., Lafuente, E., Horváth, K., & Páger, B. (2019). The relevance of quantity and quality entrepreneurship for regional performance: The moderating role of the entrepreneurial ecosystem. *Regional Studies, 53* (9), 1308-1320.

Teece, D. J. (1986). Profiting from technological innovation: Implications for integration, collaboration, licensing and public policy. *Research Policy, 15* (6), 285-305.

Teece, D. J., Pisano, G., & Shuen, A. (1997). Dynamic capabilities and strategic management. *Strategic Management Journal, 18* (7), 509-533.

Thai, M. T. T., & Turkina, E. (2014). Macro-level determinants of formal entrepreneurship versus informal entrepreneurship. *Journal of Business Venturing, 29* (4), 490-510.

Thompson, P. (2005). Selection and firm survival: Evidence from the shipbuilding industry, 1825-1914. *Review of Economics and Statistics, 87* (1), 26-36.

Tidd, J., & Bessant, J. R. (2020). *Managing Innovation: Integrating Technological, Market and Organizational Change*, 7th Edition. Chichester, UK: John Wiley & Sons.

Toole, A. A., Czarnitzki, D., & Rammer, C. (2015). University research alliances, absorptive capacity, and the contribution of startups to employment growth. *Economics of Innovation and New Technology, 24* (5), 532-549.

Tushman, M. L., & Anderson, P. (1986). Technological discontinuities and organizational environments. *Administrative Science Quarterly, 31* (3), 439-465.

Tushman, M. L., & O'Reilly III, C. A. (1996). Ambidextrous organizations: Managing evolutionary and revolutionary change. *California Management Review, 38* (4), 8-30.

Ucbasaran, D., Lockett, A., Wright, M., & Westhead, P. (2003). Entrepreneurial founder teams: Factors associated with member entry and exit. *Entrepreneurship Theory and Practice, 28* (2), 107-128.

Ucbasaran, D., Westhead, P., & Wright, M. (2008). Opportunity identification and pursuit: Does an entrepreneur's human capital matter? *Small Business Economics, 30* (2), 153-173.

Ucbasaran, D., Westhead, P., Wright, M., & Flores, M. (2010). The nature of entrepreneurial experience, business failure and comparative optimism. *Journal of Business Venturing, 25* (6), 541-555.

Unger, J. M., Rauch, A., Frese, M., & Rosenbusch, N. (2011). Human capital and entrepreneurial success: A meta-analytical review. *Journal of Business Venturing, 26* (3), 341-358.

Utterback, J. M., & Abernathy, W. J. (1975). A dynamic model of process and product innovation. *Omega, 3* (6), 639-656.

van Dijk, J., & Pellenbarg, P. H. (2000). Firm relocation decisions in The Netherlands: An ordered logit approach. *Papers in Regional Science, 79* (2), 191-219.

van Stel, A., Storey, D. J., & Thurik, A. R. (2007). The effect of business regulations on nascent and young business entrepreneurship. *Small Business Economics, 28* (2-3), 171-186.

Varga, A. (2000). Local academic knowledge transfers and the concentration of economic activity. *Journal of Regional Science, 40* (2), 289-309.

Venkataraman, S., & Van de Ven, A. H. (1998). Hostile environmental jolts, transaction set, and new business. *Journal of Business Venturing, 13* (3), 231-255.

Verheul, I., & Thurik, R. (2001). Start-up capital: "Does gender matter?" *Small Business Economics, 16* (4), 329-346.

Veugelers, R., & Schneider, C. (2018). Which IP strategies do young highly innovative firms choose? *Small Business Economics, 50* (1), 113-129.

von Graevenitz, G., Harhoff, D., & Weber, R. (2010). The effects of entrepreneurship education. *Journal of Economic Behavior & Organization, 76* (1), 90-112.

Wagner, J. (1994). Small firm entry in manufacturing industries: Lower Saxony, 1979-1989. *Small Business Economics, 6* (3), 211-223.

Wagner, J. (2006). Are nascent entrepreneurs 'Jacks-of-all-trades'? A test of Lazear's theory of entrepreneurship with German data. *Applied Economics, 38* (20), 2415-2419.

Walthoff-Borm, X., Schwienbacher, A., & Vanacker, T. (2018). Equity crowdfunding: First resort or last resort? *Journal of Business Venturing, 33* (4), 513-533.

Wang, K., Wang, C. K., & Lu, Q. (2002). Differences in performance of independent and finance-affiliated venture capital firms. *Journal of Financial Research, 25* (1), 59-80.

Wasserman, N. (2003). Founder-CEO succession and the paradox of entrepreneurial success. *Organization Science, 14* (2), 149-172.

Wasserman, N. (2006). Stewards, agents, and the founder discount: Executive compensation in new ventures. *Academy of Management Journal, 49* (5), 960-976.

Wasserman, N. (2012). *The Founder's Dilemmas: Anticipating and Avoiding the Pitfalls That Can Sink a Startup.* Princeton, New Jersey: Princeton University Press.

Wasserman, N. (2017). The throne vs. the kingdom: Founder control and value creation in start-ups. *Strategic Management Journal, 38* (2), 255-277.

Wasserman, N., & Hellmann, T. (2016). The very first mistake most startup founders make. *Harvard Business Review,* February 23.

Wennberg, K., & DeTienne, D. R. (2014). What do we really mean when we talk about 'exit'? A critical review of research on entrepreneurial exit. *International Small Business Journal, 32* (1), 4-16.

Wennberg, K., Wiklund, J., DeTienne, D. R., & Cardon, M. S. (2010). Reconceptualizing entrepreneurial exit: Divergent exit routes and their drivers. *Journal of Business Venturing, 25* (4), 361-375.

Wennekers, S., & Thurik, R. (1999). Linking entrepreneurship and economic growth. *Small Business Economics, 13* (1), 27-56.

Wennekers, S., van Stel, A., Thurik, R., & Reynolds, P. (2005). Nascent entrepreneurship and the level of economic development. *Small Business Economics, 24* (3), 293-309.

Wernerfelt, B. (1984). A resource-based view of the firm. *Strategic Management Journal, 5* (2), 171-180.

Williamson, O. E. (1975). *Markets and Hierarchies, Analysis and Antitrust Implications: A Study in the Economics of Internal Organization.* New York: Free Press.

Wren, C. (2001). The industrial policy of competitiveness: A review of recent developments in the

UK. *Regional Studies, 35* (9), 847-860.

Yamakawa, Y., Peng, M. W., & Deeds, D. L. (2015). Rising from the ashes: Cognitive determinants of venture growth after entrepreneurial failure. *Entrepreneurship Theory and Practice, 39* (2), 209-236.

Yamamura, E., Sonobe, T., & Otsuka, K. (2005). Time path in innovation, imitation, and growth: The case of the motorcycle industry in postwar Japan. *Journal of Evolutionary Economics, 15* (2), 169-186.

Yamawaki, H. (1991). The effects of business conditions on net entry: Evidence from Japan. In Geroski, P. A., & Schwalbach, J. (eds.) *Entry and Market Contestability: An International Comparison.* Oxford, UK: Basil Blackwell, 168-186.

Yoffie, D. B., & Kwak, M. (2001). *Judo Strategy: Turning Your Competitors' Strength to Your Advantage.* Boston, MA: Harvard Business School Press.

Zahra, S. A., & George, G. (2002). Absorptive capacity: A review, reconceptualization, and extension. *Academy of Management Review, 27* (2), 185-203.

Zander, I. (2007). Do you see what I mean? An entrepreneurship perspective on the nature and boundaries of the firm. *Journal of Management Studies, 44* (7), 1141-1164.

Zhang, J. (2011). The advantage of experienced start-up founders in venture capital acquisition: Evidence from serial entrepreneurs. *Small Business Economics, 36* (2), 187-208.

Zhao, B., & Ziedonis, R. (2020). State governments as financiers of technology startups: Evidence from Michigan's R&D loan program. *Research Policy, 49* (4), 103926.

Zhao, H., Seibert, S. E., & Hills, G. E. (2005) The mediating role of self-efficacy in the development of entrepreneurial intentions. *Journal of Applied Psychology, 90* (6), 1265-1272

Zhou, H., & van der Zwan, P. (2019). Is there a risk of growing fast? The relationship between organic employment growth and firm exit. *Industrial and Corporate Change, 28* (5), 1297-1320.

Zucker, L. G., Darby, M. R., & Brewer, M. B. (1998). Intellectual human capital and the birth of U.S. biotechnology enterprises. *American Economic Review, 88* (1), 290-306.

索　引

● 著者紹介

加藤 雅俊（かとう　まさとし）

現職：関西学院大学経済学部教授，同大学アントレプレナーシップ
　研究センター長

略歴：一橋大学大学院商学研究科博士後期課程修了，博士（商学）。
　一橋大学経済研究所専任講師，関西学院大学経済学部専任講師，
　准教授などを経て現職。

最近の主な著作："Does patenting always help new firm survival?
Understanding heterogeneity among exit routes"（with Koichiro
Onishi and Yuji Honjo, *Small Business Economics*, forthcoming）.
"Growth paths and routes to exit: 'Shadow of death' effects
for new firms in Japan"（with Alex Coad, *Small Business Eco-
nomics*, 2021）. "Founders' human capital and external knowl-
edge sourcing: Exploring the absorptive capacity of start-up
firms"（*Economics of Innovation and New Technology*, 2020）.

スタートアップの経済学
——新しい企業の誕生と成長プロセスを学ぶ
Economics of Start-up:
Understanding the Birth and Growth of New Firms

2022 年 8 月 5 日　初版第 1 刷発行
2024 年 2 月 20 日　初版第 3 刷発行

著　者　　加　藤　雅　俊

発行者　　江　草　貞　治

発行所　　株式会社　有　斐　閣

郵便番号 101-0051
東京都千代田区神田神保町 2-17
https://www.yuhikaku.co.jp/

印刷・大日本法令印刷株式会社／製本・牧製本印刷株式会社
© 2022, Masatoshi Kato. Printed in Japan
落丁・乱丁本はお取替えいたします。

★定価はカバーに表示してあります。

ISBN 978-4-641-16601-1